A VOCABULARY

IN HIEROGLYPHIC

TO THE THEBAN RECENSION

OF THE

BOOK OF THE DEAD

BY

I0327721

E. A. WALLIS BUDGE

LITT. D., D. LIT., F. S. A.

KEEPER OF THE EGYPTIAN AND ASSYRIAN ANTIQUITIES
IN THE BRITISH MUSEUM

ISBN: 978-1-63923-711-1

Printed: February 2023

Published and Distributed By:
Lushena Books
607 Country Club Drive, Unit E
Bensenville, IL 60106
www.lushenabks.com

ISBN: 978-1-63923-711-1

THE following pages contain a Vocabulary to all the hieroglyphic texts of the Chapters in the edition of the Theban Recension of the Book of the Dead which is issued simultaneously with the English translation of that work, and also to the supplementary Chapters from the Saïte Recension which are given therewith. To have made a concordance would have entailed needless labour, but wherever possible a large number of references have been given in order that the reader may have abundant examples of the various uses of words for purposes of comparison and identification of passages. In the case of words of unfrequent occurrence I have given all the examples found in the book. The arrangement of the words and their various forms is usually alphabetical, and it is hoped that the exceptions to this rule will cause the reader no difficulty.

The order of the letters and syllables is that adopted by the late Dr. Brugsch and M. Pierret; for the values of the latter the reader is referred to the grammars and sign-lists.

My thanks are due to Mr. Holzhausen of Vienna for the care which he has taken in printing the long series of hieroglyphic texts and this Vocabulary.

E. A. WALLIS BUDGE.

ALPHABETIC EGYPTIAN CHARACTERS.

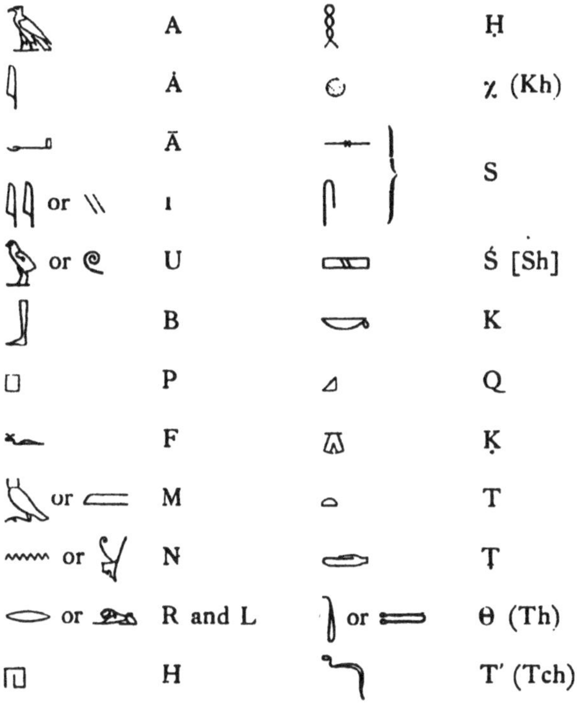
A
Ȧ
Ā
or
I
or
U
B
P
F
or
M
or
N
or
R and L
H
Ḥ
χ (Kh)
S
Ś [Sh]
K
Q
Ḳ
T
Ṭ
or
θ (Th)
T' (Tch)

A.

aata or **atita** (?) ministrant **449. 2**

aȧr to put in restraint, to tie together **307. 4; 493. 9**

au the young **280. 8**; var. *ṡeriu* children.

ausek [ ] sceptre **340. 2**

ait cakes or bread for offerings **507. 14**

apṭ, **apṭu** feathered fowl, birds offered as sacrifices **229. 9**; **251. 8**; **292. 11**; **294. 8**; **332. 16**; **366. 6**; **400. 5, 10**; **454. 1**; **510. 3**

af offerings (?) **449. 13**

afu to injure **165. 15**

Amu the Fire City **203. 5**

am, **amem** to grasp **113. 7**; **190. 7**; **482. 10**; **487. 5**

ames sceptre **335**. 2, 12; **336**. 8; **337**. 4, 15; **338**. 12; **339**. 7; **340**. 15; **341**. 11

Ani name of a scribe **1**. 4, 11; **25**. 15; **58**. 16; **72**. 16; **73**. 8, 16; **130**. 15; **176**. 8; **189**. 4; **197**. 16; **246**. 6; **247**. 3; **248**. 9, 16; **288**. 1; **359**. 5; **457**. 10

Areθi-ka-sa-θika proper name **418**. 14

ah to be troubled **149**. 6

ahat name of a cow-goddess **408**. 15; **409**. 3, 13; **410**. 1

Ahit name of a goddess **326**. 6

aḥet fields, estates, farm, cultivated land **23**. 9; **27**. 17; **124**. 9; **198**. 11; **203**. 14; **209**. 14; **243**. 12; **251**. 3; **268**. 5; **398**. 7; **417**. 15; **493**. 3; **495**. 14

aχ to blossom **229**. 8

aχab to give to drink **397**. 9

aχabiu a class of divine beings **391**. 13

aχaχ stars **153**. 10

aχi reeds, water-plants **378**. 13

asu running water **251**. 11

Aseb name of a fire-god **152**. 15; **153**. 1

asbiu flame, fire **134.** 3

aseχ to reap **209.** 15; **222.** 4; **224.** 2; **225.** 10; **227.** 8; **229.** 15; **368.** 4; **369.** 5; **454.** 11; **496.** 3

asta áb (?) to judge hastily **256.** 14; **257.** 5

Aśu name of a god **200.** 9

Aśbu the warder of the fifth Ārit **328.** 10

Aśer name of a city or god **325.** 4

aśer, **aśert** roasted joints of animals, or birds **294.** 8; **300.** 1; **317.** 8; **318.** 3

Aker a proper name **199.** 11; **205.** 14

Akeru name of two gods **140.** 4; **391.** 13

a proper name **391.** 13

a proper name **393.** 9

akriu divine serpents **220.** 8; **370.** 15

aḳab flood, flowing stream, a mass of water or the god thereof **27.** 16; **132.** 5; **456.** 13; **464.** 1; **465.** 16; **493.** 14

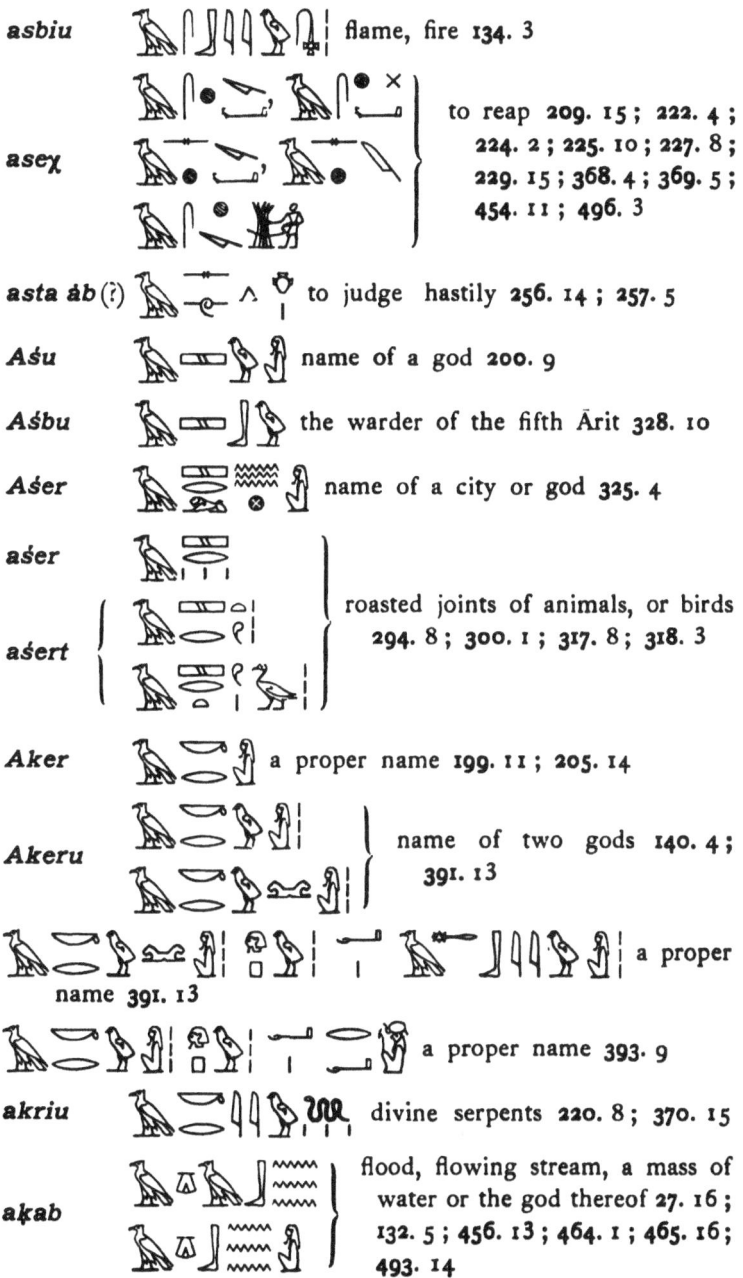

akbȧ  watery abyss **136.** 5

at 
atu  } injury **237.** 3; **401.** 13

at  standard **486.** 16

at  back **413.** 16

at  moment **115.** 2; **126.** 10; **157.** 9, 10; **210.** 12; **251.** 11; **280.** 2; **281.** 12; **283.** 14; **295.** 2, 12; **299.** 14; **310.** 12, 13; **356.** 6; **482.** 14; **483.** 7

āt 
atet  } moment **2.** 16; **34.** 12; **38.** 16; **42.** 4; **359.** 8

at  =  *at* standard **359.** 16

at  =  *ȧt* not **462.** 7

atui  fiends **416.** 15

atutu  a kind of wood **337.** 5

Ati 
Atet  } the ninth nome of Lower Egypt, the capital of which was Per-Ȧusȧr (Busiris) **321.** 4; **323.** 9

atep 
 } load **139.** 2; **144.** 2

atef  name of a crown **276.** 13; **477.** 3; **482.** 9; **487.** 7

atfu  name of a crown **262.** 3

Atef-ur  a proper name **321**. 14; **324**. 7

aṭ  to be wounded **94**. 2

aṭȧu  name of a garment **438**. 2

aṭu  crocodile **299**. 4; **310**. 13; plur.  **160**. 2; **283**. 16

Aṭes-ḥrȧ-śe  a proper name **361**. 8

aṭet  back **414**. 2

 A.

á  I, me, my **2.** 14 ; **3.** 5 ; **3.** 6 ; **4.** 13 ; **5.** 5 ; **15.** 13 ; **417.** 1

á 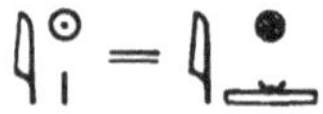 O **307.** 12, 13, 14

á 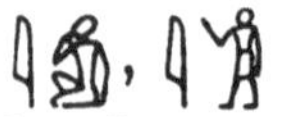 O! Hail! **1.** 12 ; **10.** 13 ; **20.** 12 ; **21.** 1 ; **25.** 16 ; **26.** 1, 10 ; **27.** 3 ; **29.** 7 ; **39.** 15, 16 ; **61.** 7 ; **64.** 1 ; **66.** 5 ; **71.** 3, 14 ; **72.** 7, 15 ; **73.** 7 ; **74.** 5, 13 ; **75.** 8 ; **81.** 3 ; **83.** 2 ; **84.** 1 ; **87.** 11 ; **90.** 9 ; **91.** 15 ; **92.** 1, 2 ; **98.** 1 ; **100.** 11 ; **101.** 11 ; **105.** 14 ; **107.** 5, 13 ; **110.** 12, 15 ; **111.** 7 ; **115.** 13 ; **120.** 14 ; **130.** 15 ; **147.** 7 ; **169.** 1 ; **189.** 4, 5 ; **196.** 12 ; **197.** 16 ; **203.** 8 ; **244.** 7 ; **252.** 13 ; **253.** 12 ; **254.** 11 ; **255.** 5 ; **256.** 8 ; **262.** 2 ; **272** 2 ; **274.** 12 ; **275.** 4 ; **289.** 10 ; **301.** 8 ; **358.** 12 ; **364.** 9, 10, 11, 12 ; **365.** 5, 6, 12, 13, 14, 15 ; **367.** 4 ; **369.** 7 ; **370.** 1 ; **371.** 3 ; **372.** 8 ; **373.** 5 ; **384.** 6, 11 ; **390.** 4 ; **396.** 1 ; **410.** 6 ; **418.** 9 ; **445.** 4, 5, 13 ; **446.** 16 ; **447.** 9 ; **448.** 4, 13 ; **450.** 5, 16 ; **451.** 9 ; **457.** 10 ; **458.** 7 ; **460.** 3 ; **468.** 5 ; **496.** 4 ; **502.** 7 ; **503.** 4

á 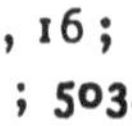 acclamation **11.** 5

áa  boat **50.** 7

áa  standard **483.** 16

áaa  plants, growing crops **203.** 12

ȧaau doubly plumed **456.** 7

ȧaat standard **277.** 16

ȧau aged one, old age **177.** 2; **182.** 14; **199.** 7; **325.** 6; **361.** 3; **488.** 5; plur. **243.** 6

ȧaut aged one **183.** 13

ȧait divine aged ones **133.** 8; **134.** 2

ȧau, **ȧaut** praise, acclamation, rejoicings **2.** 2; **46.** 2, 9; **49.** 15; **108.** 1; **164.** 15; **175.** 16; **223.** 3; **230.** 12; **246.** 8; **281.** 10; **282.** 13, 15; **289.** 13; **388.** 12; **389.** 6, 14; **392.** 8; **484.** 3; **489.** 9

ȧau praise **484.** 7; **486.** 13

ȧau praise **305.** 14

ȧaiu praise **7.** 5, 10; **452.** 7

ȧaui praise **22.** 15; **316.** 8; **342.** 15; **416.** 5

ȧait tombs under the care of priests **309.** 16

ȧaiti the gods of the Ȧats **319.** 12

see **30.** 13

Ȧaru the city of reeds **465.** 16

ȧaru plants, reeds **301.** 9

ȧareret eyes (?) **356**. 4

ȧaret vine **185**. 6; **287**. 5

Aaheṭ name of a god (?) **168**. 16; **169**. 2

ȧaχu the god of light **244**. 10

Ȧaχabit name of a goddess **343**. 6; **344**. 13

Ȧaku a class of beings in Re-stau **240**. 6

ȧakebi, **ȧakebit** mourners, wailing women, those who weep **19**. 8; **177**. 11; **352**. 14

ȧakebu wailings **243**. 1; **432**. 3

ȧaqet flowers **101**. 15

Ȧaqeṭqeṭ name of a god **59**. 8

ȧat dignity, rank **13**. 11; **482**. 16; **485**. 8; plur. **250**. 5

ȧaat odorous things **469**. 13

ȧat girdle **239**. 5

ȧat back **112**. 16; **117**. 15; **169**. 6

ȧat to cleave **212**. 6

åat standard, perch, pedestal **101.** 6 *(bis)*; **112.** 1; **166.** 11; **175.** 9; **184.** 14; **262.** 3; **358.** 16; **360.** 2

åat ent Åp-uat name of the lower deck **206.** 1

åat domain, district in the underworld **55.** 6; **64.** 8; **179.** 11; **367.** 4; **369.** 7, 10; **370.** 2; **371.** 3, 6; **377.** 6, 10, 14; **378.** 4; **379.** 1, 3, 11; **381.** 14; plur. **369.** 11; **185.** 16; **367.** 3; — **367.** 11; — **369.** 6; — **369.** 15; — **371.** 2; — **371.** 13; — **372.** 7; — **373.** 4; — **374.** 1; — **375.** 1; **375.** 15; — **377.** 4; — **378.** 2; — **379.** 11

åat χu **369.** 6; **381.** 7

åat en χet **64.** 9

åati the two *Åats* of Osiris **240.** 7, 8; **477.** 8

Åat-urt a proper name **324.** 12

Åat ent χer-āba the Åat of Kher-āba **379.** 11, 13; **382.** 1

åatu praise **24.** 16

åati shambles **66.** 9, 12

åaṭ child, young man **185.** 10

àaṭet
àaṭeti
àaṭet } net **390.** 3, 10; **394.** 1; **396.** 3; **436.** 10

àaṭet rain storm, dew **202.** 15; **356.** 10

àaṭeti oppressor **408.** 14

àā to wash **218.** 2; **439.** 6; **449.** 5; **450.** 12; **483.** 7; washing, cleansing **19.** 13

àā neter to curse the god (?) **257.** 8; **257.** 14

àāāu apes **28.** 6

àāb to come towards, to meet, to present something **133.** 10; **479.** 3; one opposite **229.** 13; for, on behalf of **309.** 10; offering **407.** 1 *(bis)*

àāb offering of a libation **389.** 2

àāb a vessel **333.** 8, 11; **422.** 5, 7, 9, 10, 13, 15; **423.** 2, 12, 15; **425.** 4, 6, 9, 12, 15; **425.** 4, 8, 10, 13, 16; **426.** 3, 6, 8, 11, 14; **427.** 1, 4, 7, 10, 13, 16; **428.** 3, 6, 9, 12; **428.** 2, 4, 8, 10, 13; **430.** 1, 4, 7, 10, 13, 15; **431.** 3, 6, 9, 12, 15; **432.** 2, 4, 7, 10, 13, 16; **433.** 2, 5, 8, 11; **434.** 3, 7, 10, 12, 15; **435.** 2, 5, 8

àābet offerings **336.** 1, 2; **433.** 13

àānu praise **33.** 3; **34.** 11; **215.** 1; plur. **180.** 10; **280.** 5

āār | **āāret** | **āāretu** — uraeus 46. 5; 181. 8; 456. 12; 326. 10; plur. *āāretu* uraei goddesses 244. 7; 265. 8; uraei 377. 9

āārti *i. e.*, Isis and Nephthys 169. 8

āārtu ānχu the living uraei 267. 7

āāḥ | **āāḥu** — moon 294. 15; 397. 6

Āāḥ — Moon-god 26. 1 *(bis)*; 26. 10, 11; 177. 3; 391. 16; 445. 15

āātu ent χert lower deck 206. 1

āu praises 416. 3

āu = *āa* old man 128. 18

āu = *er* from, to, into, for, at, in 509. 2, 5, 11; 510. 2, 11; 511. 4, 8, 16; 513. 3

āu , limbs, members, flesh 128. 16; 417. 13

āu to be :— *āu-ā* I am 14. 12; 120. 1; 122. 4; *āu-k* thou art 6. 7; 11. 4; 13. 13; *āu-f* he is 23. 5; *āu-n* we are 32. 7; 301. 9; *āu-s* 304. 5, 7, 8, 9, *etc.* As an auxiliary *āu utā* 16. 1; 16. 2; and see *passim.*

āua — ox (of Seb) 264. 13; 265. 10

Åuu-ba a proper name **435**. 6

åuf limbs, members, flesh **23**. 8; **46**. 7; **118**. 14; **130**. 8; **140**. 6; **195**. 4; **317**. 7; **411**. 3; **441**. 1; **478**. 10

Åuf-ānχ a proper name **34**. 6; **77**. 10; **78**. 4, 8, 14; **80**. 2, 12; **98**. 8; **131**. 7; **245**. 15; **276**. 9; **294**. 16; **295**. 4, 6; **314**. 14; **316**. 9; **334**. 8; **335**. 3, 14; **336**. 10; **337**. 6; **338**. 1, 14; **339**. 8; **340**. 4; **341**. 1, 13; **342**. 4, 11; **343**. 2, 10; **344**. 1, 9, 15; **345**. 7, 15; **346**. 6; **349**. 7; **404**. 4; **405**. 1, 10; **411**. 7; **412**. 7, 10; **413**. 8; **419**. 4; **412**. 6; **413** 2; **501**. 4, 12

åumes entreaty (?) **151**. 6

åun **257**. 13

åuhet to utter words **263**. 15

åuχemu stars (?) **231**. 3

åuχemu urțu stars which rest **35**. 16; **171**. 4; **203**. 1; **214**. 10

åuχemu seku stars which diminish **36**. 1; **119**. 12; **308**. 7; **377**. 12

åuχemu-pen-. . . . (?) **494**. 8, 15; **495**. 3, 7, 15

åuχeχ night **256**. 16

åuχeχu darkness **354**. 13

Åusår the god Osiris **1**. 12; **3**. 9, 10; **132**. 10; **137**. 14; **153**. 1; **198**.

10; 271. 3; 273. 16; 315. 11; 443. 9; and the eight gods of his company 294. 4

Ausȧr a name given to the deceased, who is generally identified with the god, see *passim*.

Ausȧr Osiris 39. 7; 214. 1

Ausȧr-Ȧnpu 428. 10

Ausȧr-ānχti 320. 9

Ausȧr-Un-nefer 276. 10; 285. 8; 484. 4, 6

Ausȧr-bati-Erpit 321. 2

Ausȧr-Ptaḥ-neb-ānχ 321. 2

Ausȧr-nub-ḥeḥ 321. 2

Ausȧr-neb-ānχ 320. 9

Ausȧr-neb-er-ṫer 24. 5; 320. 10

Ausȧr-neṫesti 321. 14

Ausȧr-Ḥenti Osiris of two crocodiles 324. 3

Ausȧr-Ḥeru 513. 6

Ausȧr-Ḥeru-χuti-Tem 325. 13

Ausȧr-ḥer-ȧb-set Osiris in the mountain 321. 3

Ausȧr-ḥer-šāi-f Osiris on his sand 322. 3

Ausȧr-χent-Ȧbṭu Osiris in Abydos 489. 8

Ausár-χent-Ámentet [hieroglyphs] Osiris, governor of Ámentet 77. 13; 78. 5, 7, 9; 326. 12; 347. 14; 501. 9

Ausár-χent-Ámentiu [hieroglyphs] Osiris, governor of those in Ámentet 479. 14; 512. 1; 514. 5, 12

Ausár-χenti-Ámenti [hieroglyphs] common name of Osiris

271. 13, 16; 274. 16; 275. 1; 303. 15; 304. 3, 6, 10; 305. 2; 306. 1, 5, 7, 10; 307. 8; 308. 10; 318. 4

Ausár-χenti-per [hieroglyphs] 320. 12

Ausár-χenti-Nefer (?) [hieroglyphs] 320. 10

Ausár-χenti-nut-f [hieroglyphs] 321. 11

Ausár-χenti-Re-stau [hieroglyphs] 321. 3

Ausár-χenti-Seḥ-ḥemt [hieroglyphs] 322. 4

Ausár sa Nut [hieroglyphs] 477. 3

Ausár-Saa [hieroglyphs] 320. 11

Ausár-Seb [hieroglyphs] 153. 7

Ausár-Saḥ [hieroglyphs] 320. 11

Ausár-Sekri [hieroglyphs] 321. 10, 15

Ausár-Tua (Uta) [hieroglyphs] 321. 15

Ausár-Taiti [hieroglyphs] 322. 2

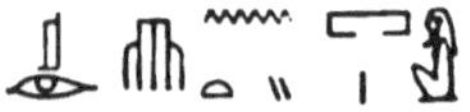

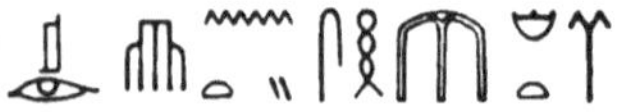

Ausȧr-Ṭem-ur 321. 14

Ausȧrti beings like Osiris 189. 9

Auset the goddess Isis 67. 2; 68. 4; 69. 7; 73. 5; 153. 1, 2; 192. 3, 10; 232. 10; 276. 16; 277. 3; 382. 12; 454. 16; 486. 13; 37. 14; 46. 14; 79. 13; 81. 13; 83. 9; 112. 12; 117. 7; 166. 11; 208. 13; 210. 15; 233. 9; 293. 8; 294. 4; 301. 15; 315. 13; 318. 9; 339. 4; 375. 11; 403. 4, 5, 11; 404. 4; 405. 2; 407. 11; 443. 9; 464. 10; 478. 17; 479. 13; 12. 14; 15. 6; 53. 12; 65. 9; 72. 4; 73. 11, 13; 74. 5; 76. 8; 394. 14; = 326. 4

ȧuset seat, place, habitation, abode, shrine 3. 8; 22. 16; 58. 5; 65. 9; 70. 15; 79. 10; 80. 6; 92. 8; 100. 6; 103. 2, 4; 114. 2; 111. 8; 119. 13; 121. 3; 127. 10; 161. 11; 162. 17; 246. 11; 315. 7; 320. 16; 326. 13; 348. 15; 385. 12; 394. 10; 406. 10; 415. 7; 426. 5; 429. 3, 14; 441. 11; 442. 6, 12; 443. 13; 446. 15; 447. 8; 456. 6, 9, 11; 457. 14; 459. 14; 471. 9; 473. 9; 476. 9, 10; 486. 2; 493. 12; plur. 195. 15; 279. 6; 280. 12; 321. 12, 13

ȧuset ȧb-f the heart's chosen place 226. 3

ȧuset āāui place of the hands 234. 8

ȧuset urt great place, heaven 2. 9; 218. 1; 485. 10

ȧuset utat seat of the Eye of the sun 38. 15

ȧuset maāt place where right is done 250. 3

ȧuset ḥert heaven 135. 3

áuset ḥeḥ 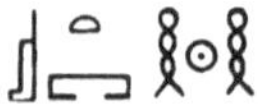 everlasting abode **416.** 8

áuset ḥetep 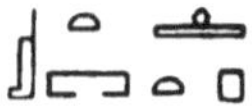 place of repose **416.** 6 ; **490.** 12

áuset ḥetep áb 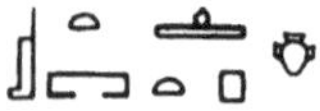 place of rest for the heart **430.** 13

áuset śetau en Ḥeru  secret places of Horus **404.** 5

áuset qebḥ  place of coolness or refreshment **430.** 5

áuset taa  abode of fire **430.** 6

áuset ṭesert  holy place, shrine **433.** 4

Áuker

Áukert  the underworld **11.** 12 ; **138.** 2 ; **183.** 1 ; **259.** 3 ; **262.** 2 ; **471.** 8 ; **474.** 10

Áukert  goddess of the underworld **143.** 13 *(bis)*

Áukert-χentet-áuset-s  a proper name **318.** 11

áu-t  thou art **415.** 11

áu-ten

áu-θen  ye are **114.** 14 ; **121.** 7

áb  word (?) **186.** 14

áb  pegs (?), stakes (?) **390.** 14

áb  thirst **463.** 12, 14

áb  thirsty man **261.** 2 ; **516.** 7

Ȧb *Āḃu* Elephantine 247. 9; 512. 2

Ȧb *Ȧbṭu* name of a fish 5. 7

ȧb left side 19. 15; 152. 5, 7; 266. 3; 284. 14; 389. 12; 395. 14; 420. 8; 436. 2

ȧbi

ȧb heart 4. 5; 7. 9; 70. 2; 89. 3, 4, 5; 90. 11, 17; 91. 2, 4, 5, 7; 92. 3; 93. 3, 12, 13; 94. 1, 8, 17; 100. 5; 150. 13; 151. 14; 298. 2; 333. 7; 376. 10; 385. 11; 436. 3; 447. 13; 454. 5; 475. 2; 479. 15; 483. 2; 485. 16 *(bis)*; 490. 5; 496. 9; 501. 9; 502. 4; 510. 13; 512. 12; 513. 16; will, desire 106. 1; self 10. 7; plur. , 28. 6; 50. 1; 89. 4; 90. 10; 93. 14; 93. 16; 116. 2; 158. 8; 244. 15; 262. 14; 367. 8; 378. 12; 456. 16; 487. 10; 490. 1; 477. 6; 446. 11; *asta ȧb* to judge hastily 256. 14; 257. 5; *ȧri ȧb* to do as a man pleases 330. 12; *āāa ȧb* 380. 11; *ȧb neṭem* joyful heart 76. 8; 173. 3; *ȧb āu* joyful heart 76. 9; 173.4; *ām ȧb* to eat the heart, *i. e.*, to lose the temper 231. 14; 257. 11; *ur ȧb* valiant 332. 12; *uṭa ȧb* brave 154. 13; *meḥ ȧb* to satisfy 268. 8; *ḥer ȧb* in the heart of, within 291. 11; with heart's desire 153. 12; with 77. 2; 82. 17; *ȧb en sehert* the amulet of the carnelian heart 94. 8

ȧbu drink 437. 7

Ȧbu-ur a proper name 112. 2

ȧbu to cease 3. 6

ȧbu (**ābu**) cessation 42. 2

åbi panther skin 337. 15; 345. 3

åber a kind of unguent 337. 14

åbeḥu teeth 97. 16; 112. 11; 117. 6; 446. 11

åbeχ to make a way among 40. 6

åbsit hull of a boat 207. 5

åbku grief, wailing 79. 13; 83. 9

åbet thirst 201. 6; 378. 8, 11; 466. 4

Åb-ka
Åbet-ka a proper name 147. 3, 5

Abṭet , the nome or city of Abydos 5. 14; 13. 7; 21. 4; 37. 6

åbt left hand side 264. 10; 382. 8; 386. 8; 387. 12

åbet east wind 155. 8; 407. 12; 129. 7

Åbet Abydos 326. 7

åbet net? 289. 3

åbtu slaughters 357. 3

åbt east 218. 13; 287. 2; 105. 15

åbti east, eastern 52. 2; 368. 7; 503. 7, 14; 507. 11

åbti, *åbti* — east, eastern **88.** 13; **134.** 12; **142.** 12; **164.** 13; **460.** 14; 61. 5

åbti — east **219.** 1

åbti — eastern (plur.), beings in the east **12.** 16; **46.** 12; **106.** 5; **114.** 15; **221.** 3; **222.** 5; **319.** 9

åbtet — east, eastern **1.** 3; **2.** 2; **3.** 13; **6.** 13; **8.** 12; **12.** 13; **29.** 2; **36.** 11; **80.** 6; **99.** 2, 4; **160.** 9; **190.** 11; **196.** 12; **197.** 1, 9, 16; **198.** 4, 15; **199.** 2; **210.** 9; **245.** 11; **278.** 14; **288.** 11; **310.** 9, 11; **311.** 2; **319.** 3; **334.** 16; **347.** 16; **364.** 12; **384.** 10; **398.** 4, 5, 6; **412.** 16; **418.** 11; **483.** 16; **319.** 15; **514.** 12

Åbṭ — a mythological fish **44.** 11

åbeṭ — month **234.** 6, 10; **236.** 3; **237.** 4; **238.** 13; **288.** 8; **294.** 15; **366.** 2; **496.** 16; monthly festival **330.** 1; **371.** 9; plur. **88.** 12; **158.** 15, 16; **177.** 6; **458.** 2

åbet sen pert — the second month of the season *pert* **252.** 5; **314.** 13, 14; **315.** 8; **316.** 13

åbṭu — a mythological fish **3.** 1; **211.** 5

Åbṭu — Abydos, an ancient shrine of Osiris **14.** 11; **39.** 3; **70.** 2; **78.** 13; **79.** 8; **245.** 14; **276.** 12; **326.** 11; **336.** 3; **348.** 7, 13; **440.** 1; **489.** 8; **13.** 14; **55.** 7; **74.** 1,

4; **81.** 14; **136.** 9; **176.** 13; **239.** 6; **241.** 1; **304.** 4; **313.** 8, 10; **350.** 16; **358.** 11; **360.** 1; **452.** 5; **477.** 10; the god of Abydos **325.** 8, 10

ȧp to count, to number, to reckon, to consider **30.** 9; **228.** 13; **229.** 11; **289,** 5, 14; reckoner **280.** 10; counting **195.** 9; **88.** 11; counted **195.** 8; reckoner **111.** 10

ȧp to judge, to be judged, to decree, be decreed **82.** 7; **113.** 13; **154.** 4; **160.** 1; **187.** 1; **227.** 13; **236.** 1; **303.** 6; judged **28.** 12; **384.** 6, 11; judgment **158.** 7; judge **235.** 14; judged **437.** 12; **28.** 14; **180.** 11; **384.** 6, 11; **236.** 1; **238.** 12; adjudged **13.** 3; **184.** 15; great judgment **260.** 12

ȧp, **ȧpu** to judge between, to dispute with, to be awarded, judged **27.** 16; **111.** 12; **203.** 13; **337.** 1; **461.** 14; judge **359.** 14; **465.** 3; decree **474.** 1; to bring a message **102.** 12; message **191.** 14; judge of words **481.** 2

ȧpt decree, judgment **24.** 14; **181.** 10; sentence of death **74.** 8, 10; *ȧp Maāt* **15.** 16

ȧp, ȧpu to open **21.** 7; **114.** 10, 11; **116.** 3; **137.** 10; **143.** 9; **144.** 12; **239.** 6; **272.** 9; **275.** 10; **277.** 13; **360.** 1; **450.** 15; **484.** 2; **510.** 16; opened **139.** 13; *ȧp* open!

ȧp re the ceremony of opening the mouth **309.** 11; **312.** 2; **427.** 14; **502.** 2; **86.** 12; **86.** 14

Ȧp-uat "opener of ways", a name of the god Anubis **74**. 5; **119**. 11; **206**. 2; **277**. 14; **347**. 1; **450**. 15; **465**. 5; **484**. 3; **510**. 16; **112**. 10; **117**. 4

Ȧp-uat-meḥt-χerp (or ***seχem***)-***pet*** a name of Osiris **325**. 14

Ȧp-uat resu χerp (or ***seχem***)-***taiu*** a name of Osiris **325**. 13

ȧp-ḥer except **10**. 3; **308**. 12; **366**. 10; **374**. 4, 10, 12; **376**. 5; **497**. 8; except thyself **408**. 1

Ȧpu Panopolis **245**. 15

ȧpu / ***ȧpiu*** those **75**. 6; **58**. 3; **59**. 7; **95**. 8; **98**. 11; **158**. 6; **165**. 2; **181**. 8; **201**. 7; **269**. 5; **313**. 10; **334**. 15; **335**. 9; **336**. 16; **375**. 13; **398**. 5; **435**. 14; **438**. 4; **501**. 10; **506**. 15; those in **259**. 9; those gods **47**. 12

ȧpui openers **21**. 5; **422**. 4

ȧputi messenger **93**. 5; **279**. 7; plur. **262**. 5; two envoys **97**. 12

ȧpepiu judges **269**. 7

ȧpepet reckoning, account **106**. 16

ȧpen these **88**. 2; **191**. 10; **201**. 4; **215**. 3; **309**. 1; **333**. 2; **336**. 5; **337**. 12; **338**. 9; **339**. 3, 15; **340**. 12; **341**. 8; **390**. 7; **497**. 15; **107**. 14

Åp-si a proper name (?) **238.** 6

åpt shrine **412.** 15

Åptet a district of Thebes, the modern Karnak **489.** 12

åpt to open **126.** 7 ; **142.** 3

åpt message **102.** 7 ; **186.** 9, 16 ; **299.** 13 ; **401.** 2 ; envoy **137.** 13 ; **235.** 12

åpt messengers **414.** 11

åpt brow **8.** 7 ; **30.** 6 ; **40.** 13 ; **68.** 5 ; **148.** 12 ; **195.** 2, 10 ; **219.** 2 ; **304.** 8, 10 ; **369.** 13 ; **386.** 10 ; **387.** 13 ; **441.** 13 ; **487.** 7 ; **505.** 11 ; **381.** 5 ; **381.** 15 ; **381.** 12

åpt sceptre **502.** 14

åptu these **309.** 3 ; **329.** 5

Åp-śāṭ-taui a name of Osiris **323.** 3

åpten these **29.** 12 ; **214.** 9 ; **221.** 10 ; **368.** 12

åf flesh, members **112.** 15 ; **113.** 5 ; **128.** 16 ; **187.** 4 ; **209.** 4 ; **242.** 6 ; **268.** 10 ; **300.** 1 ; **366.** 6 ; **399.** 2 ; **400.** 1 ; **407.** 4 ; **440.** 15

åfṭu four **180.** 6 ; **181.** 7

åfṭi a kind of cloth or garment **449.** 3

åm (?) a standard **445.** 14

åm to arrive happily **424.** 7

åm a kind of cloth **340**. 3

åm not, do not **98**. 2 ; **143**. 12 ; **149**. 6, 16 ; **166**. 13 ; **202**. 3 ; **217**. 4 ; **291**. 9 ; **308**. 11 ; **400**. 12, 13 ; **403**. 13 ; **407**. 15 ; **410**. 9

åm to eat **65**. 3 ; **100**. 13 ; **101**. 10 ; **103**. 5 ; **104**. 15 ; **110**. 5 ; **111**. 1 ; **123**. 13 ; **124**. 2, 7, 17 ; **132**. 14 ; **141**. 16 ; **146**. 1 ; **179**. 7 ; **238**. 5 ; **300**. 7 ; **393**. 11 *(bis)* ; **414**. 7 ; **418**. 3 ; **449**. 2, 7, 8 ; **470**. 3 ; **492**. 8 ; eater **175**. 8 ; **312**. 4

åmu / **åmi** to eat **89**. 5 ; **109**. 7 ; **510**. 6 ; eating, eater **155**. 13 ; eaters, devourers **146**. 8 ; **375**. 4 ; **99**. 2

åmt food, something eaten **125**. 11 ; **136**. 7 ; **254**. 2 ; **256**. 15

åmti eater **101**. 13 ; eater of souls **411**. 1

Åm-beseku "Eater of guts", one of the 42 assessors **254**. 7

Åm-snef "Eater of blood", one of the 42 assessors **254**. 5

åm (?) to eat **31**. 13 ; **123**. 6, 7, 15, 16 ; **124**. 6 ; **125**. 5 ; **151**. 8 ; **165**. 4 ; **179**. 12, 13, 16 ; **180**. 1 ; **214**. 10, 11 ; **224**. 2 ; **225**. 8 ; **226**. 5 ; **227**. 7 ; **243**. 13, 14 ; **244**. 16 ; **295**. 10 ; **305**. 13 ; **376**. 14 ; **379**. 15 ; **380**. 10 ; **397**. 9 ; **398**. 8 ; **465**. 12 ; **466**. 4 ; **492**. 9, 10, 16 ; **493**. 1, 10, 16 ; **494**. 1, 15 ; **495**. 1, 9 ; food **465**. 12 ; **357**. 12

Åm-ḥauatu-ent-peḥui-f  a proper name **328**. 1 (doorkeeper of Ārit 3); **359**. 11

àm 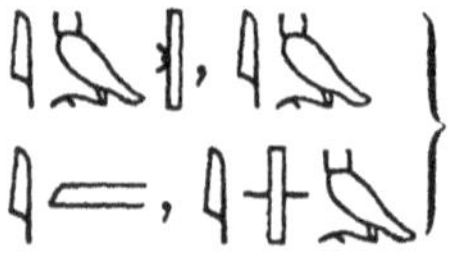 there, therein **9**. 3; **15**. 13; **23**. 10; **29**. 3; **58**. 5; **59**. 15; **60**. 2, 3; **87**. 9; **89**. 5; **103**. 6; **111**. 4; **124**. 4; **143**. 5; **161**. 1; **162**. 17; **165**. 15; **166**. 7, 10; **196**. 15, 16; **198**. 2, 3; **202**. 14; **224**. 1, 2, 3; **245**. 3; **333**. 7; **336**. 2; **346**. 16; **347**. 1, 2; **360**. 11; **384**. 8, 14; **438**. 13; **441**. 3; **454**. 11; **465**. 13, 14, 15; **480**. 11; **491**. 11, 12; **505**. 6; **517**. 1

àm, ***àmt***  in, with, among, through, upon, by, around, at **4**. 15; **9**. 14; **10**. 4; **14**. 14. **18**. 9; **22**. 6; **52**. 6; **66**. 15; **67**. 7; **87**. 9; **94**. 2; **133**. 13; **150**. 9; **182**. 13; **204**. 15; **229**. 6; **364**. 15; **426**. 16; **450**. 16; **462**. 1, 2; **492**. 14; **512**. 11;  **123**. 8; **296**. 6, 15; **297**. 13;  **455**. 3;  **415**. 13

àm 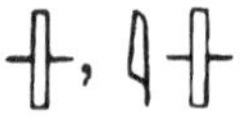 dweller in **9**. 8; **15**. 12; **30**. 7;  **138**. 2; **490**. 10; **491**. 11

àmi  dweller in **13**. 14; **14**. 8; **19**. 5; **39**. 6; **48**. 6; **126**. 5, 11, 12; **157**. 8, 14; **191**. 9; **192**. 2; **224**. 8; **364**. 8; **374**. 5, 8, 10; **375**. 6; **380**. 2; **389**. 1; **465**. 4; **508**. 7; plur. 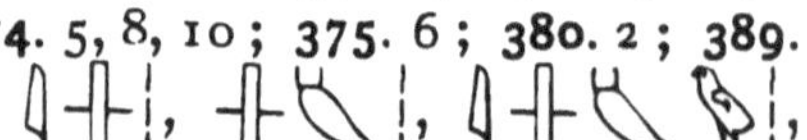  those in **22**. 6; **24**. 7; **26**. 3, 13; **40**. 15; **46**. 11; **87**. 7, 8; **146**. 8; **148**. 16; **149**. 1, 14; **162**. 10; **164**. 14; **167**. 3; **174**. 11, 13; **175**. 15, 16; **192**. 1; **259**. 9, 16; **260**. 7; **321**. 13; **331**. 4, 6; **374**. 8; **375**. 6; **398**. 6; **436**. 14; **496**. 2; 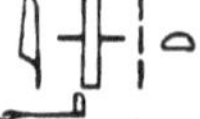 **163**. 3; **174**. 13; **175**. 3; **275**. 2; **342**. 16;  *àm ā* **505**. 12;   *àm àusel ā* title of an office **34**. 10;  *àm* *ut neb Ta-ṭesert* a title of Anubis 431. 12 ; 482. 14 ; 472. 3 ; 497. 8 ; 52. 1 ; 274. 13 ; 271. 7, 12 ; 302. 13 ; a title of Sebek 58. 12 ; 266. 7, 15 ; 144. 13 ; 433. 4 ; (var. ,) 237. 3, 4, 6 ; 219. 6 ; 415. 12 ; , 61. 7 ; 374. 5, 10, 13 ; 459. 2, 13 ; 289. 1 ; 301. 8 ; 138. 6 ; 375. 6 ; 313. 10 ; 180. 13 ; 103. 9 ; 275. 16 ; 104. 9 ; 27. 5 ; 55. 15 ; 135. 9 ; 290. 1 ; 66. 3 ; 266. 13 ; 267. 4 ; 234. 15 ; 216. 3 ; 455. 16 ; 12. 1 ; 17. 7 ; 51. 15 ; 365. 16 ; 39. 15 ; 56. 4 ; 57. 11, 16 ; 58. 11 ; 62. 14 ; 73. 6 ; 210. 7 ; 232. 5 ; 374. 9 ; 405. 14 ; 452. 11 ; 480. 7 ; 184. 12 ; 159. 4 ; 217. 1 ; 240. 5 ; 136. 3 ;

104. 8 ; 58. 3 ; 103. 10 ; 184. 14 ; 138. 11

åm-tu among, between 29. 15 ; 456. 3 ; 221. 11 ; 314. 17 ; 368. 13

åmi-tu, **åmi-θu** among, between 64. 9 ; 165. 2 ; 181. 10, 12 ; 142. 16 ; 361. 3 ; 387. 11 ; 372. 3

åm-θ , in, between, with, among 25. 8 ; 88. 12 ; 372. 1

åmt-f ḥāt . . . . 482. 15 ; 357. 10

åm-åb prayer (?) 457. 4

åm χent a title of a priest who performed certain funeral ceremonies 128. 15 ; 149. 12 ; 407. 2 ; 435. 13 ; 503. 4, 13

åmam date palm 151. 11 ; 180. 2

åmaχ veneration one to whom veneration is paid 28. 11 ; 81. 4 ; 103. 1 ; 139. 12 ; 156. 4 ; 201. 2 ; 222. 10 ; 223. 5, 13 ; 248. 16 ; 421. 16 ; 444. 13 ; 452. 6 ; 460. 10 ; 461. 9 ; 463. 8, 13 ; 464. 10 ; 466. 13 ; 468. 6, 8 ; 488. 6 ; 110. 10 ; 464. 11 ; 468. 8

åmaχi , blessed one 5. 14 ; 44. 2 ; 47. 4 ; 357. 3 ; plur. 326. 12 ; 345. 4 ; 155. 13 ; 513. 11

ȧmu divine beings **360.** 9

ȧmu plants **504.** 8

ȧmu flames, fire **68.** 16; **69.** 8; **20.** 1

ȧmu (?) colour **366.** 5

Ȧm-urt a proper name **335.** 10

ȧmi shrine, chamber **145.** 12

ȧmihetetut apes **210.** 14

ȧmem palm tree **312.** 1

ȧmem to putrefy **401.** 7, 9

ȧmem skin **419.** 9, 11

ȧmmā , , , ant, let, give **2.** 2; gr **55.** 15; **126.** 4; **156.** 7, 12; **157.** 2, 6, 7, 12, 13, 16; **158.** 1, 4; **234.** 14; **389.** 6; **452.** 10; **16.** 10; **17.** 2; **17.** 7; **69.** 15; **70.** 9; **186.** 8; **186.** 16; **410.** 7

ȧmmu beams **41.** 14

ȧmmu boats **203.** 9

ȧmmeḥet a part of the underworld or tomb **30.** 13; **159.** 12; **213.** 5; **236.** 9; **269.** 15; **371.** 14, 16; **381.** 8

Ȧmen the great god of Thebes **34**. 11; **413**. 6; **418**. 10; **509**. 9; **510**. 1, 15

Ȧmen-Rā **9**. 15

Ȧmen-Rā-Ḥeru-χuti **513**. 5

"Ȧmen which art in heaven" **410**. 6, 7

Ȧmen-pa-ka-χeprer **413**. 1

Ȧmen-naθek-re-θi-Ȧmen **418**. 11

Ȧmen-na-ȧn-ka-entek-śare **418**. 15, 16

Ȧmen-neb-nest-taui **443**. 11

Ȧmen-rereθi **418**. 16

ȧmen, ***ȧment*** to hide, be hidden, hidden one, something hidden **41**. 10; **119**. 11; **157**. 4; **166**. 1; **225**. 15; **248**. 2; **272**. 13; **346**. 3; **348**. 5, 11; **383**. 12; **391**. 1; **406**. 16; **412**. 12; **418**. 12; **425**. 11; **433**. 6; **471**. 9; **489**. 12; plur. , **103**. 3; **169**. 16; **174**. 9; **177**. 11; **185**. 7; **142**. 11; **363**. 10; hider **138**. 16; **357**. 11, 16; secrecy, in secret **309**. 16; **458**. 6

ȧment hidden place **311**. 4; plur. **143**. 15; **288**. 11; **341**. 10; **355**. 10

ȧmenu-ā **429**. 9

Ȧmen-ren-f title of a god **275.** 3; **419.** 10; **473.** 3

ȧmen-ḥāu **427.** 11

ȧmen seśetau **430.** 8

ȧmenḥiu knives of slaughter **62.** 13

Ȧmen-ḥetep father of the scribe Nu **26.** 9; **88.** 9; **95.** 1; **97.** 9; **100.** 11; **101.** 4; **104.** 6; **142.** 9; **178.** 4; **191.** 7; **269.** 4; **363.** 5; **443.** 16; **444.** 1; **468.** 16; **491.** 9; **492.** 9

Ȧmentet the "hidden" land or underworld, the abode of departed spirits, the west **2.** 2; **12.** 13; **15.** 6; **24.** 7; **30.** 7; **37.** 15; **50.** 10, 11, 12; **58.** 7; **59.** 16; **63.** 13, 14; **65.** 2; **70.** 2; **78.** 5, 7, 9, 15; **90.** 4; **95.** 6, 12; **98.** 13, 15; **100.** 3; **103.** 3; **111.** 1; **160.** 10; **173.** 5; **190.** 13; **194.** 9; **239.** 15; **254.** 3; **270.** 1, 9; **271.** 1, 11, 14; **272.** 1; **214.** 3; **275.** 1; **281.** 15; **300.** 6; **307.** 12; **308.** 13; **317.** 12; **367.** 4; **377.** 5; **384.** 10; **422.** 6, 9; **423.** 13; **426.** 14, 15; **430.** 11; **433.** 12; **435.** 7; **438.** 9; **467.** 9; **470.** 9; **471.** 15; **479.** 8, 10; **481.** 9; **482.** 5; **483.** 16; **489.** 8; **501.** 8, 9, 14

Ȧmentet nefert the beautiful Ȧmentet **50.** 20; **91.** 10; **130.** 11; **242.** 10; **287.** 7; **371.** 7; **382.** 4; **424.** 1, 10; **473.** 2; **474.** 1; **320.** 8

Ȧment the hidden land **430.** 11; **431.** 4; **435.** 8; **471.** 1; **475.** 16; **476.** 12

Ȧment, Ȧmentet the hidden land, the west **25.** 9; **129.** 8; **278.** 14; **310.** 8; **311.** 3; **319.** 2; **364.** 11; **462.** 9

Ȧmenti the hidden land, the west **142.** 11; **457.** 1, 3

ȧmentiu beings in the hidden land or west **13.** 1; **36.** 11; **47.** 13; **106.** 4; **114.** 15; **169.** 13; **218.** 11; **220.** 13; **319.** 9; **364.** 16; **470.** 15; **514.** 5, 12; **517.** 2; **319.** 16

ȧmenti west wind **129.** 6; **155.** 10; **407.** 11

Ȧmsu the god of generation **53.** 8, 10; **243.** 13; **255.** 7; **442.** 3; **462.** 16

Ȧmsu-Ḥeru **347.** 3

Ȧmsu-suten-Ḥeru-neχt a name of Osiris **327.** 1

Ȧmsu-qeṭ a proper name **367.** 10

Ȧmseθ one of the four children of Horus **326.** 9

ȧmḳaḥ to be feeble **138.** 14

ȧmt possession **61.** 1

ȧmt tree (?) **469.** 3

ȧmt light **50.** 2

ȧmt abode **504.** 5

ȧmt (?) **en mu** **422.** 11

ȧmt book-chamber, library **485.** 9

ȧmt in, what is in **27.** 12; **36.** 13; **38.** 5; **46.** 5; **125.** 6; **149.** 5, 13, 16; **360.** 16; **455.** 9; **463.**

12; **471**. 6; **502**. 7; **506**. 6, 7;  great inner place **95**. 11

Ȧmt-ṭehen-f  a proper name **245**. 8

ȧmtiu  **49**. 12

ȧn  columns, pillars **73**. 2, 5, 7

ȧn ,  a mark of emphasis or interrogation, used sometimes as a preposition, behold! lo! **1**. 4; **3**. 14; **10**. 16; **27**. 9; **34**. 13; **101**. 12; **121**. 7; **145**. 13; **150**. 8; **156**. 8; **157**. 3, 7, 13; **158**. 1, 5; **169**. 2; **205**. 6, 8, 10, 12, 14; **206**. 1, 3, 5, 6, 9, 14; **207**. 3, 5, 7, 9, 12, 13; **208**. 1, 3, 5; **214**. 15; **215**. 17; **216**. 2; **231**. 6; **238**. 6, 7; **237**. 6; **244**. 4; **279**. 13; **281**. 6; **292**. 7; **358**. 6; **392**. 10; **400**. 7; **452**. 6, 8; **506**. 4;  **93**. 5;  **231**. 4;  **396**. 2, 5, 6, 8, 10, 12, 14, 16; **397**. 2, 4, 6

ȧn ḳert  **56**. 12

ȧnmā  who **504**. 14;  **50**. 6, 10, 11;  **507**. 5

ȧn , 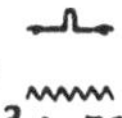 no, not **2**. 8; **10**. 2; **36**. 14; **56**. 1; **66**. 10, 11, 12, 13; **70**. 3, 4, 6; **80**. 8; **89**. 5, 7; **92**. 13; **98**. 16; **99**. 5; **110**. 1, 2, 3; **113**. 4, 6, 7; **114**. 8; **119**. 2, 3; **147**. 13, 14; **183**. 3, 4, 5; **307**. 11, 12; **309**. 6; **311**. 12, 13; **312**. 4; **331**. 12; **337**. 10; **358**. 14; **362**. 9; **372**. 4, 5, 15; **373**. 11; **375**. 7; **377**. 12; **390**. 9, 11; **393**. 16; **394**. 1; **414**. 10, 12, 13; **419**. 7; **426**. 7; **430**. 2; **436**. 13, 14; **437**. 12, 13, 14, 16; **439**. 1; **443**. 4; **458**. 1; **460**. 14, 15; **469**. 8; **470**. 1; **473**. 7, 8; **476**. 15; **477**. 1; **486**. 13; **488**. 3, 8; **490**. 5; **491**. 3; **492**. 9, 10, 11, 12; **493**. 9, 10, 16; **494**. 1, 2, 3; **495**. 1, 2; **496**. 9; **503**. 13. 17; **504**. 7; **507**. 10; **508**. 7; **513**. 15; **515**. 12; **516**. 2, 8; 

most certainly there cannot be done **458**. 11 ; of **155**. 6 ; **161**. 2 ; I am not **266**. 13 ; **267**. 4

ȧnȧs except, unless **264**. 4, 7, 10, 12 ; **265**. 4, 10

ȧn-ȧbu ceaselessly 3. 5

ȧn-urṭ unresting **221**. 9

ȧn-petrȧ unobserved **141**. 15 ; **145**. 15

ȧn-maa unseen **24**. 11 ; **141**. 14 ; **145**. 15 ; **63**. 7, 9 ; **68**. 3 ; **185**. 13

ȧn-mu waterless **458**. 8

ȧn-meḥ
ȧn-meḥ-f } undrowned **139**. 7 ; **142**. 1 ; **144**. 7

ȧn-nifu airless **458**. 9

ȧn neṫeṭ not to be gainsaid **340**. 9

ȧn-reχ unknown **41**. 13 ; **160**. 1 ; **408**. 1 ; **489**. 11 ; **497**. 4 ; **10**. 2 ; **338**. 4, 6

ȧn-χeper never **13**. 15

ȧn-sep at no time, never **146**. 11

ȧn-smȧ untold **41**. 13

ȧn-sek incorruptible **185**. 11

ȧn-seṭ unsplit **185**. 13

ȧn-śenār-tu unturnable **14.** 11

Ȧn-ȧr-f the place where nothing grows **83.** 8

Ȧn-ȧarer-f the place where nothing grows **248.** 3

Ȧn-erṭā-nef-bes-f-χenti-heh-f a proper name **59.** 8

Ȧn-ḥeri-ertit-sa a proper name **152.** 2, 5

ȧn to bring, to bear, to carry **39.** 5; **57.** 1; **66.** 15; **69.** 13; **87.** 11; **111.** 7; **141.** 12; **174.** 16; **302.** 2; **360.** 10; **361.** 1; **367.** 8; **373.** 11; **385.** 11; **388.** 12; **389.** 1, 9, 10; **393.** 11; **402.** 9; **421.** 10; **437.** 8; **438.** 5; **452.** 9; **453.** 4, 5; **454.** 4. 5; **455.** 2; **456.** 5; **461.** 13; **466.** 8; **471.** 5; **472.** 5; **478.** 11; **479.** 16; **483.** 16; **484.** 12; **494.** 15; **503.** 4, 5; **504.** 3, 16; **505.** 3, 8; to bring **450.** 1; *ȧnnu* brought **435.** 16; , brought **189.** 7; **233.** 10; **469.** 16; **494.** 6; **502.** 11; **503.** 3; the bringing of **421.** 10; bringing **124.** 4; **492.** 14, 15; those who bring **146.** 9; **190.** 5; **204.** 4; something brought **124.** 5

ȧnu what is brought in, increase **485.** 13

ȧntu offerings **462.** 8

Ȧneniu a proper name **189.** 4

ȧnit ḥetepu peace-offerings **446.** 9

Ȧn name of a god **14.** 7; **38.** 6

Ȧn-ṭemt name of a god **38.** 6

ȧnit a dwelling (?) 439. 9

ȧnuk I 103. 1; 104. 7

Ȧnnu Heliopolis, On 4. 12; 7. 4; 9. 12; 19. 5; 27. 12; 37. 12; 38. 4, 5; 53. 2; 60. 12; 61. 3; 68. 13; 71. 7, 11; 78. 11; 81. 6; 83. 4; 86. 16; 92. 1; 124. 10; 129. 2; 138. 1; 151. 12; 162. 17; 179. 9; 180. 3; 185. 15; 189. 11; 236. 10, 14; 237. 10, 12, 14; 252. 5, 7, 13; 255. 1; 296. 2; 297. 7; 323. 4; 324. 8; 325. 6; 347. 6; 361. 1; 365. 4; 387. 2; 388. 4, 15; 391. 15; 406. 8; 409. 5; 439. 13; 449. 12; 450. 10; 455. 17; 463. 11; 477. 7; 490. 4; 493. 4, 11; 511. 5; 515. 2

ȧnnu skin 418. 12

ȧnnuit hair 318. 13

Ȧn-ȧtef-f "bringer of his father", a proper name 195. 5

Ȧn-ā-f "bringer of his hand" 61. 15

Ȧn-ā-f one of the forty-two assessors 259. 3

Ȧn-urt-emχet-uas name of the mast 205. 16

ȧnb to dance, to rejoice 84. 3

ȧneb wall 139. 4; 144. 3; 145. 13; 358. 15; 435. 1; 436. 14; plur. , 115. 9 *(bis)*; 221. 14; 267. 6; 367. 14; 436. 13

ȧnep 491. 9

Ȧnp the god Anubis 315. 14; 326. 3; 339. 15

347. 2; 361. 10; 510. 8; 327. 4; 327. 5

Ȧnpu Anubis 58. 4; 59. 5; 62. 16; 67. 4; 89. 14; 130. 9; 153. 13; 154. 2; 201. 3; 205. 11; 242. 7; 247. 16; 248. 8, 11; 310. 15; 382. 9; 383. 15; 447. 3, 10; 450. 7; 479. 6; 506. 13; *ṭep ṭu-f* 441. 7

Ȧnpu Anubis 74. 11; 76. 4; 112. 11; 117. 5; 331. 4; 385. 15; 386. 5, 10; 466. 16

Ȧn-mut-f a proper name 195. 5

Ȧn-mut-f a proper name 69. 12; 313. 5; 326. 1; 450. 15

ȧnem skin 129. 8; 408. 9; 419. 2

Ȧnenit a proper name 428. 7

Ȧn-ruṭ-f the place where nothing grows 323. 14; 348. 6, 12

ȧner , stone 109. 11; 450. 12; a proper name 509. 3

Ȧner , a proper name 293. 1; 346. 2

Ȧnerti "double stone" (?) 293. 1

ȧnhetet ape 7. 5

ȧnḥui eyebrows 61. 13; 64. 4; 183. 12; 382. 9; 386. 8; 387. 12; 402. 1; 446. 4

ȧnḥu-tu surrounded **410**. 3

Ȧn-ḥeru name of a god **326**. 3

Ȧn-ḥrȧ warder of the sixth Ārit **328**. 14; **361**. 7

Ȧn-ḥetep-f one of the forty-two assessors **257**. 3

ȧnes name of a garment or bandlet **59**. 10; **204**. 8; **415**. 4; **417**. 8; **457**. 4

ȧneq fastened **440**. 15

ȧnqet to embrace **442**. 8

Ȧnqet "Clincher" **396**. 4

ȧnt name of a mythological fish **3**. 1; **5**. 8; **44**. 9

ȧnt name of a boat of the sun **3**. 1; **17**. 5, 9

ȧnt the funeral valley, land of the tomb **80**. 8; **176**. 13

ȧntet **239**. 8; **272**. 1; **279**. 15; **359**. 1; **371**. 1; **437**. 4; plur. **497**. 4

Ȧnti a people of *Ta-kensel* or Nubia **416**. 3

ȧnti hindrance **411**. 6

[illegible] to go back **105**. 4

[illegible] [illegible] **147**. 4; fetter **186**. 13; **220**. 10

[illegible] name of a god **205**. 1

ȧneṭ Hail! Homage! **23.** 14; **38.** 4, 6, 8, 10, 13, 16; **39.** 3, 5, 7; **242.** 15; **249.** 6; **477.** 2; **482.** 12; **489.** 13; with **1.** 5; **4.** 1; **5.** 15; **6.** 15; **8.** 14; **9.** 15; **11.** 4; **70.** 1, 2; **85.** 4; **95.** 6, 7, 8; **358.** 9; **363.** 5; **374.** 13; **379.** 3; **386.** 3; **387.** 8; **398.** 16; **401.** 4; **408.** 6; **455.** 10; **476.** 2; with **334.** 9; **335.** 4, 14; **336.** 10; **337.** 6; **338.** 1, 14; **339.** 9; with **340.** 5; **341.** 1, 13; **342.** 4, 12; **343.** 2, 11; **344.** 1, 9, 16; **345.** 8, 15; **346.** 6; with **57.** 14; **90.** 10; **236.** 2; **271.** 1, 2; **501.** 10; with **102.** 11; **174.** 7, 8, 10, 11, 12, 13; **236.** 5; **259.** 9; **260.** 7; **491.** 1

ȧr to tie together **306.** 11

ȧr **177.** 12

ȧr if, now **28.** 13, 14; **29.** 11; **52.** 3, 4; **53.** 5, 7, 10, 11; **55.** 4; **58.** 6, 8, 10; **59.** 12; **65.** 10; **67.** 1, 4, 6, 8, 10, 11; **69.** 4, 6, 9; **71.** 11, 12; **72.** 3, 5, 11; **73.** 4, 5, 13; **74.** 4, 10. 12; **75.** 3, 13, 14; **87.** 1; **88.** 13; **120.** 9; **129.** 3, 5, 6, 7; **147.** 11; **190.** 1; **196.** 16; **197.** 2; **198.** 3; **211.** 3; **212.** 13; **218.** 12; **219.** 6; **226.** 6; **232.** 8; **244.** 13; **248.** 8, 11; **246.** 10; **268.** 6; **286.** 5; **295.** 10; **296.** 11; **308.** 7; **317.** 2; **362.** 11; **366.** 11; **371.** 11; **384.** 6, 11, 12; **394.** 11, 13; **402.** 13; **403.** 10; **407.** 8; **414.** 10; **461.** 4; **477.** 13; **493.** 15; **497.** 11; **504.** 12; **505.** 10, 11

ȧr sa now as for **69.** 4

ȧr ḳert if, moreover; however **55.** 2, 6, 11; **58.** 15; **59.** 2, 13; **60.** 6; **61.** 2, 4, 15; **64.** 9; **141.** 3; **145.** 9; **421.** 13

ȧr, ȧri , ,
ȧri ,
ȧru ,
ȧrit ,

to do, to make, to be made, done, wrought, maker, creator, making **1.** 7; **2.** 1; **4.** 3; **8.** 16; **33.** 13; **45.** 14; **51.** 4; **66.** 8; **70.** 4; **90.** 2; **108.** 1; **134.** 12; **142.** 10; **147.** 7; **284.** 16; **303.** 10; **314.** 6; **317.** 11; **354.** 12; **379.** 6; **395.** 2; **419.** 10; **435.** 15; **457.**

15; **482.** 2; **488.** 10; **506.** 4; **511.** 4; **516.** 2, 5; ,  made, begotten **26.** 9; **28.** 12; **222.** 11; **223.** 12; **386.** 1; **387.** 7; **444.** 11; **501.** 5; , 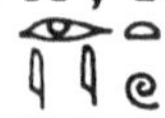 made, done **3.** 8; **52.** 11; **66.** 13; **197.** 2; **198.** 8; **199.** 1; **317.** 1; **333.** 14; **380.** 12; **441.** 3, 4; **507.** 13;  made **120.** 8; **244.** 9; **444.** 5;  **479.** 5; 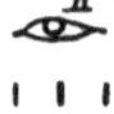 make ye **468.** 6

ȧrit  work, something done **1.** 8; **457.** 16; **491.** 4; plur. , , 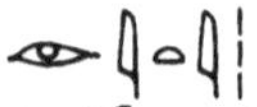 actions, deeds, works, things done or to be done **16.** 4; **28.** 14; **110.** 9; **111.** 16; **140.** 11; **162.** 9; **226.** 7, 12; **334.** 3; **383.** 2; **384.** 12; **395.** 2; **421.** 2; 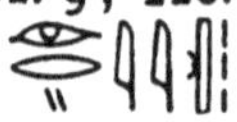 **404.** 9; 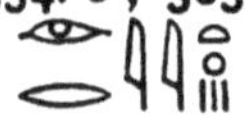 **445.** 9

ȧriu 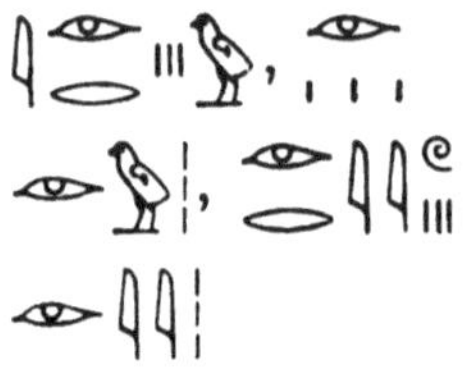 doers, makers, workers **47.** 7; **96.** 7; **153.** 3; **158.** 8; **171.** 4; **185.** 6; **196.** 1; **215.** 4; **299.** 14; **329.** 5; **331.** 2, 3; **359.** 10; **361.** 12; **400.** 1; **445.** 8, 9; **448.** 13

ȧriu  workmen **151.** 4; **152.** 3

ȧrit 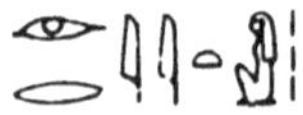 workwomen **151.** 4; **152.** 3

ȧri šāt 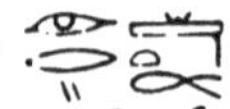 to write or recite a book **34.** 5; **314.** 13; **414.** 10; **496.** 16;  done in writing **23.** 6

[illegible]  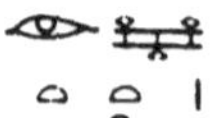 to make a way **334.** 10; **335.** 5; [illegible] **337.** 7; **338.** 2, 15; **339.** 10; **340.** 5; **341.** 14; [illegible] **343.** 2, 12; **344.** 2; **345.** 1; **346.** 7; **347.** 2; **349.** [illegible] **351.** 3;  to prepare food **372.** [illegible] a festival  **347.** 8;  **108.** 4;  to protect **404.** 10;  [illegible]  [illegible]  *āri āb* **106.** 1;  [illegible]mation **75.** 5

år, åri as an auxiliary verb see *passim.*

Åri-Maāt a title of Osiris **397**. 14; a title of Hathor **490**. 12

Åri-em-åb-f one of the forty-two assessors **258**. 3

Åri-en-åb-f a proper name **230**. 2

Åri-nef-ṭesef name of a plank or peg **207**. 1

åri name of leather straps **206**. 6

Åri-ḥeṭ-f a proper name **443**. 3

Åri-si a proper name **479**. 16

åru to make **510**. 2; **511**. 3; **514**. 11; **515**. 12; **516**. 8; **517**. 1

åru form, attribute **2**. 4; plur. **9**. 12; **37**. 11; **61**. 13; **62**. 13; **69**. 1; **70**. 14; **72**. 12, 15; **114**. 6; **115**. 1; **138**. 3; **145**. 1; **147**. 6; **159**. 15; **166**. 6; **167**. 4; **171**. 1, 10, 12; **174**. 9; **175**. 6; **243**. 12; **295**. 2; **308**. 2, 15; **374**. 12; **425**. 1; **491**. 12, 14; **510**. 5

åri belonging to **63**. 5; **233**. 12; **363**. 9; **363**. 16; **369**. 5

åri, ***åri***, ***åru***, ***årit*** that which belongs, the things which belong, those who belong, watcher, guardian, things laid up **20**. 8; **54**. 8; **58**. 2, 16; **66**. 1; **76**. 16; **91**. 2; **168**. 5, 9; **169**. 1;

175. 4; 214. 9; 269. 14; 270. 6; 386. 3; 407. 5; 443. 17; 444. 2; 453. 2; 461. 14; 464. 1; 478. 9; 496. 1; 504. 14; 187. 4; 121. 16; 172. 16; 190. 1; 86. 9; 165. 6; 301. 3; 484. 16; 216. 15; 31. 2; 221. 8; 368. 10; 172. 16

ȧri āa porter, doorkeeper, guardian 110. 16; 124. 12; 154. 4; 265. 4, 9; 266. 4; 350. 4, 10; 351. 1, 15; 352. 8, 15; 353. 7, 16; 354. 7; 358. 3; 359. 2, 11; 360. 4, 12; 361. 6, 14; 469. 6; 493. 6; 64. 12; plur. 187. 4; 244. 8; 271. 2; 272. 2; 274. 3; 275. 4; 320. 2

ȧru ārertu warders of Ārits 299. 9; 327. 12, 15; 328. 2, 6, 10, 14; 329. 2; 331. 12

ȧri māχait warder of the Scales 15. 12; 96. 4

Ȧru-hut a proper name 428. 1

ȧri ḥemit steersman 3. 2; 5. 6

ȧri ḥenbiu warden of the cultivated lands 474. 8

ȧru χeχut denizens of light 428. 15

ȧri sȧpu keeper of sentences 53. 3; plur. 66. 7; 67. 2

Ȧri sebχet-f "keeper of his pylon" 474. 5; plur. 475. 15

ȧri qeb en śe en χet keeper of the Bight of the Lake of Fire 64. 5

ȧrp wine 223. 9; 264. 11; 466. 2; 514. 13

ȧrpu 435. 15

ȧref an emphatic particle 21. 6, 7; 57. 3; 86. 9; 124. 2; 166. 3; 179. 14; 201. 7; 203. 6; 261. 5, 6; 263. 13; 307. 5; 394. 6, 16; 473. 4, 11, 13; 492. 13; 494. 9; 495. 4, 11; 505. 3, 7, 8, 12, 13, 15; 507. 11

ȧremā with 413. 11

ȧrek a particle 11. 7; 30. 10; 49. 16; 58. 5; 59. 15; 165. 11; 166. 4; 241. 1; 248. 15; 266. 1; 270. 4; 289. 1; 296. 2; 297. 6; 335. 3, 13; 336. 9; 337. 5, 16; 338. 13; 339. 7; 340. 3, 16; 341. 12; 342. 3, 10; 343. 1, 9, 16; 344. 8, 14; 345. 6, 13; 346. 5; 399. 5; 409. 11; 457. 16; 462. 12; 476. 11; 486. 9; 506. 5, 13; 507. 8; 508. 12; 512. 15

ȧrt to flow from 314. 15

ȧrt 122. 9

ȧrtet milk 130. 7; 223. 9; 242. 5; 251. 5; 303. 12; 333. 11; 437. 1; 450. 11

ȧh calamity, sorrow 280. 12, 13

ȧhabu joy 74. 3

ȧhen a kind of wood 336. 9

àhehi  rejoicings **109**. 1; **263**. 6; **354**. 13

Àḥ  the Moon-god **3**. 5; **70**. 6

àh  **514**. 9

àh  collar **311**. 4; embrace **103**. 9; to ward off **225**. 3

àḥ  ox **333**. 7

àḥu  oxen **154**. 15; **229**. 1; **480**. 2; **506**. 8; **510**. 3; **514**. 13

àḥu  fields **197**. 5

àḥu  cords **393**. 7; **505**. 11

Àḥi 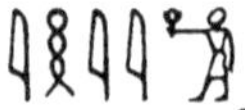 a proper name **215**. 12; one of the forty-two assessors **258**. 5, 14; *Àḥi*  **367**. 8

Àḥiu  the two *Àḥiu* gods **245**. 4; var. 

Àḥibit  a proper name **356**. 14

àḥemu (?)  those who belong to **196**. 8

Àḥeti  a name of Osiris **325**. 12

àḥeti  throat **100**. 2

àχ  O! **165**. 12; **167**. 6; **172**. 11; **232**. 4; O, would that **244**. 6; 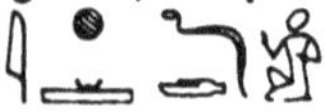 O, tell me **186**. 10

àχabu  grain **397**. 11

àχib  to speak **7**. 11

áχemu urṭu a class of stars **40**. 6; **99**. 14

áχeχu darkness **134**. 15; **142**. 13

Áχsesef a proper name **163**. 5

Ás a proper name **215**. 12

ás intestines **401**. 13

ás behold, to wit **41**. 6; **80**. 11; **131**. 1; **151**. 7; **184**. 14; **187**. 5; **197**. 4; **198**. 10; **241**. 3; **252**. 3; **288**. 14; **289**. 8; **291**. 4; **302**. 2; **337**. 10; **367**. 6; **372**. 3; **416**. 2; **448**. 15; **460**. 16; **462**. 2; **464**. 5; **474**. 3; **491**. 10; **492**. 10; **496**. 6; **502**. 10; **31**. 12, 14; **25**. 7; **43**. 2; behold me **224**. 9; behold, am I not? **217**. 5, 6; with **128**. 11

ás , to pass quickly **105**. 5; **196**. 2; **313**. 2; **335**. 5, 13; **336**. 9; **337**. 5, 16; **338**. 13; **339**. 7; **340**. 3, 16; **341**. 12; **342**. 3, 10; **343**. 1, 9, 16; **344**. 8, 14; **345**. 6, 13; **346**. 5

ás, **ási** tomb, sepulchre **194**. 12; **415**. 9; **448**. 3; **460**. 5

ásu **275**. 13

ásu recompense **231**. 6; or in return for, in place of **458**. 12, 13

åsu (?) / **åsi** (?) to decay, to rot, destruction **201.** 12; **398.** 15; **399.** 3, 8, 15; **400.** 4; **401.** 10; **399.** 13; incorruptible **399.** 3

åsi who?, what? **267.** 8; **506.** 2, 3; **507.** 7

åsti (?) **505.** 16

åsp grief (?) **172.** 10

åsfet / **åsfeti** faults, sins, evil deeds, evil ones, sinners **34.** 14; **44.** 1; **57.** 15; **58.** 11; **62.** 7, 8; **65.** 12; **110.** 1, 2; **159.** 14; **175.** 3; **183.** 10; **184.** 4; **187.** 3; **249.** 16 *(bis)*; **252.** 13; **259.** 14; **260.** 13; **269.** 12; **270.** 5; **397.** 14; **414.** 15; **422.** 4; **456.** 11; **457.** 13; **458.** 1; **480.** 6; **488.** 10, 13; **496.** 5; **508.** 7; **515.** 3, 14; **516.** 3, 10

åsfeti fiends **43.** 13

åsentu cords, ropes **147.** 3

åser tamarisk **112.** 5, 7; plur. herbs, plants, grass **246.** 10

Åsert name of a city **465.** 6

åsha linen **420.** 9

Åses / **Åsset** a city in the seventh Åat **372.** 8, 13; **381.** 10

åssu to rope in **390.** 11, 12

åsstu (?) a rope **390.** 12; those whose heads are tied **398.** 11

ȧsk behold! 26. 4; 95. 4; 268. 3; 303. 11; 362. 3; 395. 13; 501. 12

ȧseśeṭ (?) persea tree 60. 11; 61. 2; 261. 13; 496. 5; 511. 4

ȧst behold 26. 13; 28. 15; 87. 8; 142. 1; 201. 15; 227. 10, 12; 229. 4; 234. 13; 275. 10; 280. 8; 284. 9, 12; 293. 12; 312. 4, 5; 471. 10; 479. 4; 190. 9; 272. 10

ȧsθ behold 90. 18; 167. 12, 16; 168. 7; 298. 8; 304. 4; 469. 10

ȧsṭ to tremble 456. 1

Ȧsṭennu name of a god 74. 11

ȧsteḥ to beat down 384. 14

ȧsṭeḥet to beat down 384. 7

Ȧsṭes name of a god 58. 7; 341. 8; 348. 8; 349. 5

Ȧsťeṭet name of a district 377. 5

ȧśāt knife 394. 7, 15; 396. 13

ȧśeset see *ȧqeset*

ȧśeś to be carried 235. 8

ȧśet subsistence 465. 2; oppression, oppressor 488. 16

àk injury 309. 9

àkebu hair 225. 2

àkeb, **àkebet** lamentation, wailing, weeping 81. 13; 431. 15

àkebit wailers 471. 11

Àkeniu a proper name (?) 275. 7

Àken-tau-k-ha-χeru the porter of the sixth Ārit 328. 13

Àkenti a proper name 352. 15

Àqesi a city in the ninth Àat 374. 1, 2, 15; 382. 3

Àqen name of a god 432. 7

Àqeh name of a god 431. 10

àqer perfect, strong 5. 10; 20. 13; 30. 5; 42. 15; 145. 4; 194. 5; 212. 1, 11, 15; 295. 9; 364. 8; 404. 12; 413. 11; 431. 9; 438. 8, 9; 443. 16; 461. 4; 470. 11; 488. 11; plur. 516. 13; a skilful scribe 480. 14

àqes bad, wicked evil 17. 5; 70. 3

àqeset (or **àśeset**) who? what? where? 124. 3; 220. 4; 457. 10; 459. 4; 494. 9; 495. 4; 503. 15; 504. 3; 505. 7, 10; 506. 4; 507. 11; 370. 11

àqet a kind of beer or wine 514. 13

àqeṭu builders 145. 13

Ȧḳau name of a god 136. 12

ȧḳap, **ȧḳep** rain storm 204. 9; 338. 16

Ȧḳeru gods of the underworld 224. 9

Ȧḳert a name of the underworld 14. 6; 38. 9; 70. 13; 272. 6; 275. 7, 13; 419. 6

Ȧḳert-χent-Ȧuset-s name of a cow 364. 2

ȧḳeḳit robe 352. 13

ȧt father 47. 1; 456. 1

ȧt, **ȧti**, **ȧtet** no, none, not, cannot, without 5. 10; 8. 3; 43. 4; 115. 13; 134. 3; 150. 1; 184. 6; 259. 14; 298. 6; 313. 14; 369. 8; 373. 6; 374. 4; 375. 5; 376. 2; 378. 4; 415. 13; 494. 6; powerlessness 176. 16; plur. , things which are not, evil beings 79. 3; 99. 15; 507. 13; *ȧtu*, *ȧtet* without, destitute, abjects 250. 3; 260. 8; 262. 6; 269. 11; 392. 7; unquenchable 340. 8; immutable 173. 8; painless 42. 12; invisible 392. 7; unknown 174. 10; 175. 7; irresistible 51. 15; 107. 13; 497. 14; incorruptible 399. 3; undecaying 399. 9; impassable 340. 9; 371. 3

ȧt emanation (for) 436. 8

Àta-re-àm-ter-qemtu-ren-par-śeta a proper name 416. 10

àtef father 4. 7; 5. 13; 13. 4; 24. 16; 30. 6; 52. 9; 53. 10, 16; 54. 4; 55. 8; 59. 4; 94. 3; 102. 14; 121. 7; 128. 19; 153. 7, 15, 16; 232. 9; 286. 11; 293. 6; 301. 15; 306. 5, 9, 10; 308. 12; 313. 12; 317. 11; 347. 4; 360. 8; 385. 7; 395. 6; 401. 5; 405. 1; 407. 16; 443. 4; 451. 7, 14, 15; 460. 3, 4, 8; 473. 11; 486. 11; 487. 2; 493. 6; 31. 3; 30. 16; 31. 1; two fathers 449. 8; plur. 13. 11; 104. 14; 302. 12; 388. 12; 390. 7; 393. 15; 365. 6; 399. 1; 399. 3

Àtem the god Tem 78. 2

àten the sun's disk 7. 15; 10. 14; 11. 6; 38. 2; 41. 2; 45. 9; 61. 8; 274. 8; 435. 4; 476. 5 *(bis)*; 511. 10

àten ābui two-horned disk 413. 13

àtennut appellations 412. 8

àter, **àtru** river, water-flood, stream, league 132. 6; 151. 3; 152. 1; 208. 1; 247. 6; 321. 16; 378. 13. 382. 2; 417. 15; 420. 12; 436. 10; 444. 9; plur. 10. 9; 42. 3

àtert the northern or southern half of the

heavens; 278. 14; 278. 15; 319. 6; 319. 7; , 11. 8; 46. 8; 76. 9; 82. 3; 78. 5; 326. 12

Åthabu name of a city **411. 8**

åthu to draw **127. 1; 129. 8; 383. 11**

Åtek-tau-kehaq-χeru a proper name **361. 6**

åṭ oppressed one **488. 16**

åṭ (?) , to be deaf **293. 1; 401. 14;** **497. 6**

Åṭu a city of the eleventh Åat **376. 7; 381. 13**

åṭu children **398. 6**

åṭeb domain, region **376. 16**; plur. **162. 13**

åṭmå a kind of cloth **308. 3**

åṭmå a garment **340. 2**

åṭen deputy, vicar, chief (?) **302. 2**

åṭḥu Papyrus swamp **404. 6**

åṭerit misfortunes, calamities **262. 6**

åṭeṭiu those who injure **262. 5**

áθi  prince, sovereign **2.** 3; **12.** 3; **13.** 10; **110.** 6; **314.** 3; **322.** 1; **325.** 9, 10;  **64.** 2;   **478.** 3

áθen , 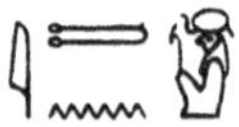 disk **3.** 4; **43.** 8; **70.** 6; **112.** 9; **138.** 5; **151.** 12; **182.** 6; **205.** 2; **210.** 11, 13; **245.** 5; **260.** 10; **301.** 12; **363.** 6; **406.** 16; **289.** 9

áθeθ  to alight **202.** 13

áťa  violent one **467.** 6

Ā.

ā hand, power **11**. 6; **80**. 14; **86**. 1; **99**. 8; **136**. 10; **139**. 13; **158**. 13; **306**. 8; **308**. 4; **311**. 5; **330**. 3; **331**. 3; **344**. 5; **371**. 10; **406**. 4; **441**. 2, 9; **455**. 9; **482**. 9; **491**. 3; side, place **212**. 9; plur. **1**. 8; **2**. 7; **5**. 7; **55**. 16; **68**. 8; **76**. 5; **85**. 6; **89**. 10; **90**. 1; **107**. 10; **112**. 12; **113**. 6; **117**. 8; **123**. 9; **124**. 1; **137**. 4; **143**. 4; **139**. 16; **150**. 14; **151**. 16; **153**. 4; **170**. 12; **214**. 13; **244**. 2; **355**. 9; **385**. 16; **448**. 10; **449**. 1; **462**. 11; **471**. 12; **472**. 8, 10; **478**. 15; **479**. 3, 8; **488**. 7; **494**. 3; **495**. 2; **448**. 5; **342**. 15; **343**. 7; sides **3**. 3; **45**. 1; **107**. 9; paws of an ape **116**. 5

āāi power **78**. 3

ā let me take a flight to you **390**. 16; with **32**. 4; **2**. 13; with **271**. 3; **61**. 6; **408**. 8; **485**. 16; **196**. 7; **201**. 15

āāiu etc. the name of the posts of the net **391**. 14

āa house **431**. 5

āa to advance, to journey onwards **246**. 7, 9; **247**. 4; **261**. 14; **266**. 10; **267**. 1; **480**. 1

āa door **136**. 14; **139**. 3; **391**. 4; **405**. 15; plur. gates, doors **278**. 15; **374**. 15; **160**. 13; **320**. 1, 3; **187**. 4; **445**. 16; **475**. 15; **271**. 9; the two leaves of the door **279**. 1; **341**. 4; **438**. 7; **462**. 13; **55**. 13; **89**. 11; **131**. 8; **376**. 16; **377**. 1; **131**. 8

āa great, to be great **5**. 1; **13**. 7; **18**. 9; **82**. 3; **107**. 15, 16; **149**. 7; **150**. 2; **282**. 8; **283**. 6; **298**. 6; **374**. 12; **379**. 6; **386**. 15; **387**. 2, 16; **456**. 2;

āai great against the weak **457**. 15; mighty one **489**. 14, 15; **490**. 1; majesty **476**. 7 *(bis)*; most mighty one **510**. 9; twice great **370**. 1; Great god **397**. 9, 10; fem. **6**. 1; **15**. 17; **48**. 5; **126**. 7; **140**. 13; **141**. 5; **350**. 15; **352**. 3; **386**. 15; **388**. 3; **145**. 11; a proper name **326**. 7; plur. great, mighty **122**. 5; **195**. 3; **215**. 16; **216**. 1, 3; **318**. 6

āa to be proud **380**. 11; great one of forms, *i. e.*, abundant of forms **37**. 11; **295**. 2; most exceedingly great **410**. 1;

276. 14; 442. 7, 10; 47. 8; 43. 12; 91. 3; 43. 14; 489. 15; 290. 14; 477. 7; 14. 2; 47. 7; 381. 15; 487. 16; 30. 14; 46. 15; 68. 13; 112. 16; 118. 14; 171. 5; 194. 1; 276. 12

Āa-χeru the warder of the seventh Ārit 329. 2; 361. 16

Āat-em-χut a proper name 344. 12

āat amulet (?) 299. 7; plur. 191. 1; 331. 11; 333. 9

āt members, limbs 419. 16; 315. 5; 419. 5

āātu-pu-ent-Neter-χert name of oar-rests 205. 12

āāu ass 2. 15; 261. 16

āān, **āānāu** ape 163. 2; 269. 5

āu to make an offering, to be offered 450. 10

āut offerings of meat and drink, sacrificial food 160. 4; 209. 5, 6, 7, 8; 217. 13; 272. 11; 422. 6, 8, 9; 423. 12; 424. 5, 10; 466. 15; 472. 14; 474. 16; 475. 4

āu the shipwrecked man **149.** 6; **150.** 1; **169.** 11; **205.** 3; **261.** 4; **281.** 5; **281.** 3

āu long, length, the opposite of breadth **125.** 4; **218.** 14; **218.** 17; **219.** 3; **226.** 2; **287.** 9; **370.** 4; height of a *khu* **222.** 4; length of a boat **291.** 1; lavish hand **483.** 12; length of a backbone **368.** 4; **369.** 5; **372.** 11; **188.** 4; **456.** 5; **180.** 6; **100.** 2

āu exceedingly **14.** 2; **43.** 14

āu to expand, to dilate (of the heart) **4.** 5; **7.** 9; joy, gladness, pleasure **9.** 6; **11.** 8; **12.** 9; **13.** 2; **35.** 14; **44.** 4; **49.** 6; **65.** 4, 5; **76.** 9; **82.** 4; **96.** 8; **228.** 2, 7; **230.** 6; **286.** 7; **365.** 3; **485.** 16; **479.** 1; **204.** 8

Āu-ā a proper name **208.** 4

āu crime, sin, iniquity **54.** 4; **342.** 2; **343.** 15; **356.** 1; ill luck **351.** 7

āui evil **336.** 15

āuit defects, evil, deceit **135.** 14; **250.** 2; **257.** 11, 15

āut to do harm to **123.** 2

āu (or **uḥa** [?]) to unloose, to be delivered from, to strengthen, to return **86.** 8, 10; **116.** 3; **140.** 4; **156.** 6, 11; **157.** 1, 6, 12, 16; **158.** 3

āu cord (?) **147.** 5

āu to fish, to snare, snarer 390. 5; 391. 1; 393. 14

āu fisherman, fowler 392. 11; plur. 390. 6; 391. 12; 393. 8; 396. 1; 397. 3

āu to speak, to cry out 183. 7; 202. 2

āuāu dogs, jackals 215. 2

āu pregnant, conceived 19. 6

āu body 447. 15

āuā, **āuāu** flesh and bone, joint of meat, haunch, carcase 9. 11; 11. 11; 132. 15; 215. 5, 6; 449. 4

āu, **āuāā**, **āuāu** to inherit 25. 5; flesh and bone, inheritance, heir 77. 15; 79. 6; 133. 1, 11; 180. 11; 341. 11; 347. 3; 419. 3; 476. 10, 11

āu, **āu** heir 443. 2; 460. 5; heir 459. 2, 13; heir 472. 16; 473. 10

āuāt heir, inheritance 73. 3; 81. 11; 83. 7; 128. 19; 237. 1, 5, 12

āuāu heirs, kinsfolk, people of one's own flesh and blood 153. 6; 203. 15

āuiu those who lacerate or cut 158. 7

āuur one who has conceived 68. 6; 148. 9; 153. 11; 456. 3; 466. 6; a pregnant goddess 139. 2; 144. 2; heir 443. 1

āu animals 7. 6

āut animals, quadrupeds 75. 5; 141. 16; 146. 1; 251. 7; 268. 5; 312. 5; 389. 9; 399. 13; 400. 7, 10; 453. 12

āut companies 138. 9

āua
āuat to be strong, to act with vigour or violence, to rob, to plunder, to vanquish, violence 29. 8; 110. 3; 113. 10; 119. 15; 128. 4; 188. 13, 191. 14; 253. 1; 254. 10; 313. 16; 314. 1; 469. 13; 61. 14; 62. 2; wrong, evil 159. 4; , violent act 220. 7; 334. 13; 370. 15; 515. 5; ill treated 198. 15; *āut* plundered (?) 226. 15

āuai violence 110. 1

āun to be strong 254. 15

āun-àb (?) to do violence 253. 1, 14

āunt dressed 226. 14

Āurȧu-ȧaqer-sa-ȧnq-re-baθi a proper name 409. 1

āuḥ-θȧ steeped in something 403. 7

āusu scales 251. 4

āusu balance 262. 1

āuq pool, watery ground 10. 10

āuṭ to travel through 10. 7

āb (with), opposite, before, in front of 154. 4; 292. 16; 464. 16; 505. 1; 472. 4; 461. 14; 466. 14

āb altar 223. 8; 449. 10

āb to offer up a sacrifice, to make offerings, offering 218. 3; 309. 4; 440. 5; 505. 5; plur. 63. 10; 466. 1; 230. 10

ābetet to make an offering 54. 11; offerings, sacrifices 20. 3; 125. 13; 180. 2; 333. 16; 350. 15; 483. 11

ābai sacrifice 173. 9

āb, **ābu**, **ābet** clean, holy, purity, to be pure, to purify, to sprinkle or pour out water ceremonially 54. 9; 66. 14; 77. 1; 82. 15; 108. 16; 109. 7; 151. 10; 161. 3; 163. 3; 174. 15; 178. 6; 182. 1; 187. 2; 211. 7; 215. 12; 217. 10; 240. 13; 252. 1; 262. 8, 12; 265. 14; 266. 11; 267. 14; 284. 12; 293. 3; 312. 4; 316. 12; 334. 15; 335. 8, 9; 336. 5, 16; 337. 1, 12; 338. 9; 339. 1, 15;

340. 12; 341. 8; 345. 3; 357. 2; 358. 8; 362. 2; 437. 1; 441. 3; 444. 7, 8, 10; 448. 4; 450. 9, 16; 460. 16; 479. 7, 16; 480. 4, 5; 488. 12; 488. 13; 496. 16; 508. 5, 7; 174. 7; pure one, libationer 141. 15; 145. 16; 156. 3; 178. 6; 331. 16; pure 335. 3, 13; 336. 10; 337. 5, 16; 338. 13; 339. 8; 340. 4, 16; 341. 12; 342. 3, 10; 343. 1, 10, 16; 344. 8, 15; 345. 7, 14; 346. 5; 85. 6; 299. 16

āb libation, purification 330. 15; 361. 4; 456. 15; plur. 240. 6; 279. 6; 280. 9; 468. 10; 436. 16; 252. 1, 2; 262. 9

āb, **āb** libationer, pure man 20. 4; 329. 12; 489. 11

a pool of clean water 512. 2

ābu a holy garment, clean raiment 443. 8, 15, 17; 448. 14

ābet water house, clean place 59. 6; 67. 4; 208. 4; 339. 5; 441. 6; 449. 5; 452. 1; plur. 251. 1

ābti the double holy place 490. 4

āb clean-handed 261. 8; 480. 14 pure-mouthed 261. 7; 465. 6, 8; clean faces 496. 5

ābu transgressions (?) 216. 14

Āb-ur the great god of the holy place, *i. e.*, Osiris 326. 2

āb, āba to open, to make a way through 30. 3, 13; 129. 9; 156. 9; 159. 12; 159. 15; 160. 8; 172. 15; 208. 11, 16; 236. 9; 269. 15; 273. 5; 280. 10, 14; 332. 3; 390. 6; 406. 16; 407. 9; 438. 9, 16; 473. 1; 497. 4; 111. 7

āba, **ābet**, **ābata** entrance 406. 15; 407. 9, 13

āba opposition 376. 3

ābuaa to bring before 155. 1

ābat courts 137. 7. 143. 7

ābet (or *ḥemet*) artificer 449. 6

ābet (or *ḥemet*) work, handicraft 318. 14

Āba-ta a proper name 393. 14

ābui two-horned 137. 11; 229. 14; 413. 14; 418. 13; 427. 10; 462. 3; 480. 15

ābu horns 183. 5; *useχt ābui* broad-horned 227. 12; *neb ābui* Dhu 'l-Ḳarnen 477. 3

āba (or **aḥā**) to fight, to do battle, battle 19. 2; 52. 9, 14; 56. 8, 10; 165. 14; 166. 8; 167. 1, 7; 168. 15; 243. 1; 362. 14; 504. 15; 404. 8

ābai fighter 18. 10

āba-tu fight, struggle 308. 11

ābau

ābui

ābati

the two combatant gods, *i. e.*, Horus and Set, 92. 1; 163. 12; 224. 15; 225. 1, 2

āba *āba-ā* 61. 5, 6; 71. 8; 78. 2; 81. 7; 83. 4

ābau fighting implements, weapons 47. 14; 438. 2

Āba-āāui "Fighting Hands", a proper name 430. 5

Ābau-ḥrȧu "fighting faces" 140. 6

ābiu divine slaughterers 196. 6

ābit the *mantis* 164. 1; 216. 16; var.

ābtu figures, persons of 124. 11; 493. 5

Ābt-ṭesi-ruṭ-en-neter a proper name 392. 4

ābet (or **ḥemet**) a mineral 211. 7

ābu overseer, inspector (a name of Anubis) 450. 8

Ābu Elephantine 380. 3; 454. 4

ābu cessation 42. 2

āp to bring to naught 314. 5

Āpep the enemy of Rā 2. 16; 29. 6; 49. 9; 62. 5; 105. 14; 106. 3, 7; 108. 7; 204. 10; 210. 16; 271. 10; 281. 15; 282. 3; 292. 7; 302. 8; 316. 4; 332. 2; 361. 2; 369. 15

Āapef a fiend 105. 5

āper to be equipped or provided with 31. 5, 12; 70. 14; 86. 10; 99. 16; 112. 3; 131. 14; 134. 1; 170. 10; 171. 16; 177. 3; 194. 4; 199. 10; 230. 5; 245. 11, 13; 282. 6; 330. 14; 389. 5; 491. 14; 507. 6; 507. 6

Āper, **Āpert** name of a city 321. 9; 323. 16; 324. 12

āpeś tortoise (or turtle) 406. 16; 407. 2, 4, 6

āpśait a kind of beetle 102. 3

āfa filth 99. 2

āfnet wig, headdress 101. 12; 506. 16; plur. 367. 6; 372. 2; 247. 16

āftet, **āfṭet** place, abode, chest 67. 5; 164. 12; 303. 1

ām to eat, to devour, to consume 32. 4; 64. 6, 8; 137. 15; 143. 12; 192. 8; 197. 3; 198. 6, 9; 289. 2 *(bis)*; 393. 12; 397. 11; 398. 8; 463. 10

āmam to eat, to comprehend, to understand 98. 14; 419. 9, 16

āmi eaters, devourers 272. 3

āmt what is eaten, food 219. 12; 393. 12

ām åb to eat the heart, *i. e.*, to become angry and rage 231. 14; 256. 11

Ām āā "Eater of the Ass", a proper name 108. 10; 109. 2, 6

Ām åsfetti "Eater of sinners" 109. 15

Ām-baiu "Eater of sinners" 412. 11

Āmam-maat "Eater of the Eye" 515. 8

Ām-ḥeḥ "Devourer of Eternity" 64. 8

Ām-χebitu "Eater of shades", one of the forty-two assessors 253. 2

Āmām the "Devourer" 346. 11

Āmemet the "Devourer" 16. 10

Āmemet a proper name 430. 9

āa-meḥt a kind of stone 502. 1

ān a proper name 413. 10

ān to turn back 92. 2; 438. 3

āniu those who turn back 490. 4

ān , to write, 2. 5; to copy 199. 14; 213. 8; written 211. 6; to be written in a list 155. 6; drawn, painted 284. 11, 13; inscribed 140. 14; 294. 5; palette 110. 2; writting 97. 2; 211. 6; and see 332. 14; 333. 5, 6; 389. 1; 420. 4

ānu writings, decrees, descriptions, books, copies, documents, archives 17. 1; 25. 3; 41. 15; 63. 12; 118. 8; 151. 13; 183. 7; 199. 10; 268. 4; 282. 5; 309. 11, 12, 13; 345. 12; 357. 8; 386. 12; 409. 15; 485. 8; 511. 11; 510. 10

ān scribe 1. 4; 28. 12; 71. 4; 72. 16; 73. 8, 15; 74. 6, 15; 85. 12; 138. 4; 194. 13; 199. 13; 312. 13; 348. 2; 360. 7; 385. 16; 387. 5; 405. 4, 16; 421. 1, 10; 429. 15; 450. 2; 461. 9; 463. 11; 465. 1, 2, 7, 9, 11, 15, 16; 466. 2, 5; 467. 3, 7, 12, 16; 468. 4, 6, 8; 469. 13; 480. 14; 154. 4; a skilful scribe 480. 14; 488. 11; 480. 15; 488 12; plur. 489. 12; scribe of the offerings to the god 95. 16; 54. 1; 58. 16; , 110. 10; 386. 1; 387. 7; 452. 6 *(bis)*; 444. 10; 445. 3; with 451. 4; 461. 9; 462. 2; 463. 7, 14; 464. 1, 8; 465. 6; 466. 12, 14; 468. 8

āni a board 366. 5

Ānpet a name of the city of Mendes 231. 2

ānχ a kind of unguent 340. 15

ānχ, **ānχu** to live, living, to live upon, to feed upon, life, living one 6. 8; 7. 2; 11. 14; 35. 10; 64. 4, 16; 66. 1; 68. 15; 77. 12, 13; 93. 15; 97. 11; 98. 3, 12; 99. 6, 10; 102. 17; 103. 15; 104. 5, 15, 16; 111. 1; 114. 2; 119. 16; 120. 13; 175. 8; 179. 9; 285. 1, 12; 306. 8, 16; 307. 10; 308. 9; 313. 3, 4; 363. 6; 370. 6; 371. 5, 8; 372. 6, 11; 377. 14; 384. 3; 395. 3; 398. 4; 401. 1, 12; 406. 16; 407. 2, 4, 6; 422. 13; 438. 14; 439. 16; 441. 12; 452. 8; 466. 12; 467. 11; 476. 1; 482. 2; 482. 7; 483. 4, 5; 487. 10; 488. 9; 492. 13; 493. 4, 8; 494. 9, 10; 495. 4, 12; 496. 10; 502. 11, 15; 503. 8, 12; 504. 14; 506. 1; 507. 4, 9, 16; 510. 1, 12, 16; 511. 7; 512. 6, 8, 9; 513. 1, 4, 8, 12, 16; 514. 4, 8, 16; 516. 4, 13; 367. 4; 517. 3; 486. 11; 161. 4; 476. 12; 483. 4; 458. 10; 467. 1

ānχi living one 1. 10; 51. 3; 133. 13; a name of Osiris 323. 2

ānχu, **ānχiu** the living, either men and women, or the blessed dead 24. 2, 9; 26. 5; 93. 6, 7; 100. 3; 113. 3; 118. 12; 141. 4; 145. 11; 155. 16; 224. 16; 249. 11; 260. 9; 269. 10; 295. 12; 300. 4, 12; 359. 7; 428. 1; 478. 4; 490. 6; 497. 13

ānχ ever-living 360. 10; 468. 7; life springs out of death 400. 12

ānχ *ānχ uḍa senb* "life, strength, health!" 3. 3; 57. 1; 64. 2; 110. 6; 209. 7; 365. 3; 460. 8; 479. 1; 512. 14; *ānχ usr* "life, power!" 484. 13

ānχet life 125. 12

ānχet victuals 466. 12

Ānχti a name of Osiris 320. 9

Ānχet-pu-ent-Sebek-neb Baχau a proper name 265. 2

Ānχ-em-fentu "Liver on worms", the doorkeeper of the fifth Ārit 328. 9; 360. 12

ānχui the two ears 10. 5; 290. 6; 463. 6; 511. 1

ānχȧmi flowers 34. 3; 402. 12; 403. 8; 448. 2

ānt ring 96. 15

ānt to be covered with 337. 15

ānt claw, hook, nail of the hand 393. 1; plur. 448. 12; a proper name 396. 11; a proper name 393. 1

ānti a kind of unguent 109. 10; 142. 3; 209. 7; 211. 8; 213. 9; 268. 2; 340. 14; 349. 3; 375. 10; 414. 3; 495. 1; 417. 7; 248. 5

āntu } light **46.** 8; **146.** 10

ānt evil **68.** 16

āntu darkness **283.** 4

ānti one of the forty-two assessors **255.** 1

ār an animal of the goat species **292.** 12

ār, **āri** } to bring, to come, to arrive **68.** 16; **123.** 9; **124.** 1; **214.** 12; **244.** 1; **279.** 5; **377.** 8; **492.** 12; **494.** 3; **495.** 2

ārȧ to find **233.** 13

ārār jawbone **466.** 14

ārārt uraeus **101.** 5; *ārāti* two uraei **6.** 9; **118.** 21; two huge uraei **53.** 15

ārit a tool **392.** 12; lintel of a door **264.** 6, 9

ārit hall, chamber **273.** 8; **358.** 6; **425.** 15; plur. **329.** 5; **330.** 12; **475.** 15

ārit **358.** 3; **359.** 2; **359.** 10; **360.** 3; **360.** 12; **361.** 5; **361.** 14

ārert hall, mansion **362.** 8

ārfi bundle, purse **25.** 6

ārertu halls, mansions **165.** 14; **166.** 9; **167.** 1, 8; **168.** 15; **172.** 7; **299.** 6, 9; **329.** 5, 6; **331.** 9, 13

ārerit hall, mansion 309. 3; 327. 11; 327. 15; 328. 1; 328. 5; 328. 9; 328. 13; 329. 1; plur. 333. 6

ārq to bind, to tie 443. 8; girdle 176. 8; to be completed 296. 12; 296. 3, 8

ārq to swear 10. 4

ārq end 512. 6; end of the earth 389. 11

ārqi last day 252. 5

ārt jaw 31. 14

ārti jawbones 89. 12; 302. 6; 360. 16; 467. 5; 507. 7

āḥ the moon 502. 8

āḥā to stand up, to withstand 15. 10; 20. 16; 25. 3; 32. 10; 57. 3; 87. 2; 95. 2; 96. 2; 100. 12; 104. 11; 108. 5; 129. 3; 152. 8; 158. 2, 3; 170. 14; 180. 4; 202. 11, 12; 203. 10, 11; 219. 6, 7; 239. 13; 282. 16; 283. 9; 294. 3; 310. 3, 4; 348. 1; 370. 7; 376. 13; 380. 4; 383. 9, 10; 417. 9; 424. 16; 425. 9; 455. 16; 473. 16; 478. 12; 492. 1; 501. 6; 502. 13; 506. 10; 516. 4; 189. 9; 190. 3; 392. 2; 415. 10

āḥā as an auxiliary verb 56. 3; 60. 4; 60. 3; 452. 2; 69. 7; and see *passim*.

Āḥā-ȧn-urṭ-nef a proper name 286. 16

āḥā stability 96. 7

āḥā
āḥāu
āḥāṭ duration of life, life, a contemporary 13. 8; 216. 9; 357. 7; 412. 6, 8; 460. 9: 459. 4; 459. 5

āḥāu condition, state 101. 17

āḥāu stores, provisions 137. 16

āḥāu supports 262. 2; 483. 3

āḥāu noon-day 333. 16

āḥait boat 507. 3

āḥāt tomb 278. 2; 285. 6; 326. 14; 327. 3; 345. 11

āχ to stretch out or support heaven 49. 3; 485. 11

Āχtuset a class of divine beings 244. 13; the variants are 244. 13

āχa to fly, to soar 63. 13

āχa to sleep 228. 10

āχanet to close the eye 113. 16

āχu
āχ altars 63. 11, 16; 381. 5; 425. 11; 428. 7

āχem, **āχemu** — to quench, to extinguish **86.** 4; **251.** 11; **263.** 16; **302.** 11; **303.** 13; **340.** 8; **378.** 8, 11; **343.** 14; quenched **353.** 4; those who extinguish **320.** 8

Āχemu — a class of divine beings **490.** 3

āχemet — river banks **208.** 3

Āχen-maati-f — a proper name **135.** 15

āχeχa — serpent-fiends **349.** 1

Āχeχu — a proper name **257.** 10

āś — **248.** 9

āśt, **āśau** — many, much, manifold, multitude, crowd **22.** 2; **26.** 2, 12; **158.** 14, 15, 16; **159.** 1; **302.** 7; **314.** 2; **332.** 1; **361.** 1; **398.** 12; **400.** 3; **401.** 1; **408.** 9; **409.** 16; **443.** 13; **502.** 9

āś with **301.** 8; **276.** 14; **37.** 11; **257.** 10, 14

āś — to call, to invoke **28.** 13; **408.** 13

āś — evil speech **515.** 7

āś, **āś** — the cedar or acacia tree **246.** 9; **310.** 9; **335.** 1

āś cedar gum (?) **346.** 12

āśāśet a part of the body **117.** 10

āśāt knife **391.** 6

āśemu the forms in which the gods appear upon earth **122.** 4; **123.** 1; **128.** 14

āśemu, **āśemiu** crocodiles **177.** 9; **319.** 2; **364.** 12; var.

āśaśat gullet **447.** 2

Ākeś name of a city **325.** 7

āq to go in, to enter **18.** 6; **19.** 16; **21.** 9; **23.** 7; **29.** 10; **33.** 13; **60.** 2; **61.** 5; **66.** 11; **90.** 4; **103.** 11; **111.** 4; **114.** 1; **135.** 8; **165.** 1; **179.** 14; **185.** 1, 10; **223.** 15; **238.** 8; **241.** 17; **242.** 8, 14; **246.** 5; **264.** 2, 3, 6; **269.** 15; **270.** 3, 6, 14; **302.** 12; **305.** 14; **306.** 1; **309.** 5, 7; **313.** 8; **337.** 10; **341.** 9; **348.** 4, 8; **349.** 4, 11; **351.** 14; **362.** 8; **374.** 15; **394.** 8; **407.** 13; **414.** 14; **428.** 5; **431.** 4, 5, 11; **432.** 11; **435.** 3, 8; **439.** 8; **451.** 15; **460.** 15; **467.** 10; **470.** 12; **472.** 8; **473.** 1; **474.** 12; **475.** 13; **477.** 15; **481.** 7; **489.** 3; **490.** 17; **491.** 10; **492.** 2; **494.** 2; **509.** 1, 4, 10; **513.** 9, 14

āqiu those who enter in **374.** 4; **376.** 2; things which enter **464.** 15

āq pert , entrance and exit **14.** 11; **70.** 5; **194.** 9

Āq-ḥer-ȧmi-unnut-f a proper name **59.** 9

āqu cakes, loaves **449**. 11; **467**. 9

āq just **39**. 9

āq to keep the mean; **114**. 5; to be in the middle **130**. 5; exactly over the heart **420**. 9

āqi part of a boat **87**. 12

āqa etc. etc. **207**. 7

āqa } rope, cordage, tackle of a boat **190**. 7; **204**. 6, 13; **210**. 16; **436**. 10; **483**. 15

āqu

āqa **503**. 8

Āqan a proper name **503**. 12; **504**. 2, 3, 13; **507**. 3. 15

Āqennu name of a city **439**. 13

āḳa unguent **338**. 11

āḳu to be burned **133**. 5, 8; **134**. 3

āṭ } a pole of a net with forked ends **391**. 2; **392**. 12, 14; **393**. 3; **394**. 6, 13; **396**. 9

āṭet

āt domain **224**. 11

āt hall, palace **125**. 13; **224**. 11; **272**. 13; **341**. 10; **437**. 14

āt member, limb **113**. 4; **262**. 10; **508**. 7; plur. , , **15**. 13; **29**. 11 *(ter)*; **51**. 14; **91**. 4, 7; **96**. 5; **120**. 6; **132**. 13; **140**. 7; **150**. 16; **195**. 15; **196**. 3, 8; **289**. 6; **316**. 14; **340**. 13; **361**. 5; **367**. 7; **385**. 4; **406**. 12; **411**. 16; **414**. 6; **426**. 12; **439**. 16; **440**. 16; **468**. 15; **478**. 10; **479**. 13; **482**. 6

Āti , the ninth nome of Lower Egypt **255**. 3, 14

āteptu grain **333**. 10

āter provisions (?) **436**. 8

Āṭ a proper name **346**. 14

āṭ domain, region **105**. 15

āṭu soil **453**. 10

āṭ to divide, to split **128**. 2

Āaṭi one of the forty-two assessors **255**. 1

Āṭetet, **Āṭ**, **āṭeṭet** the morning boat of the Sun **2**. 4; **3**. 4; **4**. 6; **6**. 8; **7**. 8; **35**. 14; **40**. 5; **103**. 13; **125**. 9; **164**. 13; **214**. 15; **284**. 14; **319**. 7; **382**. 9; **386**. 8; **387**. 12; **489**. 15

āṭu name of a mythological fish **243**. 2

āṭurt (?) . . . . (a mistake ?) **275**. 6

Āt́-ur "Great Splitter", name of a god **111**. 2

āt́et fixed **304**. 7, 9

U.

u 432. 16

u they, them, their 411. 16; 416. 6, 7; 509. 11, 12; 512. 5

Ua a proper name 441. 7

ua to depart, to go away 56. 2; 97. 4; 219. 16; 229. 7; 334. 13; 421. 14; 436. 8; 42. 3

uau

ua way, path, road 204. 16; 350. 3; plur. 135. 10; 10. 8; 296. 7

uau

uau water-course, stream 297. 15; 378. 16

uauau radiance 138. 8

uau flame 344. 13

uau chains, fetters 452. 2

uauu to speak evil 512. 11

uaui-uait hair 356. 16

uai to destroy, to vanquish, to be master of 131. 11; 350. 3

Uaipu a cow-goddess 462. 5

uab flower, blossom 167. 10; 505. 14

Uamemti one of the forty-two assessors 255. 5

uaret rope, cordage, tackle 393. 5

Uart-neter-semsu a proper name 393. 6

uaḥ to place, to set, to fix, permanent, enduring, abiding 5. 10; 95. 12; 139. 2; 144. 2; 165. 3; 365. 3; 392. 6; 438. 15; 439. 1; 460. 4; 501. 13; to add to 251. 2, 3; 180. 13

uaḥit libation vessels 180. 3

uaχ a pool in the Elysian Fields 228. 14, 16

uas , , sceptre, staff of office or honour 158. 13; 201. 3; 263. 12; 277. 16; 438. 2

uasm (or **smu**), **uasmu** refined copper of the finest quality 37. 16; 96. 14; 447. 1, 4

Uast Thebes in Egypt 45. 4; 248. 16; 443. 10

uaś to worship, to be adored 271. 4; 298. 7; twice adored 169. 8

Uak name of a festival 440. 3; 497. 1

uat way, road, path 21. 4; 55. 3, 7; 103. 8; 104. 10; 134. 6; 196. 2; 233. 7; 239. 9; 283. 16; 332. 7; 370. 8; 382. 11; 468. 6; 491. 3; 493. 7; plur. 37. 5; 104. 10; 107. 9; 113. 12; 143. 14; 170. 16; 210. 11; 224. 6; 239. 3, 4; 311. 6; 320. 4; 369. 11; 105. 14; 106. 13; two ways 438. 12; 451. 7; 79. 2; each and every path 362. 6; fair ways 386. 16; 388. 1; 388. 4; 448. 10

uat ȧbtet eastern roads 319. 15

uat ȧmentet western roads 319. 16

uaṭ meḥtet northern roads 319. 15

uat reset southern roads 319. 14

uaṭ sceptre 502. 14

uaṭ tablet 263. 8, 14, 16; amulet 216. 15; 405. 9, 15; 406. 3, 4; amulet of green *faïence* 291. 2

uaṭ unguent 333. 12

uaṭu a green mineral substance, mother-of-emerald (?) 367. 3, 11; 369. 6, 15; 371. 2, 13; 372. 7; 373. 4; 375. 15; 377. 5; 378. 2

uaṭ qemā, ***uaṭet qemā***, ***uaṭ qemāt*** mother-of-emerald of the south 164. 11; 353. 13; 414. 4

uaṭet a kind of linen 414. 5

uaṭ to make to flourish, to be green or vigorous; to blossom, to sow seed, vigour, new, fresh **13**. 14; **23**. 10; **64**. 16; **104**. 1; **128**. 13; **137**. 10; **143**. 9; **161**. 16; **173**. 2; **217**. 1 *(bis)*; **232**. 13; **243**. 11; **258**. 15; **268**. 7 *(bis)*; **310**. 7; **311**. 1, 7, 16; **349**. 2; **375**. 4; **379**. 8

uaṭet green **211**. 7

uaṭet green things, plants, herbs **124**. 9; **379**. 8, 10

uaṭu = *utu q. v.*

Uaṭ-urȧ "Great Green", the Mediterranean sea **54**. 13, 16; **55**. 1

Uaṭ-maati "Green Eyes", a proper name **99**. 14

***Uaṭ-nes*[*ert*]** one of the forty-two assessors **254**. 1

Uaṭit a goddess **68**. 15; **69**. 8; **117**. 9; **148**. 10; **298**. 15; **303**. 3; **470**. 4; **508**. 10; , *Uaṭti* the two uraei goddesses, *i. e.*, Isis and Nephthys **8**. 7; **447**. 3

uaṭṭet herbs, plants **493**. 3

uȧ I, me **22**. 8, 15; **23**. 1; **122**. 2; **143**. 11; **153**. 11; **317**. 7 *(bis)*, 8; **375**. 14; **473**. 1, 13, 14

uȧa boat, boat of the Sun **4**. 9; **5**. 3; **6**. 9; **7**. 7; **12**. 15; **15**. 4; **25**. 1, 10; **40**. 14; **49**. 2; **66**. 5; **67**. 1; **111**. 2; **148**. 12; **149**. 7; **186**. 11; **190**. 4; **195**. 8; **203**. 10, 11; **210**. 7; **212**. 6, 8, 9; **214**. 5, 6, 7;

219. 8; 221. 9; 224. 10; 247. 10; 269. 5; 280. 16; 283. 3, 6; 284. 3, 6, 8; 289. 4; 291. 1, 5, 7, 8; 292. 10; 293. 6; 294. 4; 295. 16; 296. 5, 10, 13; 297. 10; 299. 1, 2, 16; 300. 2, 16; 301. 4, 12; 316. 4, 15; 318. 5; 330. 6, 7; 332. 6, 15; 349. 3; 368. 11; 395. 1, 12; 423. 10, 14; 424. 11; 425. 8; 441. 16; 479. 11

aáaiu  the Āṭet and Sektet boats, *i. e.*, the boats of the rising and setting sun 392. 10

uáa en Maāti  the boat of Maāti 103. 12

uáa en ḥeḥ  boat of millions of years 415. 6; 459. 14; 460. 2; 481. 12; 490. 12; boat of Rā 103. 7; 104. 11; boat of Kheperȧ 103. 5; 107. 8; boat of Tem 104. 10; boat of the divine father 415. 11

uán  to become worms 399. 10

Uā  One, the One 2. 1; 9. 9; 25. 16; 26. 1; 26. 10 *(bis)*; 97. 13; 167. 12, 15; 169. 1; 210. 14; 240. 7; 291. 13; 329. 15; 362. 3, 13; 377. 2; 497. 16; 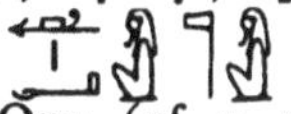 One God, *i. e.*, Osiris 452. 7;  One (of a goddess) 415. 5; 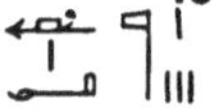 One of the gods 173. 8

uā  one, any one 5. 10; 62. 6; 167. 2, 14; 271. 10; 286. 8, 13; 317. 1; 364. 15; 440. 9; 462. 9; 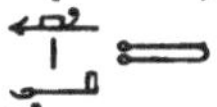 being one 10. 3;  being alone 41. 16; 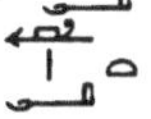 one (fem.) 333. 7, 14

uā   .... 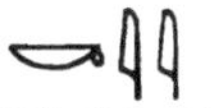 one .... the other 62. 7; 97. 13; 54. 13, 15; 55. 1; 417. 3, 4, 5; 420. 5, 8; 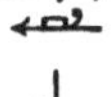 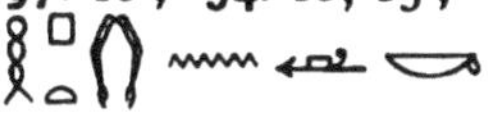 452. 2; 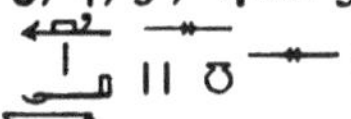 one to her fellow 449. 16; 485. 4;  ....  407. 10, 11; 413. 4, 5, 15; 414. 1;  114. 7; 115. 9;  137. 4; 143. 4; = indefinite article 

a star 3; a follower 409. 12; 405. 3

uā to be one 51. 6; *uā neb* any one, each one, every one 222. 4; 317. 5; 368. 4; 407. 12; 408. 2; 57. 11; circling one 241. 2

uā uāu one alone 363. 14

uāu alone 392. 6

uāuti solitude, alone 413. 9; 461. 15

uāiu alone 107. 13

uā with 7. 6; and see *sub* ; with 470. 15

uāt a piece of cloth 420. 8

Uāau the herald of the third Ārit 328. 3

uār passage 203. 4

uār to depart 219. 10

uārt passage (of souls) 187. 2; name of a place 284. 7

uārt , thigh 87. 6; 162. 11; 202. 9; 207. 9; 215. 5, 7; 297. 1, 15; 373. 11; 375. 1; 378. 3;

uārt 376. 13; 392. 1; 392. 2;

380. 5; 397. 5

uārti the two thighs **447. 7**

uārt stream **218. 4**

uu evil, evil one **414. 12**

uu district of a nome, of **324. 15**

ui sign of the dual two very mighty gods **272. 15**

Ui a proper name **207. 12**

uben to rise (of a luminary), to shine **1. 3, 6; 3. 13; 4. 1, 2; 6. 13; 8. 14; 25. 16; 52. 1; 61. 8; 85. 14; 102. 13; 114. 1; 115. 8; 137. 8; 207. 8; 235. 8, 13; 238. 4; 292. 5; 296. 11; 314. 15, 16; 315. 9; 408. 9; 423. 11, 15; 425. 9; 456. 9; 484. 14; 486. 15; 502. 8; 513. 3**; rising and setting **411. 12; 426. 10**; **39. 6**

ubennu, *ubentu* rays of light **120. 18; 292. 5; 446. 2**

ubennu to flow **392. 15**

ubeχ, *ubeχt* to shine, shining, blazing **301. 2, 5; 307. 8**

ubes water-flood **279. 11**

ubesu fiery beings **283. 9**

Ubes-ḥrȧ-per-em-χetχet a proper name **59.** 11

ubeṭ to be scalded **133.** 16; to set fire to, to burn up **341.** 16; **344.** 5; **354.** 11

ufa to be in restraint (?) **493.** 15

umet a garment **448.** 15

umetet middle (?) **135.** 5

un , lightness **21.** 14; defect **273.** 11

un to be, being, existence, what shall be, things which are, to become **2.** 8; **4.** 15; **24.** 8; **53.** 3, 5, 13; **57.** 2; **61.** 1, 13; **64.** 8; **80.** 14; **89.** 15; **94.** 3; **95.** 2; **120.** 13; **152.** 11; **164.** 3; **218.** 13; **232.** 6; **285.** 1, 14; **308.** 8; **309.** 4; **318.** 1; **347.** 11; **364.** 15; **366.** 11, 12; **374.** 11, 14; **377.** 14; **382.** 14; **401.** 5, 8; **406.** 15; **414.** 7, 8; **436.** 9; **425.** 11; **431.** 2; **433.** 5; **455.** 14; **459.** 1; **461.** 4; **462.** 2; **468.** 1; **481.** 3; **484.** 4; **487.** 12; **490.** 6; **493.** 15; **497.** 16; **501.** 5; **507.** 12; **517.** 3; as an auxiliary verb see *passim*

unt, unenet , ***untet*** being, existence **10.** 13; **14.** 3; **51.** 10; **226.** 8; **471.** 1; **479.** 15; **482.** 12; **504.** 7, 8; **505.** 8; **75.** 15; being **450.** 3; rising (?) **96.** 11; those who are **159.** 14; **208.** 10; **249.** 10; **252.** 9; **270.** 3; **376.** 6; **389.** 3; **486.** 6; , , **36.** 14; **174.** 5; **295.** 7

un, ***unen*** with *maā*, in very truth **16.** 1; **95.** 4; **366.** 15

un — to open, opener, opening, opened 5. 11; 19. 12; 21. 6; 26. 3; 30. 4; 89. 10, 12; 103. 7; 105. 16; 110. 13; 119. 9; 131. 7; 143. 14; 148. 16; 149. 2, 11, 12, 14; 150. 6, 10; 170. 16; 194. 12; 241. 17; 244. 10; 264. 14, 16; 265. 3, 8; 272. 9; 373. 7; 275. 9; 278. 13, 14, 15, 16; 346. 3; 374. 7; 376. 16; 436. 2, 7; 438. 7; 470. 10; 474. 2; 493. 7; 502. 10; 514. 1, 6; 37. 6; 235. 2; 372. 2; 380. 8; 473. 16; to burst* open 124. 13; opened 213. 4; 295. 1; 374. 15; 420. 4; 128. 8; 194. 15; 195. 1; 351. 14

uniu, ***uneniu*** — openers, scatterers 21. 4; 320. 7

un — appearance 41. 16; 86. 7, 8, 12; 154. 11; *un ḥrȧ* to open the face (*i. e.*, to uncover?) 100. 5; 119. 13; 234. 5; 236. 12; 336. 6; 433. 9; 467. 2; 234. 8

un — shrine 323. 3

un — shaved 401. 16

un, ***unenu*** — to pull out hair 469. 3; 471. 11

un, *uni*, *unt* — to rise up **32.** 8; **51.** 6; **62.** 5; **120.** 6, 18; **162.** 8; **388.** 10; those who rise up.

unun, *unenunen* — to lift up **120.** 16, 18; **155.** 7

uni — light, defective **288.** 15

Unen-em-ḥetep — a division of the Elysian Fields **228.** 3, 8; **229.** 6

unām — unguent **311.** 8

unun — to sow seed **227.** 8

unb — flower, blossom **91.** 16; **115.** 12; plur. **157.** 3

Unpepet-ent-Ḥet-Ḥeru — a proper name **266.** 2

unfu, *unf* — to remove, to uncover, to unloose **115.** 4; **125.** 10

unem, *unemi*, *unemet* — the right side, opposite of left **34.** 4; **43.** 1; **56.** 15; **111.** 12; **152.** 6, 7; **264.** 6; **284.** 14; **382.** 8; **386.** 7; **387.** 11; **389.** 13; **395.** 13; **420.** 8; **436.** 1

unnu — **128.** 15

Unnu, *Unenu* — Hermopolis 28. 5; 30. 4; 127. 10; 131. 1; 183. 1; 203. 14; 309. 14

unnut, *unnut* (?) — a brief space of time, moment, hour 10. 11; 59. 9; 85. 8; 136. 4; 137. 5; 143. 5; 262. 13; 302. 4; 315. 7; 333. 15; 380. 6; 437. 12; 467. 3; 508. 11 *(bis)*; plur. 42. 5; 97. 14; 99. 11; 137. 2; 228. 15; 315. 8; 468; 5; hours (?) 10. 11

Unnut — goddess of the hour 309. 14

Un-nefer, *Unen-nefer*, *Unen-neferu*, *Unen-nefer* — a title of Osiris 13. 7; 14. 4; 16. 14; 23. 2; 37. 10; 114. 6; 182. 5; 249. 13; 276. 10; 285. 8; 298. 3; 320. 8; 323. 1; 347. 4, 11; 366. 11; 452. 2; 471. 1; 476. 3; 479. 14; 481. 6, 10; 482. 12, 16; 484. 4, 6; 489. 2, 4; Un nefer-Rā 48. 6; 70. 2; 78. 9

Un-ḥāt — a proper name 359. 2

unχ, *unχu* — to dress, to put on a garment 180. 3; to array oneself 229. 3; arrayed, girded with 239. 5; 267. 14

unχ — to be loosed, to untie 294. 16; 295. 1; 359. 15

unχ — garment 339. 6

Unes the capital of the XIXth nome of Lower Egypt 256. 5

uneśu wolves 87. 7

Unt a city of the twelfth Aat 377. 7, 10, 14, 15; 381. 14

Unti name of a god 38. 5; 298. 4

un tini be ye 114. 14

unṭu kinsfolk, relatives 18. 13; 19. 2; 68. 10; 250. 2

Unθ name of a district or country 257. 7

Ur , a proper name 165. 10; 179. 12

ur to be great, great, mighty, supreme, powerful, might, mighty one 9. 12; 16. 2; 359. 1; 392. 10; 504. 6; 506. 10; fem. 27. 12; 194. 2; 281. 12; greatly, exceedingly 421. 13; *ur-ui* two great (plumes) 6. 2; 330. 9; *urtiu* might (?) 332. 10

ur , great man, chief, prince, nobleman 22. 16; 38. 16; 116. 18; 119. 1; 174. 3; 493. 12

uru , , , chiefs, nobles 25. 3; 31. 12; 103. 11; 236. 11; 260. 11; 275. 14; 398. 6; 478. 3; 509. 5; *urt* princess 295. 13; mighty ones or things 345. 11; 169. 7

ur, *uru*, *uru*, *uru* — divine being 38. 6; 98. 10; 119. 16; 133. 11; 136. 2; 139. 5; 144. 5; 172. 9; 201. 10; 214. 6; 217. 16; 229. 8; 240. 12; 286. 14; 358. 7; 367. 6; 372. 3; 377. 11; 392. 9; 403. 6; 418. 9; 468. 3; 476. 1; 478. 8; 496. 2; 512. 2; plur. 111. 12; 128. 5; 131. 12; 165. 2; 201. 7; 245. 3; 271. 6; 289. 5; 301. 10; 439. 7; 440. 1; 455. 8; 459. 16

urt — goddess, great lady 200. 7, 9; 210. 12; 286. 12, 15; 404. 10; 405. 11; 455. 12; 490. 14; 504. 5; 506. 7

ur sep sen — doubly great 419. 9; 483. 5; 513. 9

ur — oldest, greatest 487. 4

ur — ..... greater than 106. 9; 442. 9

ur — 86. 15; most mighty one 188. 13; 227. 2; 396. 4; 501. 13; most great 43. 14; 194. 1; 343. 5; 482. 10; 17. 1; 171. 14; 27. 4; 259. 2; 367. 13; 373. 7; 378. 9; 293. 3; 131. 15

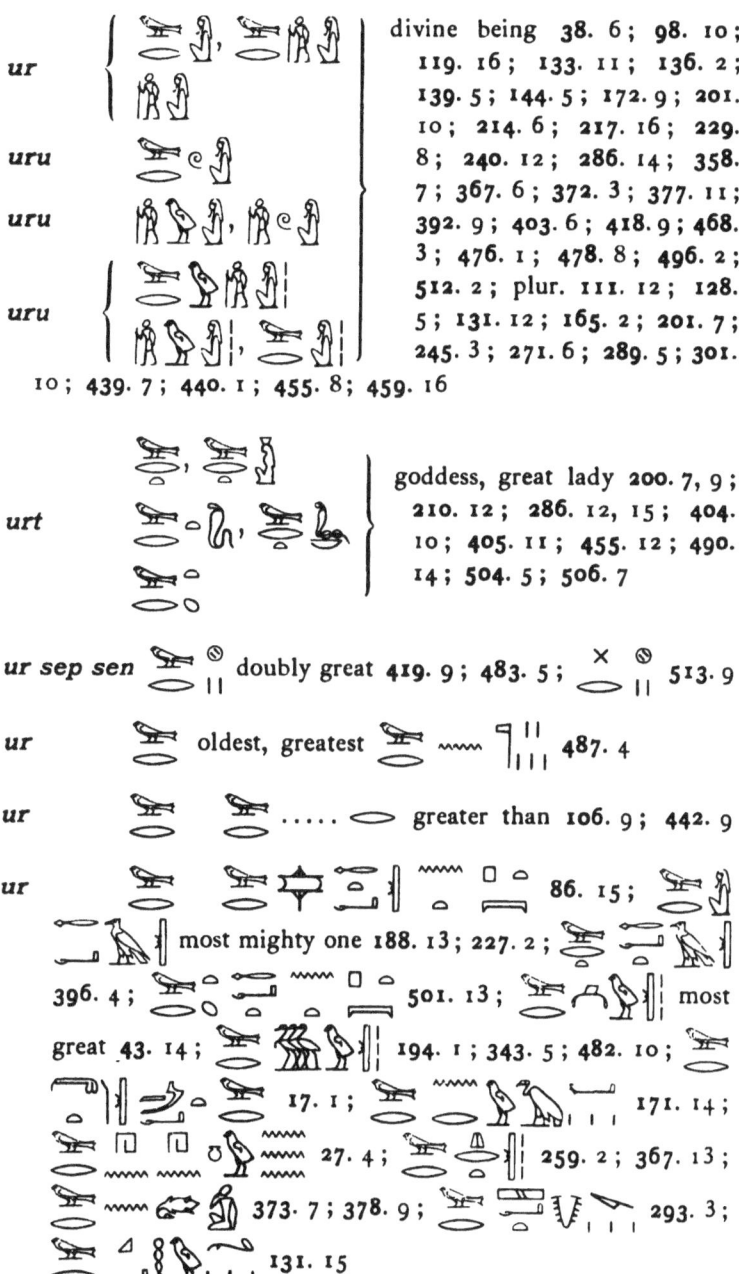

Ur-Ȧnnu prince of Heliopolis **406**. 8; **406**. 8

Ur-urti the two great goddesses **136**. 7; **142**. 16

ur χerp āb (or ***ḥem***) "the chief president of the worker[s]", a title of the high priest of Memphis **20**. 9

ur . . . . . . chief of the . . . . . . ? **63**. 3

ur large joint of meat, haunch **23**. 8; **130**. 8; **161**. 13; **242**. 6; **268**. 9; **434**. 14

Ur-at a proper name **515**. 3

Urit name of a city **256**, 1, 12

urit hall **313**. 4; **506**. 7

Ur-peḥui-f a proper name **332**. 10

urma (?) ornaments (?), gear (?) **236**. 14; **237**. 13; **450**. 7

Ur-maat a proper name **237**. 13

Ur-maat-s a proper name **215**. 1

Ur-mertu-s-ṭeśert-śeni name of a cow-goddess **318**. 12; **364**. 2

Ur-ḥekau "mighty one of enchantments", a proper name **220**. 3; **376**. 7; **415**. 6; **439**. 3; **481**. 12

urer, *ureret*, *urertu* — name of a crown 13. 10; 38. 10; 65. 4, 5; 177. 4; 239. 5; 289. 14; 293. 10, 14; 361. 11; 367. 9; 408. 7; 469. 4; 471. 8; 477. 4; 482. 11; 476. 6 *(bis)*; 318. 7

urḥ, *urḥu* — anointed 268. 1; 294. 7; 308. 4; 335. 1, 11; 336. 7; 337. 2, 14; 338. 11; 339. 5; 340. 1, 14; 341. 10

ur-ḥeṭati two goddesses of Heliopolis 495. 9

ures pillow 420. 16

urś, *urśu* — to pass the time, to watch (?) 186. 8; 236. 10; 357. 7; 515. 1

urt hall 287. 9

urt funeral chest 2. 9

urt pylon, hall 506. 7 *(bis)*

urt funeral mountain 490. 19

urt flood 132. 10

urt = *ureret* crown 359. 16

Urt-urt a proper name 469. 7

urṭ to be motionless, to rest, inert, helpless 6. 5; 66. 12; 120. 6; 133. 12; 221. 9; 282. 16; 290. 4; 368. 11

Urṭ-ȧb "Still-heart", a name of Osiris **19.** 13; **139.** 8; **144.** 8; **334.** 9; **335.** 4, 15; **336.** 11, 14; **337.** 7; **338.** 2, 8, 15; **339.** 9; **340.** 5; **341.** 2, 14; **342.** 5, 12; **343.** 3, 7, 12; **344.** 2, 10; **345.** 1, 9, 16; **346.** 7; **351.** 6; **352.** 7; **356.** 6; **402.** 8 *(bis)*; **435.** 2; **480.** 11; **481.** 9, 10; **489.** 4; see **99.** 13

uh to be troubled **149.** 16

uhau to supplicate **349.** 5

uhen decay, failure **482.** 1

uhen-tu overthrown **436.** 14

uḥeset to beat down, to slay **357.** 4; **481.** 14

uḥet baked meats, stew **449.** 9

uχa to lay or set down, placed **152.** 8; **214.** 16; to seek **178.** 7

uχa darkness, night **183.** 12

uχa pillar **445.** 1, 3

uχeb to shine, bright **219.** 4

uχert a wooden implement **296.** 13; **297.** 9; plur. **296.** 4

uχeṭ to be angry or pained **458.** 1, 14

uχeṭet boat **89.** 7, 8

us to do away with **274.** 10

usfa snarers **395.** 10

us power, strength **1.** 10; **14.** 2

user to be strong, mighty, strength, might, power, strong **6.** 8; **32.** 12; **38.** 16; **47.** 7; **100.** 4; **103.** 15; **122.** 1; **174.** 16; **182.** 16; **196.** 15; **198.** 2; **225.** 6; **228.** 4; **240.** 15; **269.** 7; **286.** 16; **298.** 12, 13; **303.** 1; **353.** 12; **362.** 5; **376.** 9; **425.** 12; **426.** 13; **445.** 7; **454.** 13; **465.** 14; **484.** 13; **496.** 15; **357.** 8; **376.** 11

useru powers, mighty ones (human or divine), strength **171.** 13; **176.** 16; **196.** 15; **198.** 2; **298.** 14; **303.** 2; **358.** 10

usert strength **92.** 10

usert, ***user*** a strong place, a part of the head or neck, brow **33.** 4; **98.** 15; **173.** 3; **193.** 6; **307.** 14, 17; **325.** 13; **119.** 12; **191.** 14, 16; **192.** 3; **169.** 7; **171.** 3; **192.** 16; **204.** 11, 12; **332.** 10; **345.** 12; **191.** 8

User-åb "Strong-heart", a proper name **299.** 13; **475.** 5

User-ba "Strong-soul" a proper name **146.** 13

useru oars **130.** 4; **206.** 9; **242.** 11

useru to steer a boat **488.** 12

Usert "Strong-one", name of a goddess **230.** 2; **339.** 12

useḫ to advance 151. 12

useχ collar, neck ornament 404. 16; 405. 4

useχ breadth 218. 17

useχ to be in a wide space 124. 13

useχ breadth, broad, wide space 151. 12; 218. 15; 338. 5; 352. 5; 370. 4; 493. 7

Useχ-nemtet "Broad of Stride", a proper name 515. 2

Useχ-nemtet one of the forty-two assessors 252. 13

Useχ-ḥrá "Broad Face", a name of Rā 92. 6

useχt hall 14. 8; with 182. 17; 246. 5; 259. 9, 15, 17; 260. 7; 264. 2; 444. 16; 467. 8; 476. 9 *(bis)*

useχti āat the great double hall 509. 6

useχti Maāti the double hall of Maāti (var.) 249. 3, 10; 259. 15; 260. 7; 264. 2; 265. 13; 266. 5; 267. 13; 424. 8; 434. 3; 509. 1

useχt Śuu the hall of Shu 509. 8

useχt Seb the hall of Seb 425. 12; 509. 7

useχu plated 447. 11

useśt urine **125.** 1, 6; **238.** 16; **465.** 10

useś to evacuate **414.** 8

usten, *ustennu* to walk, to follow **424.** 12; **431.** 6; **432.** 12; **433.** 4

Usṭ a proper name **359.** 4

uś to cry out **471.** 15

uśau night, darkness **136.** 1; **472.** 7

uśā to eat, to gnaw, to crunch bones, to inhale the smell of food **100.** 14; **209.** 15; **446.** 6; **449.** 9

uśeb to answer **197.** 6; **198.** 12

uśeb sep to make an answer at the right time **443.** 4

uśeb to be begotten **227.** 4

uśen to net **453.** 16; **480.** 5

uśennu feathered fowl **229.** 2

Uḳa a festival **278.** 6; **513.** 10

uḳaiu wooden pegs or legs **206.** 14

ut the city of embalmment, the abode of Anubis **327.** 5; **385.** 15

utu  embalmment **205.** 11

Utu  the god of embalmment, *i. e.*, Anubis **208.** 6

ut  coffin **407.** 9

uta 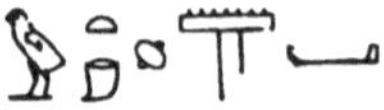 to act the part of an embalmer **450.** 6

Utet-meḥt 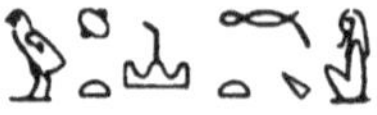 the northern Oasis, el-Baḥriyeh **324.** 12

Utet-reset 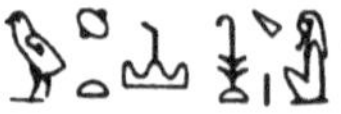 the southern Oasis, el-Khargeh **324.** 11

Utau (?)  a proper name **427.** 2 ; **431.** 13

utu 
utut  to set out on a journey **40.** 5; to command, to order, command, order, decrc , to copy, behest **24.** 5 ; **27.** e7 ; **41.** 6; **52.** 11 ; **77.** 14 ; **78.** 1, 2 ; **89.** 15 ; **103.** 3 ; **110.** 4 ; **114.** 4; **161.** 15 ; **195.** 1 ; **199.** 15 ; **201.** 5 ; **215.** 8 ; **243.** 2 ; **250.** 10; **273.** 3 ; **283.** 11 ; **287.** 1 *(bis)* ; **315.** 3 ; **331.** 4 ; **385.** 1, 2; **401.** 2, 4 ; **404.** 7 ; **421.** 3 ; **428.** 9 ; **431.** 15 ; **445.** 11 ; **448.** 3 ; **451.** 2 ; **455.** 15, 17 ; **459.** 3 ; **464.** 1, 2 ; **465.** 1 ; **471.** 3, 4 ; **472.** 3 ; **485.** 10 ; **488.** 2 ; **503.** 16, 17 ; **505.** 12 ; **514.** 16

uṭeṭ  to order **24.** 7 ; **65.** 6 ; **91.** 9

utut 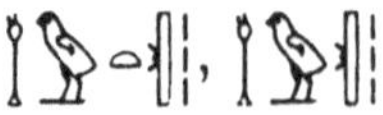
uṭeṭet  commands, behests, things ordered or decreed **21.** 12 ; **105.** 6; **151.** 6 ; **152.** 4 ; **172.** 8 ; **220.** 10 ; **369.** 12 ; **371.** 1, 7 ; **461.** 16

χit one of the forty-two essors **258.** 7

ʼ) **52.** 10

unguent (— [?]) **333.** 13

flowers **449.** 9

oar-rest **205.** 12

mutable **173.** 9

to go or come round about **166.** 5; **201.** 12

furrow **151.** 3; **152.** 2; **263.** 10, 11; **494.** 16; plur. , **29.** 1; **158.** 3; **177.** **288.** 4; **384.** 9, 13; **453.** 8

altar **214.** 16; **439.** 13; plur. **154.** 13; **155.** 6

name of a country **144.** 16

to beget **9.** 11; **13.** 9

to beget **11.** 11; **442.** 8; begotten **442.** ; *uta* begetter **321.** 15

Begetter, a name of Osiris **324.** 8

eḥ "Begetter of millions of years", a oper name **55.** 1

uṭ
uṭet } to shoot out, to cast out, to dart forth from **36**. 12; **56**. 11; **105**. 12; **110**. 3; **136**. 7; **143**. 1; **191**. 15; **192**. 14; **193**. 10; **271**. 10; **311**. 13, 14; **383**. 5, 6; to put forth the hand with hostility against anyone **453**. 3; **497**. 11

uṭaiu strong **195**. 4

uṭit chamber **504**. 5, 6

uṭebtu burned **206**. 7

uṭen
uṭennu } to drive back **86**. 11; to make an offering **247**. 8; **268**. 2; **284**. 15; **294**. 7; **299**. 14; **312**. 6; **318**. 3; **332**. 16; **333**. 6; **359**. 8; **395**. 14; **423**. 12, 15; **424**. 3, 6, 9, 12, 15; **425**. 4, 7, 10, 13, 16; **426**. 3, 5, 8, 11, 14; **427**. 1, 4, 7, 9, 13, 16; **428**. 3, 6, 9, 12; **429**. 1, 4, 7, 10, 13; **430**. 1, 4, 6, 10, 12, 15; **431**. 3, 6, 8, 11, 14; **432**. 1, 4, 7, 9, 12, 15; **433**. 2, 5, 7, 10, 15; **434**. 3, 6, 9, 12, 15; **435**. 2, 5, 7; **440**. 10; **450**. 12; **486**. 4; **422**. 5, 7, 8, 10, 13, 15; **423**. 3, 5; **423**. 1

uṭen
uṭennu
uṭent } offerings, things offered **278**. 15; **316**. 12; **317**. 2; **375**. 11; **437**. 15

uṭeṭ to void (filth) **64**. 6

uθes } to raise up, to lift up, to support, **43**. 11; **134**. 2; **220**. 7; **286**. 15; **370**. 14; **456**. 1; **472**. 9; **503**. 15

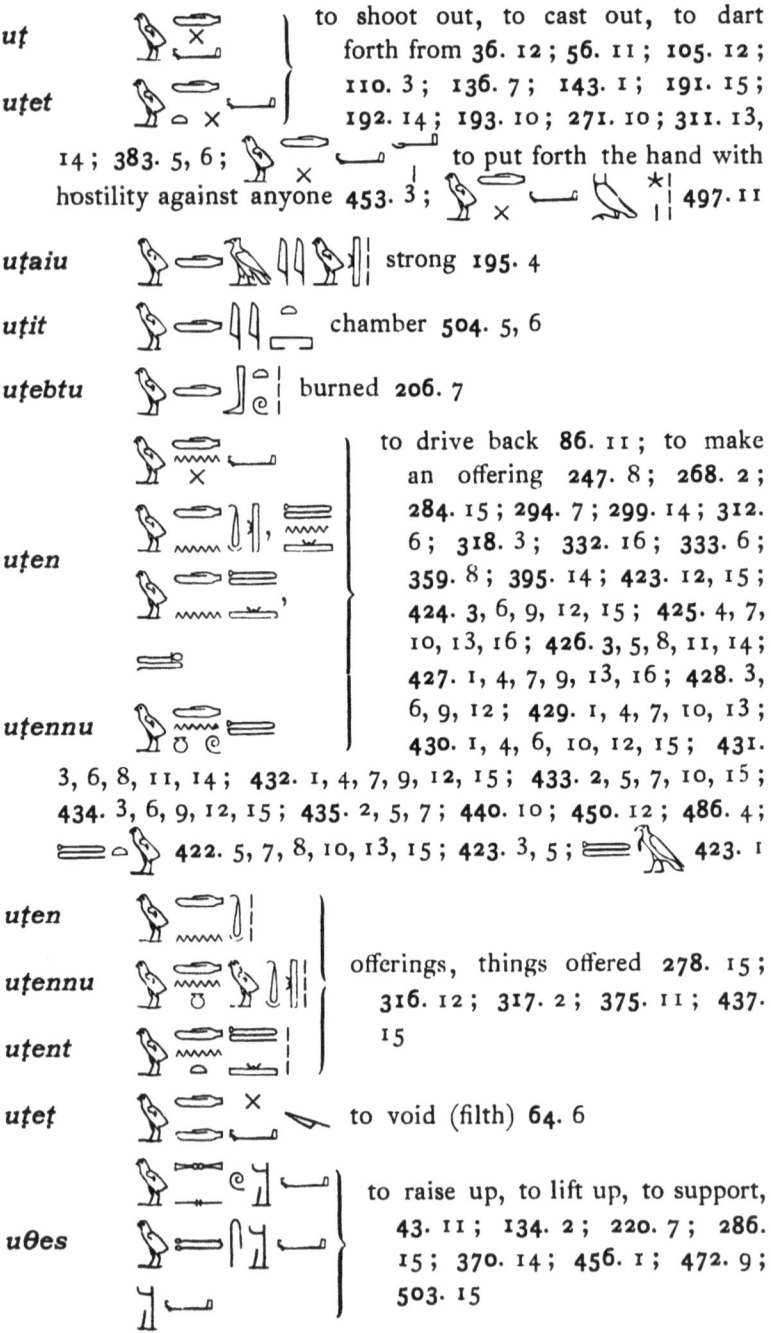

ufa  to go out, to set out, to escape from, to journey **2.** 11; **35.** 13; **55.** 9, 14 *(bis)*; **190.** 9; **205.** 4; **209.** 2; **212.** 9, 15; **213.** 3, 6; **267.** 8; **312.** 10; **414.** 15; **419.** 7; **450.** 8; **451.** 6; **465.** 10

ufat  journey **159.** 2

ufa  to be in a good state or condition, to preserve, sound, healthy, well **2.** 14; **7.** 13; **29.** 16; **57.** 6; **63.** 9; **77.** 3; **112.** 7, 8; **113.** 10; **116.** 6; **220.** 2; **290.** 2, 3; **305.** 10, 13; **370.** 10; **406.** 5, 6; **411.** 3; **421.** 15, 16; **425.** 5, 15; 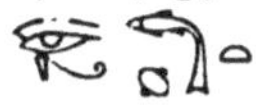 **429.** 12

ufau  strength **479.** 13

ufau  amulet **213.** 11; plur. **402.** 14

ufau  magical powers **403.** 5

Ufa-re  "Strong-mouth", a proper name **22.** 4; **347.** 1

ufa sep  strong with good fortune **289.** 16

ufat  the eye of the Sun **38.** 15; **56.** 7; **57.** 9; **113.** 15, 16; **114.** 2, 8; **139.** 14; **158.** 7; **211.** 3; **252.** 5; **267.** 10, 11; **314.** 13; **315.** 4, 9, 10, 11, 15; **316.** 10, 14; **317.** 3, 4; **386.** 4; **408.** 10; **421.** 10, 11, 12

ufati  the two eyes of the Sun **413.** 1, 3

ufat  the Utchat with legs and wings **413.** 4; 
 **416.** 13

ufā to weigh, be weighed, to estimat to consider, to reckon up, t make a decision, to release 16. 16; 96. 9; 101. 17; 104. 14 177. 1; 201. 13; 235. 9; 24 16; 296. 4, 13; 297. 8; 302. 1 314. 4; 358. 16; 360. 9; 447. 16; 493. 3

ufā-meṭet to consider or estimate wor 18. 12; 19. 5; 79. 9; 285. 13; 309. 8; 359. 6; 471. 9 475. 1

ufā senemem to weigh hair (?) 79. 9 who maketh the water t make to balance his throne 239. 8; to estimate the fields 124. 9

ufāiu weighers, those who try somethin in a balance 1. 13; 422. 3

ufāti judgment, decision 233. 7

Ufā-aābet a proper name 126. 9

ufefau to delay 189. 7; 190. 1

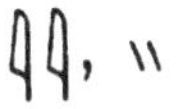 I.

to come, comer, coming, come 1. 5; 4. 13; 11. 8; 31. 1; 41. 1; 54. 2; 58. 1; 67. 14; 69. 12; 70. 2, 7; 85. 5; 86. 3, 9; 88. 14; 93. 5; 97. 7, 10; 98. 6, 9; 102. 14; 109. 8; 129. 4; 137. 6; 239. 5; 301. 5; 302. 5; 303. 14; 304. 1; 305. 10; 310. 2; 311. 12; 312. 14; 313. 1; 331. 7; 334. 13; 347. 4, 12; 348. 2; 349. 1; 350. 3; 358. 7; 359. 15; 361. 9; 362. 2; 363. 14; 370. 14; 372. 1; 374. 14; 375. 13; 379. 4, 6; 382. 12; 383. 16; 384. 16; 389. 5; 392. 11, 13; 394. 6, 8; 398. 5; 399. 1; 404. 4; 408. 12; 429. 8; 432. 10; 442. 15; 452. 8, 13, 14; 453. 1, 2, 10, 13, 15; 454. 1—16; 456. 6; 457. 1; 459. 7; 462. 5; 466. 10; 480. 11; 482. 4, 14; 483. 7, 10, 14; 484. 10; 487. 7; 488. 1; 490. 4; 491. 1; 494. 10; 495. 5; 503. 9, 10, 13; 504. 2, 14; 505. 2; 506. 2, 10, 16; 507. 4; 507. 5; 510. 4, 9; 511. 6; 512. 4; 516. 2;  come, come! 261. 8

:u
-tu

coming, a coming 75. 4; 97. 12; 109. 8; 192. 4; 192. 10; 304. 5; 372. 5, 6; 379. 9, 14; 478. 17; advance 33. 7; 441. 10

 a coming 112. 4; 468. 14; 469. 1, 6; 479. 13; 480. 1; 512. 2; 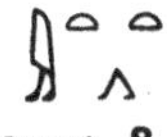 356. 6;  1. 5; 48. 8, 9; 406. 7;  8. 3

iu	𓂻𓅱𓏤	comers 193. 5; 342. 7; 355. 3; 492. 3; 𓂻𓅱𓏪 𓏏𓏤𓏪 46. 3; 𓂻𓂻 *iu āq* going in and coming out 194. 9
iu	𓂻𓅱	to end (of a book) 𓂻𓅱—𓐍𓅱𓅆 380. 14
Iupastu	𓂻𓅱𓅆𓂋𓅱𓐍𓅱𓏪	a class of divine beings 231. 3
it	𓇋𓇋𓀞 𓇋𓇋𓊪	hail, O, 107. 10, 11; 108. 2
iu	𓇋𓇋𓅱𓀀	O verily 409. 8
iumā	𓇋𓇋𓅱𓈗𓈖𓈘	sea 412. 3 *(bis)*
Ireqai	𓇋𓇋𓏤𓈋𓅱𓇋𓇋𓀀	a name of Āmen-Rā 419. 11
iχ	𓇋𓇋𓏋	to stretch out the heavens 412. 3
isu	𓇋𓇋𓊪𓉐𓅱𓏪	abodes 436. 7

B.

ba soul 3. 5; 14. 10; 30. 14; 37. 3; 40. 4; 90. 3; 145. 8; 171. 5; 194. 4; 194. 12; 195. 1, 10, 12, 13; 285. 1, 11; 307. 9, 10; 315. 14; 325. 12; 347. 11; 363. 6; 399. 14; 409. 6, 9; 432. 5, 7; 438. 9; 459. 16; 460. 2; 461. 13; 462. 3; 471. 14; 472. 2; 480. 6; 491. 7, 10, 16; plur. 44. 2; 363. 9; , 62. 3; 74. 13; 166. 6; 190. 6; 194. 7; 195. 8, 14; 276. 12, 14; 277. 8; 381. 14; 454. 12; 490. 2; 430. 14

ba soul 21. 3; 51. 2; 65. 16; *ba* with and 194. 12; *ba* with 194. 12; *ba* with 189. 12; *ba* with 196. 3; *ba* with and 487. 15; a perfect soul 145. 4; 194. 5, 8; 433. 3; 491. 14; 147. 6; 183. 16; 268. 15; with 384. 1; 470. 13; 475. 16; 493. 8; soul of souls 48. 9; 185. 8; 38. 8; 412. 12; 308. 9; a soul made of gold 191. 1; 436. 4

Ba divine soul 20. 8; 28. 6; 60. 2, 8; 184. 2, 3, 7; 185. 1, 11; 194. 1; 271. 9; 272. 14; 273. 8; 296. 7; 509. 11, 12; 510. 1, 11; 512. 6; 516. 13, 14; plur. 20. 12; 21. 1, 5; 58. 15; 94. 10; 472. 1; 474. 4; 510. 7, 13; 511. 3, 13, 14; 512. 9; 513. 12, 16; 514. 4, 8, 15

Ba 60. 9; 94. 11; *Ba* 94. 9; *Ba* 60. 9; *Ba* 66. 4; (*i. e.*, Smam-ur); *Ba* 60. 10; *Ba-ŝeps*, holy soul, a name of Osiris 323. 8; *Ba-ťeser*, a name of Osiris 471. 1; 475. 10; 481. 9; 420. 1; 429. 15; 413. 12; 397. 13; 65. 11; 430. 11

baiu souls souls in the gods 474. 11; of the East 12. 16; 221. 3; 222. 5; 369. 5; of the West 13. 1; 218. 11; 220. 13; of 7. 4; 86. 16; 181. 12; 201. 8; 215. 1; 236. 10, 14; 237. 14; 238. 12; 449. 11; 451. 6; of 7. 5; 230. 18; 232. 14; of 7. 5; 233. 3; 235. 1, 2; of 235. 7, 15; 236. 2, 6; 238. 3; living divine souls 416. 4; souls who have come forth by day 427. 14; souls of the damned 486. 8; souls of his father (Osiris) 324. 16

Ba divine soul with plumes 413. 16

Ba a proper name (?) 177. 14

ba to be strong 174. 16; 216. 10

Bai a proper name 272. 7; 275. 7

Bati the double soul 60. 10; 516. 16; 517. 2; , the divine double soul in the Tchafi 59. 16; 60. 4, 8

Bati-erpit a name of Osiris 321. 2

ba to force a way through 31. 10; 33. 7

Bau a proper name 449. 14

Bai name of a god 38. 8

baba to work 137. 2

babau den 373. 2

babau caverns, caves, lairs, dens 104. 9

Baba, **Baba**, **Babai** the firstborn son of Osiris 64. 13; 133. 9; 260. 11; 504. 9, 11; 505. 9

Ba-neb-Ṭeṭṭeṭ a title of Osiris 112. 13; 117. 8; 247. 6; 340. 12

Barekaθáfaua  a proper name 409. 10

bah̬  see 

Baχau  the mountain of sunrise 218. 12, 15; 220. 14; 265. 2; 446. 7; 496. 7

Bast  the city of Bubastis 254. 11; 295. 13

Bast  the goddess of Bubastis 415. 3

Basti  one of the forty-two assessors 256. 6; var. 

bak  to labour, to toil, to be strong 173. 6, 13; 199. 9; to work for 486. 1

baku  works, labours 250. 4

bak̦ 
bak̦i 
} to be weak, feeble, helpless, wretched 177. 11; 376. 10

bak̦ 
bek̦a 
bak̦i 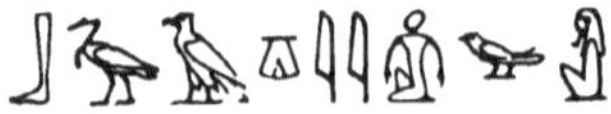
} feeble one, helpless one (*i. e.*, the mummy [?]) 165. 16; 166. 13; 172. 11; 352. 14; 353. 4; 354. 14; 355. 5, 12; 356. 3, 8, 13; 357. 1, 5

bat  boughs, branches, plants 213. 15; 466. 9

Bati  name of a fiend 356. 3

báaq  a kind of grain or fruit 317. 6

bȧa — iron, a name of the sky, firmament, iron weapon or tool 8. 6; 44. 5; 135. 6; 138. 7; 185. 6; 279. 5; 280. 10; 281. 14; 286. 10; 309. 11; 332. 3; 367. 14; 376. 4; 392. 2; 485. 9; *bȧa en pet* meteoritic iron (?) 86. 14; 396. 15

bȧt qemāu iron of the south 97. 1; 140. 14; 141. 7

bȧat
bȧau — wonderful things 37. 4; 141. 13

Bȧbȧ name of a god 198. 1

bȧbȧ a cry of joy 435. 16

bȧn evil 197. 2; 257. 12, 16; 260. 2; 365. 10; 416. 8, 15; 419. 7

bȧk — hawk 5. 15; 33. 11; 63. 13; 134. 16; 156. 4, 8; 164. 7, 9, 10, 16; 165. 9; 168. 3; 170. 9, 10; 171. 7; 179. 10; 202. 14; 226. 1; 242. 8; 287. 4; 290. 14, 17; 294. 3; 375. 9; 376. 12; 386. 11; 397. 2; 414. 1, 3; 417. 10; 438. 6; 461. 12; plur. 113. 3

Bȧkui (?) the double divine hawk 142. 13; 323. 4

Bȧket name of a city 321. 7

bābāt stream 44. 10

bāḥ to flood, to overflow, to be flooded with, to be abundant, abundance, harvest 2. 11; 36. 13; 132. 5; 136. 1; 165. 4; 227. 13; 228. 13

Bāḥ the god of the Inundation 128. 6; 145. 2; 146. 9; 201. 5; 298. 4; 315. 12

bu not 105. 6; 233. 13; 412. 16; 413. 10

bu place 124. 3, 13; 129. 9; 169. 11; 221. 6; 332. 5; 434. 5; 441. 3; 448. 4; 450. 16; 452. 10; 438. 12; 493. 8; 505. 6; a holy place 151. 10; a place 7. 6; this place 492. 14; place of law 264. 5; = 179. 3

bu neb everywhere 3. 6; 23. 4; 87. 9; 150. 12; 189; 6, 8, 13; 211. 16; 276. 16; 277. 15; 294. 10; 312. 10; 362. 13; 366. 14; 491. 12; 492. 1

bu nebu people, folk, all men 350. 10; 408. 2; 498. 3

bu nefer prosperity, happiness 15. 13; 96. 6; 480. 1

bu ṭu, ***bu ṭut*** evil thing, calamity 250. 3; 252. 7; 480. 15; 488. 12

but evil things, evil 66. 14; 67. 3; 232. 3, 4; 309. 9; 480. 6

buṭ = *uṭeb* offering **3.** 7

bi name of a fiend **429.** 5

biu strength **314.** 8

bebait the mantis **216.** 2

bebuu strong **407.** 4

Bebi name of a god **75.** 14

bebet flowers **99.** 9

bebet fountain head **300.** 16

bebet hollow place, cavity **310.** 8; **311.** 2, 10; **312.** 2

bepi **430.** 8

benānā to bathe **293.** 4

benben a kind of wood **335.** 13

benben bier, funeral couch **448.** 15

benbenet a hall, pylon chamber **314.** 16; **325.** 5, 15

ben to pass away, to dissolve, to go on **120.** 8; **339.** 13

ben union, to be united with **106.** 10

benen to beget, to be begotten **68.** 6

benen ring **34.** 3, 4

benen a wood **340.** 16

bennu a bird commonly identified with the phoenix **14.** 11; **33.** 12; **53.** 2; **138.** 1; **144.** 4; **165.** 1; **181.** 3; **210.** 9; **242.** 9; **243.** 9; **247.** 7; **252.** 2; **347.** 12; **474.** 12; *Bennu ba en Rā*, the *bennu* the soul of Rā **94.** 9

bennut, ***benentu*** matter, pus **197.** 8; **198.** 13

bennu cakes(?) **494.** 6

Bener name of a city **325.** 1

benerȧ pleasure, sweetness **68.** 11; **298.** 5

benerȧut sweet-smelling thing **469.** 14; *benera* (?) **504.** 5

benśu bolts **264.** 4

bent, ***bentet*** divine apes **67.** 2; **302.** 12

beḥ to cut, to split **106.** 14

beḥen baleful one **114.** 9

beḥen to cut, to pierce **2.** 15; **68.** 7; **80.** 1, 3, 5; **225.** 1; **294.** 11

beḥennu murderous **298.** 11

beḥennu an animal of the wolf or dog species **87.** 8

beḥes, **beḥeset** calf 222. 6; 505. 10

Beχennu a proper name 418. 9

beχeχu fire 125. 3

bes form 308. 14; 353. 14

bes to pass, passage 28. 6; 45. 8; 110. 14; 163. 5; 235. 2, 10; 236. 14; 285. 5; 310. 2; 339. 4, 12; 497. 3

bes, **besu** flame, fire 263. 8, 13; 340. 7; 344. 6; 369. 9; 378. 7; 408. 5; 409. 4, 8; blazes 353. 4; 409. 16

Besu-χas a proper name 266. 1

besesu humours, excretions 493. 11

besek, **besku** internal organ of the body 95. 7; 163. 2; plur. 64. 16; 254. 7, 14; 260. 11

beś to vomit 219. 12

beśu (?) metal plates or scales 219. 4

beka to shine 126. 10

beka to-morrow 134. 11; 142. 9

bekau weakness 100. 4

beq olive tree, olives 59. 4; 263. 2, 4; 333. 12; the olive tree in Ȧnnu 463. 12

Beq  a proper name **336**. 4; **347**. 1

beqsu  eyeball, skin (?) **98**. 1; **289**. 2

beqsu  balance **367**. 10

beka  defect, exhaustion **57**. 1; **100**. 4

beka  feeble one **339**. 1; **342**. 3, 10; **343**. 1, 9, 16; **344**. 7, 14; **345**. 6, 13; **346**. 4

beka  crime, evil, sin **66**. 3; sinners **24**. 13

bakai  evil-doing one **43**. 4

beksu 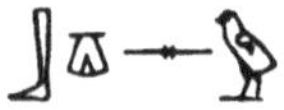 part of a boat **104**. 11

bekasu  guilty (?), wicked (?) **360**. 9

bekset  **302**. 1

bet 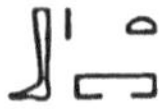 place **511**. 1

bet nebt 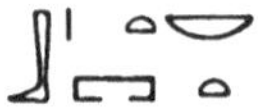 everywhere **513**. 3; **516**. 14; **517**. 3

bet 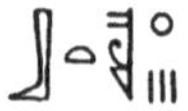 incense **436**. 16; **444**. 6

beta 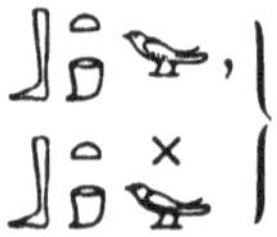 to sin, to commit a fault, wrong, iniquity **16**. 3, 9, 14

betau  sin **509**. 3

betu  abominable thing **94**. 4; **98**. 14; **99**. 3, 7, 11; **108**. 12, 14; **109**. 2; **410**. 10; plur.  **39**. 4; **91**. 17;

92. 10; 100. 13; 123. 6, 7, 13, 15; 125. 4; 151. 8; 179. 12 (bis), 13; 184. 4, 10; 192. 9, 10; 214. 10, 11; 238. 15; 243. 13, 14; 250. 7; 269. 11; 279. 11; 283. 16; 330. 10; 397. 14; 406. 5; 460. 14, 16; 465. 9; 466. 3, 4; 467. 12; 488. 12; 492. 9, 10; 493. 9, 16; 494. 1, 2; 411. 3

betau to do harm 403. 6

Betȧ name of a city 110. 16

bet, **beti** barley 14. 14; 23. 10; 151. 9; 160. 16; 209. 6; 230. 8; 244. 3; 368. 2; 369. 2; 389. 11; 454. 10; 464. 4; 493. 4

beti ḥeṭet white barley 124. 10; 214. 14

beti ṭeśert red barley 454. 8

betennu, **betnu** swift 87. 10, 15; 88. 2

beṭ incense 216. 11; 508. 6

beṭeś to be disposed for evil but powerless to do it 372. 14

beṭeś, **beṭeśet** fiends 2. 8; 74. 13; 316. 8; 61. 3

Beṭśu name of a city 322. 6

Beṭti a proper name 97. 13

beθet (?) brought 462. 8

P.

Pe one half of the city of Buto (Per-Uat'it) 7. 5; 73. 1, 4; 79. 6; 81. 10; 83. 7; 109. 13; 160. 14; 163. 12; 209. 4; 230. 18; 231. 2, 4; 232. 14; 243. 11; 321. 6; 323. 12; 325. 7; 329. 11; 406. 8; 439. 7; 442. 5; 454. 7; 455. 16; 483. 10

Pe 506. 15

p the 412. 7, 8; 413. 8, 10; 414. 5; 419. 14; 511. 4, 6; all that is in his heart 411. 6

pa the 11. 10; 58. 10; 236. 13; 249. 10; 263. 13, 14; 317. 2; 409. 4; 411. 7, 10, 11; 412. 3; 418. 9, 10; 420. 10; 468. 14; 506. 1; 507. 2; 507. 14; 413. 4; the one who 399. 8; 64. 9

paif his 412. 4; 420. 10

pa, pai to fly 138. 8; 140. 2; 148. 11; 164. 2, 10; 179. 9; 181. 4; 376. 11; 493. 12

pai flight 390. 16

paut nine 222. 4; 431. 16; 432. 3

paut ninth 340. 5

paut stuff, substance, matter, cakes, offerings 164. 14; 181. 5; 452. 12; 454. 6; 468. 7; 483. 11

paut, *pauti* primeval matter, the stuff out of which the gods and the universe were formed 12. 14; 36. 12; 49. 2; 66. 5; 185. 1

paut company, aggregation of beings or things 2. 1; 318. 2

paut neteru the company of the gods 4. 4; 6. 3, 16; 9. 13; 12. 5; 15. 17; 16. 6; 17. 1; 22. 6, 9; 98. 9; 107. 16; 108. 5, 13; 110. 15; 146. 7; 213. 5; 222. 12; 223. 3, 6; 224. 14; 244. 10; 250. 13; 277. 16; 285. 10; 303. 6; 315. 3, 9; 325. 13; 342. 14; 408. 11; 416. 9; 427. 12; 429. 6, 9; 431. 4, 7; 432. 6; 439. 11; 440. 8; 443. 2; 452. 10; 462. 11; 467. 15; 477. 4, 11; 478. 13; 485. 5; 486. 12; 490. 17; 491. 1; 496. 16; = of Nu 51. 13

paut neteru = 455. 11; 456. 3; 465. 7

paut neteru āat the great company of the gods 69. 16; 78. 3; 179. 4; 318. 6; 443. 11

paut neteru neṭeset the little company of the gods 318. 7; 443. 11

pautti the double company of the gods 174. 7; 196. 4; 107. 14; 348. 15; 87. 2

pait bolt-hole 264. 16

Par a proper name 408. 6

Pa-rehaqa-χeperu a proper name 408. 6; 415. 8

pas ink-jar 199. 6, 11

Paśakasa a proper name 415. 7

pat (?) light 442. 9

pā sparks, fire 340. 9

pāu flames 353. 4

pāt a class of human beings alive or dead 12. 6; 113. 8; 388. 4; 417. 11; 489. 16

pāit ḥrȧ-f human-faced 417. 4

pu , O, a mark of emphasis = this 10. 13, 14; 11. 10; 38. 8; 179. 13; 197. 4; 333. 1; 132. 4; 39. 8

pui that 12. 15; 14. 1, 3; 18. 12; 19. 4, 15; 30. 7; 39. 16; 52. 4, 15; 53. 2; 54. 11, 12; 56. 8, 9; 58. 5; 60. 10, 11, 12, 14; 64. 3, 14; 65. 1; 71. 7; 72. 1. 13; 73. 1, 10; 74. 1, 9; 75. 1, 11, 15; 76. 4; 88. 11; 97. 12; 101. 15; 110. 16; 121. 17; 128. 2; 132. 12; 133. 7; 134. 1; 158. 7; 175. 8, 9; 178. 6; 184. 3, 7, 8; 192. 6, 8; 196. 13; 197. 17; 198. 10; 201. 11; 204. 5, 10; 215.

4; 216. 13, 14; 236. 5; 249. 13; 252. 2, 3, 4; 260. 11; 261. 9; 277. 11, 12, 13; 284. 6; 286. 13; 287. 8; 296. 8; 298. 1; 301. 14; 313. 13; 336. 3; 368. 14; 370. 2, 12; 372. 9; 373. 11; 374. 5, 10, 13; 376. 7; 378. 16; 379. 3, 6; 389. 5, 8; 391. 16; 397. 4; 398. 1; 400. 15; 406. 10; 409. 12; 456. 13; 460. 10; 484. 1, 2; 494. 16; 495. 6; 496. 7; 505. 9; 507. 8; 516. 16; that divine one 88. 12

Punt the land about the most southern parts of the Red Sea and Somali land (?) 8. 5; 41. 15

putrå to explain, to shew forth explain it then 51. 8, 13, 16; 52. 3, 10, 14; 53. 3, 9; 54. 3, 5, 8, 12; 55. 4; 56. 1, 9, 14; 57. 6, 13; 58. 6; 60. 1; 66. 3, 16; 69. 1

pef, ***pefi***, ***pefi*** that thing, that one 3. 6, 9, 11, 14; 4. 9; 61. 4, 14; 62. 1; 65. 7, 10; 77. 11; 78. 12; 79. 1, 4, 12; 81. 6, 8, 11, 12, 14, 15; 83. 4—10; 84. 3—9; 98. 2; 108. 3; 122. 11; 131. 12, 14; 136. 3; 147. 12; 148. 3; 186. 12; 218. 12; 219. 1, 2; 231. 14; 232. 2; 298. 11; 365. 9; 441. 12; 461. 2; 467. 14; 469. 16; 503. 6; 507. 11

pef that 503. 14

pefa that 179. 11; 231. 10

pefes a fiery dart 232. 2

pefsit baked 449. 9

pefses baked 449. 8

Pen a proper name 203. 4 *(bis)*

Pen-ḥeseb (?) a proper name **494**. 9, 15; **495**. 3, 7, 12, 15

pen this **2**. 12; **15**. 17; **20**. 7; **24**. 7; **51**. 8; **67**. 14; **77**. 1; **80**. 10; **90**. 12; **91**. 1; **92**. 1; **93**. 16; **96**. 16; **97**. 1; **98**. 2; **99**. 11; **137**. 1; **141**; 15; **143**. 3; **145**. 16; **178**. 12 *(bis)*; **209**. 5; **248**. 9, 11; **260**. 2; **288**. 1; **294**. 6; **299**. 15, 16; **308**. 7, 8, 16; **310**. 7; **311**. 1, 8; **316**. 1, 15; **317**. 2; **322**. 14; **366**. 1, 2; **371**. 12; **380**. 2; **393**. 3; **399**. 2; **402**. 14; **403**. 9; **404**. 11, 12; **405**. 4, 16; **408**. 16; **436**. 16; **444**. 1; **447**. 3; **459**. 7; **461**. 4; **463**. 12; **465**. 8, 9; **474**. 3; **477**. 13; **482**. 8; **486**. 8; **488**. 10; **501**. 9; **502**. 11

penā to overturn, to capsize, to overthrow **105**. 10; **139**. 4; **143**. 3; **219**. 7; **346**. 10

peni land (?) **369**. 10

pennu rat **100**. 13

penq to wipe away **206**. 12

penq to beat to pieces (?) **494**. 5

Penti name of a god **123**. 2

pert a season of the Egyptian year **252**. 5; **314**. 13, 14; **315**. 8

per house, abode, temple, habitation **67**. 12; **107**. 1, 2; **137**. 16; **288**. 1; **314**. 3; **385**. 1; **450**. 5; **492**. 2; plur. **466**. 11; celestial mansions **160**. 16; **177**. 2; **217**. 16; **450**. 9; **478**. 6

perui double house **405**. 12

perit temples **43**. 10

Per-Ȧusȧr temple of Osiris **20**. 5, 13; **21**. 2, 6, 12; **63**. 7; **246**. 14; **247**. 16; **334**. 8; **349**. 2; **365**. 14; **426**. 2

Per-Åuset temple of Isis 169. 14

Per-Åmsu the temple of Åmsu 255. 7

Per-Åsṭes temple of Åsṭes 348. 8; 349. 5

per åbu place where hearts are judged 89. 4

Per-unnut temple of the goddess Unnut 309. 14

per-ur the "great house", a name of the tomb 88. 10; 319. 11

Per-en-Ptaḥ the temple of Ptaḥ at Memphis 222. 10; 223. 12; 386. 1; 445. 3; 451. 5; 461. 9; 463. 11, 14

per menå the abode of the dead 134. 16

per-neḥeḥ house of eternity, *i. e.*, the tomb 442. 4, 16

per neser house of fire 88. 10; 319. 11

per neter house of the god (*i. e.*, Osiris) 405. 11

per neter āa the house of the great god 125. 9

Per-rerti the temple of the double Lion-god 169. 13

per ḥāt the house of hearts, *i. e.*, the judgment hall 89. 4

Per-ḥapṭ-re a proper name 261. 11

Per-Ḥeru the temple of Horus 495. 6

Per-ḥeṭ "White House", a proper name **357**. 9, 13

Per-χenti-menȧtu-f a proper name **149**. 5

Per-Sabut the temple of Sabut **509**. 13

Per-Satet the temple of Satet **247**. 9

Per-suten royal house **164**. 1

Per-seḥāptet = Per-sektet (?) **216**. 2

Per-kemkem the temple of Kemkem **163**. 6

Per-keku temple or house of darkness **165**. 16; **439**. 1

per qebḥ house of coolness **14**. 13

Per ṭep-ṭu-f the temple of "him that is on his hill", *i. e.*, Anubis **247**. 14; **348**. 3

Per Tem the temple of Tem **347**. 6

Per Teḥuti the temple of Thoth **495**. 6

per, ***peru*** to come forth, to appear, appearance, proceeding from, exit, manifestation **3**. 5; **11**. 12; **19**. 16; **21**. 11; **36**. 16; **66**. 10; **77**. 4; **103**. 1; **104**. 1; **106**. 1; **107**. 2, 16; **108**. 3; **109**. 13; **113**. 10; **114**. 1; **115**. 12; **313**. 13; **315**. 6; **335**. 10; **343**. 6; **344**. 6; **347**. 12, 16; **356**. 4, 12; **359**. 16; **363**. 6; **374**. 15; **376**. 8; **378**. 14; **380**. 13; **382**. 13; **390**. 14, 15; **395**. 4; **397**. 12; **399**. 14; **404**. 6; **405**. 10; **410**. 15; **411**. 5, 16; **414**. 15; **416**. 9; **430**. 4; **432**. 5; **435**. 3; **436**. 9; **437**. 9; **439**. 8; **440**. 7; **443**. 3; **444**. 8; **449**. 7; **450**. 13; **451**. 6; **455**.

6; **456**. 2; **462**. 14; **465**. 5; **469**. 1, 2; **471**. 6; **472**. 6; **473**. 12; **474**. 13; **477**. 15; **481**. 6; **497**. 13 *(bis)*; **505**. 14; **506**. 3

per ā *per ā* to act with violence **257**. 4; to come forth retreating **253**. 10

peri he who cometh forth **44**. 5; **103**. 11; **111**. 4; **138**. 4; **147**. 12; manifestations **398**. 4

perer, ***pereru*** to come forth **208**. 7; **221**. 13; **309**. 7; **368**. 6, 15

pert, ***perert*** exit, appearance, a coming forth, what comes forth **1**. 10; **6**. 16; **18**. 5; **51**. 2; **166**. 5; **211**. 12; **221**. 10; **223**. 10; **368**. 13; **374**. 4; **376**. 2; **390**. 3; **395**. 9; **424**. 6; **432**. 8, 11, 13; **435**. 8; **438**. 1; **451**. 15; **485**. 12; **489**. 2; *pert* exit **226**. 9

peru things which come forth, manifestations **53**. 8, 11; **56**. 2; **139**. 16; **143**. 8; **144**. 15; **176**. 3; **251**. 13; **379**. 9; **441**. 4

perti to come forth **292**. 15

per to come forth into the presence **70**. 5

pert em ḥru "coming forth by day" **18**. 4; **25**. 15; **26**. 1; **30**. 13; **77**. 1; **80**. 9; **82**. 16; **300**. 10; **320**. 15; **322**. 16; **410**. 16; **469**. 15; **470**. 9; **491**. 7; **502**. 7; **511**. 8; **515**. 2, 4, 6, 8, 10, 12, 15

per ḥer ta to be born into the world **487**. 6

peri strip of linen, bandage **414**. 5; **417**. 8

perχeru  offerings of oil, wine, beer, bread, cakes, oxen, feathered fowl, incense, etc., offered to the *ka* **182. 6**; **223. 7**; **268. 2**; **277. 5**; **300. 1**; **318. 3**; **387. 1**; **430. 12**; **486. 6**; **510. 3**; **514. 13**; **516. 8**

pert-er-χeru  offerings **150. 16**; **261. 4**; **269. 9**; **366. 7**; **380. 1**

pertu-er-χeru 
perθu-er-χeru  offerings **217. 7**; **267. 10**

persen 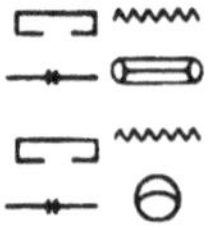 cakes **80. 15**; **130. 8**; **209. 13**; **223. 9**; **242. 6**; **333. 9**; plur. 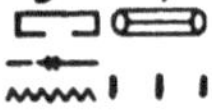 **449. 8**

pert 
perti 
pert  grain, corn **14. 14**; **23. 9**; **124. 11**; **151. 9**; **209. 6**; **244. 4**; **319. 13**; **367. 15**; **369. 1**; **379. 15**; **389. 10**; **454. 10**; **464. 4**; **485. 12**; **493. 5**; **504. 11**; **505. 4**;  red grain **215. 15**;  black grain **494. 11**;  white grain **494. 11**

peḥ 
peḥu 
peḥt  to arrive at, to attain to, to reach forwards, attainment, end **2. 13**, **4. 6**; **12. 13**; **22. 4**; **36. 10**; **41. 5**; **67. 13**; **163. 4**; **171. 11**; **185. 4**; **280. 11**; **282. 4**; **284. 7**; **286. 14**; **288. 4**; **299. 8**; **331. 12**; **449. 14**; **451. 2**; **488. 6**

peḥu, *peḥui*, *peḥui*, *peḥtet* — hinder parts, buttocks, thighs, the lower part of the back 153. 8; 179. 8; 262. 9; 414. 8; 436. 16; 508. 6

peḥuit — stern of a boat 3. 4

peḥu — swamp 233. 10, 13

peḥuu — marshes, swamps 411. 10

Peḥu — name of a god 277. 13

peḥrer — to run 36. 14; 408. 11; 475. 2

Peḥreri — "Runner", a name of Rā 189. 5

peḥti, *peḥtet* — strength, strong one, might, power 68. 2; 92. 11; 126. 10; 170. 9; 173. 2; 220. 7; 233. 15; 314. 2; 325. 11; 332. 2; 370. 12, 13, 14; 408. 6; 478. 8; 481. 11; hinder parts 220. 5, 6

peχa — to separate 249. 4

Peχat — name of a goddess 417. 4

peχes — to cover over, to fall on 68. 5

pes — ink-jar 458. 4

pesaḳs — to spit upon 57. 4

peseḫ , } to eat, to bite, to devour 101. 3; 372. 13; 437. 5

pesḫet }

Pesχeti divine envoy 137. 16

peseś to divide, to cleave, to spread over, to be allotted, reparation 86. 2; 101. 17; 225. 14; 261. 12; 289. 3; 451. 1; divisions 287. 11

pesek to spit on 302. 8

Pesek-re a proper name 321. 11

pest to shine, to illumine, light, radiance 1. 6; 4. 2; 8. 15; 26. 1; 26. 11; 36. 4; 61. 7; 101. 5; 115. 9; 149. 7; 150. 2; 286, 4; 292. 5; 305. 10; 363. 5; 420. 13; 502. 8; to shine 312. 15

pest } rays of light 49. 16; 292. 5

pestetu }

Pestu the god of light 162. 11

pest to spread out like light 69. 6

pest back, backbone 36. 4; 112. 14; 118. 12; 164. 11; 372. 11; 402. 7; 447. 3

pest } backbone, back 144. 4; 361. 1; 506. 5

pestu }

pest àmu Ànnu the back in Ànnu 302. 7

pesṭ ṭep (?) to move the head **68.** 1; **69.** 4

peś to spread out **467.** 16

peśen
peśeni } to divide, to cleave (?) **60.** 11; **61.** 2

Peśennu name of a city **102.** 6

pequ food **372.** 4

peqet **401.** 14

peqet garments, apparel **451.** 8

peḳ to explain **348.** 2

peḳ } byssus, very fine, semi-transparent linen **34.** 5; **440.** 4

Peḳa name of a city **439.** 1

peḳes
peḳas } to spit upon **215.** 6; **361.** 2

Peḳas name of a city and god **324.** 4

pet } the sky, heaven **1.** 3; **2.** 3; **3.** 14; **52.** 2; **58.** 10; **61.** 5, 6; **63.** 8; **67.** 9; **88.** 13; **89.** 11, 15; **97.** 14; **107.** 5; **115.** 5; **127.** 1; **131.** 9; **147.** 13; **201.** 14; **224.** 6; **278.** 13; **281.** 12; **291.** 3; **292.** 11; **296.** 6, 14; **297.** 12; **314.** 16; **317.** 14; **333.** 16; **334.** 2; **358.** 11; **362.** 3; **366.** 14; **368.** 7; **376.** 11; **377.** 2; **390.** 13; **398.** 5; **406.** 15; **412.** 8, 9; **422.** 5; **438.** 7; **439.** 8; **440.** 7; **443.** 2, 15; **446.** 6; **447.** 16; **450.** 14; **464.** 6; **465.** 11; **474.** 15; **489.**

16; 501. 13; 505. 8; 512. 9; 509. 16; 515. 12; 324. 6; the heaven of Rā 384. 2

pet ȧbtet eastern heaven 319. 3; 364. 12

pet ȧmentet western heaven 319. 2; 364. 11

pet meḥtet northern heaven 318. 16; 364. 10

pet reset southern heaven 319. 4; 365. 1

pet , heaven and earth 1. 13; 8. 4; 69. 13; heaven, earth, and hell 69. 13; 273. 5, 7; 482. 1

petti heavenly beings, denizens of the sky 114. 14

Peti a proper name 122. 4

pet to see 455. 14

peti to explain 60. 13; 61. 15; 62. 16; 63. 15; 64. 7; 65. 1, 4, 8, 13; 62. 15

petpet crusher 325. 11

Petrȧ name of a god 150. 8

petrȧ to see, to look at, to observe, to shew forth, to declare, to appear 6. 10; 127. 4; 262. 16; 263. 1, 4, 5, 7, 9, 11, 12; 413. 10; 266. 8, 15

Petrȧ-sen the name of a river 208. 2

Ptaḥ the great god of Memphis 27. 11; 32. 11;

86. 8; 135. 6; 179. 7; 180. 7; 218. 1; 222. 10; 223. 12; 321. 2; 336. 5; 385. 1; 386. 1; 396. 12; 421. 3; 442. 13; 445. 2, 10; 509. 10

Ptaḥ Ptaḥ 113. 2; 118. 19; 323. 6

Ptaḥ en per temple of Ptaḥ 28. 4; 224. 3

Ptaḥ-ḥet temple of Ptaḥ 28. 11; 312. 13

Ptaḥ-ḥet-ka "house of the *ka* of Ptaḥ", a name of Memphis 116. 6, 7; 254. 1; 325. 11; Memphis of the underworld 217. 6

Ptaḥ-åneb-res-f "Ptaḥ of his southern wall", a name of Ptaḥ of Memphis 440. 10; 442. 11; 444. 14

Ptaḥ-Seker / ***Ptaḥ-Sekri*** "the coffined Ptaḥ" 386. 4, 14; 387. 9, 15; 441. 8

Ptaḥ-Sekri-Tem name of a triad 37. 11

Ptaḥ-tanen name of a great cosmic god 485. 10; 325. 14

Ptaḥ-mes a proper name 274. 1, 15; 275. 9; 276. 4

peṭ to open out, to extend, to stretch out 38. 7; 195. 2; 288. 2; 394. 10; 475. 2

peṭ a kind of unguent 175. 1 ( )

Peṭet name of a city 324. 1

peṭsu opener, breaker 132. 12

peṭ-śe name of a shrine 321. 10

F.

he, him, it, his, its 1. 3; 3. 13; 5. 4, 12; and see *passim*.

f + ui *i. e.*, with the mark of the dual 61. 13; 64. 4; 89. 12; 115. 16 *(bis)*; 116. 5; 121. 17; 134. 16; 142. 14; 164. 11; 279. 14; 355. 10; 370. 12; 437. 11; 448. 3; 451. 11; 461. 12; 479. 15; 482. 12; 484. 4; 503. 6

fa
fa
fat
to bear, to carry, to be carried, to lift up 33. 6; 171. 5; 207. 13; 217. 3; 230. 9; 264. 8; 449. 12

faiu bearers, carriers 244. 9; 423. 10, 13

fa to diminish through decay 401. 6

fa to raise the hand 28. 5; 413. 15; 414. 2; 417. 10

the god of the lifted hand 420. 3. 9

a proper name 381. 5

"Raiser of heaven", name of the god of the sev-

Fa-Ḥeru  a name of Osiris **324**. 14

Fau-ḥrȧu-sen  those who lift up their faces **462**. 15

Fat-Ḥeru  name of a city **322**. 10

fenχu  offerings **250**. 13

Fenχu  the name of certain dwellers in Syria **263**. 7

fent  worm, serpent, reptile **167**. 15; plur.  **24**. 10; **185**. 7; **360**. 13; **400**. 3; **401**. 6, 7, 10

fenṭ  nose **37**. 1; **446**. 5; **451**. 11; **467**. 11

fenṭ  nose **407**. 13; plur. **511**. 15

fenṭ  nose **8**. 6; **112**. 10; **207**. 14; **208**. 6, 15; **217**. 4; **252**. 3; **360**. 10; **483**. 3; **484**. 12; plur.  **374**. 9;  **50**. 6

Fenṭi  one of the forty-two assessors **253**. 1, 14; **515**. 5

feχ  to proceed from **333**. 8

feχeχ  to burst through **464**. 7

feqat  to feed **353**. 14

feḳa  to make water **398**. 9

fetu worms **459**. 10

feṭ ȧb languor **411**. 11

fetetu fish **395**. 9

fṭu, *fṭut*, *fṭu*, *fṭut* four **109**. 3; **121**. 15; **136**. 10, 16; **143**. 3; **155**. 11; **164**. 11; **201**. 4; **222**. 3; **252**. 1; **269**. 5; **291**. 1; **303**. 10, 11; **306**. 1, 2; **308**. 3; **317**. 4, 5; **320**. 7; **336**. 11; **407**. 9; **435**. 14; **439**. 12, 13; **462**. 5; **464**. 16; **494**. 11, 13, 14; **495**. 6; fourth **328**. 1; **360**. 3; **435**. 14

feṭqu destruction, damage **496**. 5

M.

em sign of the participle, see *passim*

em particle of negation, no, not **15.** 10, 11; **95.** 2; **95.** 5; **96.** 2, 3; **100.** 12; **109.** 7; **501.** 6, 7; let not make to stink (my name) **96.** 6

em , in, into, from, on, at, with, out from, among, of, upon, as, like, according to, in the manner **1.** 3, 8, 13; **2.** 4; **3.** 2, 7, 17; **4.** 3; **11.** 13; **15.** 11; **18.** 10; **26.** 1 *(bis)*; **26.** 2; **27.** 10; **32.** 7; **87.** 13; **120.** 6, 7, 15; **122.** 14; **124.** 2, 3; **142.** 13; **146.** 11; **151.** 10; **157,** 8;. **205.** 3; **243.** 12

mā from, with **24.** 1; **32.** 6; **61.** 12; **62.** 12; **64.** 3; **65.** 16; **66.** 6; **90.** 8, 9; **91.** 14; **92.** 1; **93.** 3, 13; **97.** 9; **98.** 7, 10, 12; **105.** 4; **113.** 15; **116.** 17; **119.** 3, 4; **121.** 4; **128.** 16; **129.** 16; **130.** 7; **132.** 3; **135.** 15; **136.** 9; **139.** 4; **153.** 2; **160.** 2; **166.** 15, 16; **170.** 6; **215.** 4; **224.** 9; **225.** 14; **245.** 3; **260.** 11; **262.** 4; **282.** 3; **298.** 10; **314.** 8; **315.** 4; **331.** 5, 6; **340.** 2; **335.** 2, 12; **336.** 9; **337.** 4, 15; **338.** 12; **339.** 7; **340.** 16; **341.** 11; **359.** 10; **365.** 8, 9, 10; **366.** 9; **370.** 13; **392.** 12, 13; **394.** 6, 7; **408.** 13; **411.** 1; **417.** 6; **424.** 13; **426.** 16; **427.** 15; **457.** 4; **468.** 3; **469.** 9; **470.** 2; **473.** 6; **495.** 15; **496.** 1; **501.** 3; **503.** 7; **507.** 5, 12, 13; **513.** 11; **517.** 2; *māmā* **181.** 9

emmā among **4.** 16; **26.** 5; **30.** 10; **40.** 5; **44.** 6; **119.** 11; **120.** 17; **127.** 7; **152.** 11; **155.** 13, 15; **195.** 9; **200.** 10; **203.** 6; **236.** 11 *(bis)*; **244.** 13; **245.** 2; **266.** 13;

267. 5; 280. 3; 286. 8; 290. 13; 298. 10; 299. 14; 300. 4; 302. 9; 307. 13; 314. 7; 331. 1, 2, 3; 333, 2; 362. 10; 377. 2; 389. 5, 9; 433. 8; 452. 10; 466. 1; 490. 6; 491. 3; 492. 13; 497. 14; 509. 13; 516. 12 *(bis)*

em āb 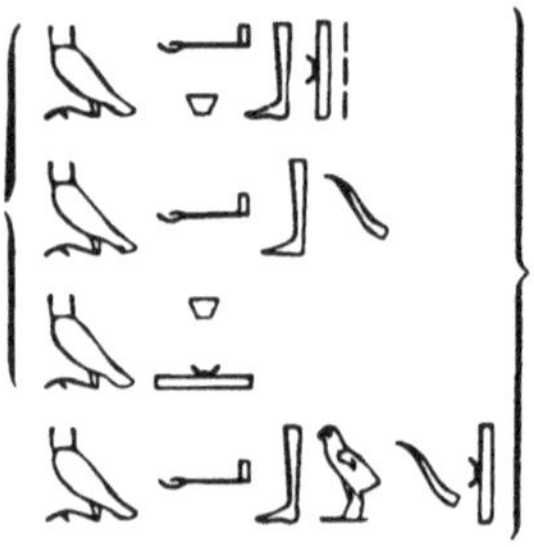 opposite 292. 16; 309. 4; 461. 14; 464. 16; 474. 2; 501. 1;  466. 14

em ābu

em baḥ 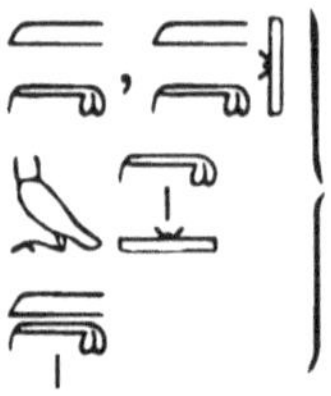 before, in the presence of 3. 8, 9; 15. 12; 70. 5, 16; 71. 6; 78. 7, 9—16; 79. 2—14; 80. 15; 81. 4; 82. 6; 83. 4—10; 84. 3—9; 85. 16; 92. 4; 95. 3, 5; 96. 4, 10; 110. 15; 111. 10; 122. 4; 138. 6; 147. 11; 159. 8; 179. 4; 208. 13; 249. 13; 252. 6; 260. 4; 260. 10; 261. 7; 272. 1; 275. 3; 276. 5, 6; 290. 17; 300. 1; 316. 12; 333. 1, 4; 366. 6; 378. 2; 386. 9; 386. 12; 388. 4; 417. 9; 427. 9; 437. 9; 439. 3; 440. 8; 443. 2; 451. 1; 465. 5; 468. 10; 477. 4, 10, 16; 501. 7; 505. 10; 511. 11; 516. 9

em baḥ ā  before, in the presence of 13. 15; 65. 7; 75. 6; 76. 14; 271. 3; 274. 4; 315. 9; 461. 2; 462. 11; 485. 5

em nem 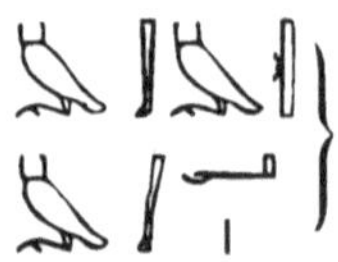 a second time 120. 2; 285. 2, 12

em nem-ā

em ruti  outside 149. 2, 15; 497. 10

em ḥāt  before 6. 10; 40. 14; 148. 12; 269. 5; 304. 6, 8; 387. 15; 397. 11; 423. 10, 14

em ḥāti ā  before 195. 8

em ḥer  in front of, upon **219**. 1

em χennu, ***em χen*** 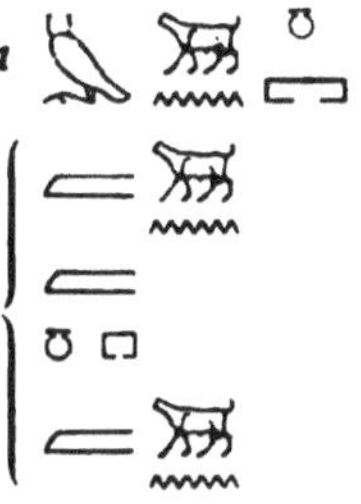 within **11**. 6; **12**. 4; **13**. 2; **24**. 8, 11; **25**. 1; **44**. 8; **46**. 16; **66**. 2; **107**. 4; **109**. 12; **112**. 5, 7; **115**. 14, 15; **119**. 10; **133**. 10; **142**. 2; **156**. 9; **192**. 7; **195**. 7; **195**. 13; **219**. 8; **227**. 16; **243**. 3; **245**. 6, 7; **261**. 13; **299**. 10; **313**. 4; **315**. 1; **331**. 14; **341**. 6, 15; **342**. 14; **343**. 5, 13; **344**. 12; **345**. 2, 10; **348**. 9; **349**. 6; **354**. 6, 11; **355**. 2, 9, 15; **393**. 16; **408**. 11; **411**. 12; **412**. 1, 2; **428**. 10; **429**. 1; **441**. 1; **468**. 7; **479**. 3; **488**. 3; **490**. 13; **497**. 10; **502**. 2;  **455**. 13

em χert 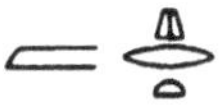 on behalf of **143**. 3

em χet  behind, after **6**. 16; **18**. 7; **25**. 9, 15; **49**. 16; **51**. 3; **56**. 2, 5, 15; **58**. 14; **68**. 8; **77**. 2; **82**. 16; **88**. 15; **103**. 14, 15; **104**. 16; **111**. 6; **119**. 2; **130**. 11; **182**. 3; **219**. 6; **228**. 4; **243**. 3; **260**. 3; **286**. 16; **304**. 3; **312**. 3; **331**. 16; **333**. 14; **376**. 10; **385**. 12; **399**. 11, 14, 15; **421**. 5, 6, 12. 14; **431**. 8; **461**. 11; **466**. 7; **474**. 14; **479**. 13; **481**. 16; **487**. 10

em sa  after, behind, at the back of **58**. 9; **59**. 6; **67**. 5; **88**. 14; **92**. 3; **134**. 6; **140**. 6; **191**. 13; **193**. 5; **282**. 11; **372**. 5, 6; **495**. 16; **506**. 2

em qeṭet  throughout **409**. 16

ma, ***maiu***, ***mat***  new, to be new or renewed **41**. 3; **165**. 12; **188**. 7; **291**. 5; **294**. 5; **298**. 2; **389**. 5, 9;  made new **91**. 4;  **289**. 7, 9; **483**. 4

maa / **maau**  to see, to observe, sight 1. 11; 2. 10, 14; 5. 7; 7. 12; 12. 6, 7; 20. 6; 22. 9; 38. 1; 40. 6; 57. 4; 92. 2; 102. 14; 106. 12; 111. 4; 119. 16; 134. 14; 138. 9; 139. 15; 142. 12; 144. 13; 145. 15; 147. 3; 170. 1; 191. 9; 216. 3; 217. 6; 219. 15; 231. 8, 9; 241. 2; 246. 7; 247. 4, 11; 248. 1; 249. 5; 252. 6; 257. 15; 270. 15; 271. 6; 273. 9; 283. 2; 285. 8, 9; 287. 16; 289. 11; 290. 5; 291. 8, 13; 293. 10; 301. 7; 308. 14; 313. 12; 334. 1; 348. 3; 358. 12; 362. 3; 370. 8; 372. 1; 376. 3, 4; 378. 10; 380.' 6; 386. 9; 387. 16; 388. 15; 389. 14; 403. 12, 14; 405. 2, 3; 423. 11, 15; 426. 10; 431. 1; 433. 10; 435. 4; 438. 15; 439. 1; 441. 2; 442. 16; 450. 13; 451. 5; 452. 1; 455. 8; 456. 15; 458. 1; 459. 3, 4; 462. 2; 464. 8; 467. 2; 468. 10; 473. 4, 11, 13; 476. 4; 487. 8; 491. 11; 492. 1; 497. 8, 9; 498. 2; 509. 8; 511. 1, 5, 10; 513. 9;  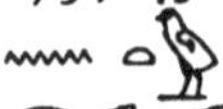 seen 41. 14;  59. 15; 145. 5;  to see 274. 7

maat  to see, sight, visible 136. 8; 143. 1; 167. 1; 186. 10; 202. 10; 263. 4; 375. 5; 446. 7; ,  sight 10. 15; 386. 4; 387. 9

maat 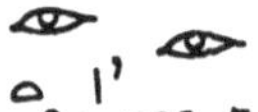 eye 63. 7; 115. 1; 133. 10; 167. 10, 15; 212. 13; 231. 7, 13; 235. 9, 14; 283. 5; 382. 8; 386. 7; 387. 11; 401. 13; 406. 11; 455. 11  eye to eye 144. 14

maati / **maatiu** the two eyes **35.** 12; **50.** 2; **53.** 16; **89.** 12; **101.** 16; **112.** 9; **117.** 3; **135.** 15; **159.** 3; **191.** 10; **219.** 7; **224.** 5, 6, 8; **230.** 2; **290.** 5; **370.** 11; **372.** 14; **375.** 5; **419.** 3; **436.** 2; **446.** 6; **447.** 8; **454.** 15; **462.** 6 *(bis)*; **463.** 6; **469.** 4; **511.** 1, 10; **514.** 1; **515.** 14

maat eyes **237.** 13

maat-nebt any body **410.** 10

maat-neb every body **334.** 1; an eye **236.** 12

maat Rā Eye of Rā **57.** 8; **63.** 16; **69.** 9; **56.** 15; **58.** 13

maat Ḥeru Eye of Horus **30.** 5; **64.** 1; **67.** 11; **109.** 14; **113.** 1; **117.** 16; **119.** 11; **148.** 10; **170.** 13; **176.** 16; **189.** 9; **190.** 3; **192.** 7; **195.** 2, 10; **206.** 12; **232.** 3; **288.** 3; **304.** 10, 13; **305.** 3, 7, 10; **306.** 12; **307.** 6, 10; **330.** 3; **371.** 10; **376.** 9; **503.** 5, 6

maat Śu Eye of Shu **401.** 4, 10

maat Tem Eye of Tem **46.** 6; **192.** 7; **197.** 8; **198.** 14

Maa-ȧntef name of a plank or peg **207.** 1

Maa-ȧnuf one of the forty-two assessors **255.** 7

Maa-ȧtef-f-χeri-beq-f a proper name **59.** 4

Maati-f-em-χet one of the forty-two assessors **253.** 15

Maati-f-em-ṭes one of the forty-two assessors **253.** 8

Maa-em-ḳerḫ-ȧn-nef-em-hru a proper name **59.** 11

Maa-ḥa-f a proper name **390.** 4

Maa-ḥeḥ-en-renpit a proper name **113.** 11

Maatuf-ḥer-ā a proper name **69.** 2

Maaiu-su (?) a proper name **261.** 9

Maa-θet-f a proper name **374.** 1; **382.** 3

maȧr restraint, misery, affliction, wretched one, oppressor **170.** 15; **269.** 7; **408.** 13; **488.** 16

maā limb **404.** 6

maā wind, breeze **4.** 7; **12.** 12; **108.** 15; **489.** 2; plur. , 9. 8; **35.** 14; with fair wind **36.** 10

maāutu stalk **222.** 1, 16; **368.** 1, 3; **369.** 2, 4

Maāt the goddess of law, and right, and truth 1. 9; 2. 5; 3. 3; 4. 14; 9. 5; 39. 3; 260. 4, 15; 262. 7, 10; 315. 14; 318. 5; 326. 6; 415. 12

Maāt the goddess of law, and right, and truth 156. 15; 238. 5; 249. 16; 511. 10, 11 .

Maāti the two goddesses of right and truth 509. 2, 6

Maāt the region of Maāt 433. 14

Maāti the cities or place of the two Maāt goddesses 246. 5; 254. 9; 259. 15, 18; 322. 11; 324. 15

maā
maāti
maāu to be straight, right, justice, what is right, to pay what is legally due, law, truth 16. 8; 33. 6; 58. 6; 61. 3; 62. 7, 8; 70. 3; 119. 4; 147. 14, 16; 160. 3; 229. 13; 235. 8, 13; 272. 5; 289. 12; 290. 6; 361. 11; 427. 12; 440. 8; 446. 10, 11; 452. 8, 9; 465. 8, 9; 487. 11; 506. 5, 14; 511. 10; to be right 486. 11; doubly true 272. 14; *āp maāt* righteous judge 15. 16; the scales balance exactly 467. 8

maā [gly], [gly] } real, genuine [gly] real
lapis-lazuli 140. 15; 141. 7; 446.
maāt [gly] 8; [gly] a
genuine friend 497. 8; [gly] real royal scribe 17. 9;
37. 6; [gly] very truth 16. 11; 161. 4; 294. 11; 356.
15; [gly] really true 413. 7; [gly] most
truly a mystery 498. 2

maāt [gly] [gly] maāt āb right of heart 259. 14;
269. 11; [gly] tes maā uniformly and regularly 77. 5;
80. 16; 82. 18; 152. 13; 159. 8; 182. 8; 187. 14; 294.
12; 308. 10; 356. 15; [gly] 135. 7; [gly]
[gly] 122. 3

Maāti (?) [gly] the Maāt gods 359. 7

maā-χeru [gly] } to triumph over, triumph, victory, to be triumphed over
1. 10, 12; 9. 10; 13. 14; 137.
6; 143. 6; 178. 5; 189. 11;
414. 15; 476. 15, 16; 483. 5;
maāt-χeru [gly] 510. 4; [gly],
[gly] 93. 13; 94. 5; 269. 4; 363. 5; fem. 4.
13; 28. 13; 194. 14; 363. 4; 387. 8; [gly] 73.
9. 10; 91. 10; [gly] a crown
of triumph 77. 9

mtt [gly] to stretch out (?) 32. 7

.. [gly] to journey, to follow on 451. 9; 474. 4

[gly] to come 4. 9

[gly] the lynx 101. 7; 105. 11; 373. 3

mama palm tree **243.** 12

Manu the mountain of the sunset **1.** 9; **2.** 12; **36.** 2; **46.** 5; **47.** 3; **49.** 12; **434.** 16; **50.** 7

maḥa a part of the head **503.** 8, 11; **504.** 1, 13; **505.** 1; **507.** 3, 9, 15

maḥu part of a boat **212.** 7, 8

maḫu a crown, wreath **77.** 9; **80.** 10; **83.** 1

mast leg, thigh **195.** 3; **283.** 6; **391.** 9; **507.** 8

masti the two legs **89.** 14; **154.** 10; **191.** 11; **193.** 3; **448.** 7

Masti a class of divine beings **280.** 5; **319.** 10; **281.** 6

maqet ladder **377.** 2; plur. **395.** 5

maḳ a precious stone **316.** 11

matu incense (?) **445.** 2

Mafat name of a city **238.** 4

mȧ as, like, concerning, even as **3.** 8; **4.** 16; **10.** 3; **27.** 9; **38.** 2; **42.** 6; **58.** 2; **63.** 14; **70.** 10; **83.** 2; **84.** 2; **104.** 16; **107.** 5; **113.** 14; **128.** 3; **138.** 3; **156.** 6, 11; **157.** 5, 11; **218.** 5; **231.** 9; **270.** 2, 9; **300.** 10, 12; **305.** 10; **306.** 6; **308.** 10; **312.** 15; **313.** 14; **317.** 1; **329.** 12; **331.** 7; **362.** 5; **364.** 15; **365.** 5; **378.** 13; **379.** 5; **385.** 1, 2; **399.** 7; **402.** 15; **409.** 11; **414.** 8; **420.** 13; **424.** 2; **428.** 2; **432.** 12; **440.** 9; **441.** 5; **442.** 14; **444.** 16; **445.**

1, 2; 446. 6; 459. 8; 465. 10; 471. 13; 476. 4; 481. 6; 485. 9; 488. 2; 497. 16; 506. 3; 510. 5; 511. 13; 513. 3; 168. 7

má likeness, like 120. 8; 166. 1

má like that same one 399. 12; inasmuch as, even as 10. 5; 272. 7; 409. 6; 275. 7; 275. 8; 409. 16; *mà qeṭet* in the manner of 314. 17; 33. 11; 242. 8; 313. 11, 14

máti what is like, copy, type 27. 3; 399. 3; divine counterparts 399. 5

mátet picture, likeness, similitude, like unto, copy of 42. 1; 130. 5; 187. 5; likewise, even as 242. 3; 271. 6; 317. 2; 379. 9; 400. 9

mán daily 37. 5; 112. 3; 169. 13; 183. 11; 301. 6; 347. 5, 12; 361. 9; 389. 5, 9; 405. 11; 469. 1, 6; 483. 10, 14

mán daily 223. 1; daily 488. 2; 2. 5

máu to be like 60. 15

máu cat 60. 11, 14, 15, 16; 261. 10, 16; 100. 14

máu cat's skin (?) 340. 3

máu lion 417. 7; lions 134. 5

emmáu kneaded, moulded 310. 16

mā give, grant 57. 16; 174. 14; 195. 9; 301. 15; 302. 5; 303. 5; 360. 8

māk , behold, verily 17. 5; 22. 4; 29. 2; 30. 14; 33. 4, 6; 44. 1; 96. 10; 100. 12; 114. 5; 115. 11; 119. 14; 128. 5; 136. 5; 139. 10; 144. 9; 187. 9; 196. 5; 199. 8; 216. 9; 241. 3; 248. 6; 249. 15; 281. 13; 282. 1; 295. 4; 296. 2; 297. 6; 358. 13; 370. 13; 384. 10, 15; 394. 6, 16; 403. 14; 419. 1; 421. 6; 445. 4; 446. 16; 447. 9; 448. 13; 450. 16; 451. 9; 476. 4; 478. 14; 488. 13; 503. 9; 504. 14; 507. 10; 172. 2; 260. 12

mā the bringer (?) 10. 3

mā, ***māȧ***, ***māȧi*** come! give! bring! 47. 4; 77. 15; 107. 15; 134. 5; 136. 4; 165. 10; 204. 6; 264. 1; 266. 9, 16; 270. 4; 302. 3, 10; 399. 4; 408. 14; 409. 7, 11; 419. 3; 508. 12; 512. 15; 514. 7, 11; 516. 9, 10, 13, 15; 288. 4; come ye! 107. 11; 121. 5, 6; 140. 6; 313. 11; 58. 5; 59. 5

Māāat name of a place 54. 15; 263. 11

Māāu-taui name of a god 266. 8, 9, 15, 16

māb thirty 219. 3; 237. 5; 370. 4

mābit name of a place or abode 237. 6; 254. 7

māfket turquoise 11. 10; 44. 10; 107. 15; 177. 5; 182. 13; 221. 10; 230. 8; 368. 13; 512. 7, 12

Mānāat a proper name 263. 10

Mārqaθȧ a proper name 419. 12

māhaiu generations (?) **43.** 9

māhaṭeti fire **410.** 3

māhui vessels **450.** 11

māhenȧ vessel **242.** 5

māḫā (?) standard **474.** 7

Māḫu a proper name **148.** 8

māχait sledge **20.** 10

māχȧt
māχa scales, balance **1.** 13; **15.** 12; **16.** 2, 15; **21.** 15; **33.** 5; **61.** 13; **96.** 4; **158.** 6; **217.** 3; **251.** 5; **288.** 15; **467.** 8; balance of the earth **218.** 17

māχa to weigh **248.** 7

māχatu intestines **67.** 5

māχiu burning altars **320.** 7

māχent a boat **87.** 11; **130.** 3; **202.** 8; **204.** 3, 4, 5, 12, 13; **218.** 3; **241.** 10; **261.** 3; **483.** 15; **503.** 3, 4

māśā bowmen, soldiers **107.** 6

māśeru evening, eventide **6.** 4; **27.** 8; **40.** 3; **41.** 11; **42.** 16; **104.** 14; **111.** 3; **135.** 16; **175.** 14; **185.** 15; **220.** 9, 15; **302.** 4; **345.** 5; **357.** 4; **370.** 16; **509.** 9

māku
māket 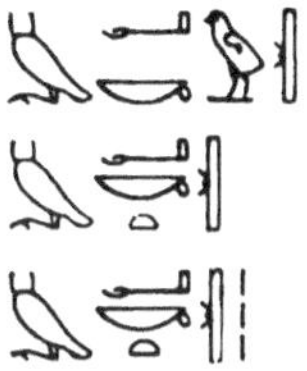 strength, strength which protects, to be protected against, protector **29.** 13; **38.** 11; **80.** 16; **100.** 6; **114.** 1; **135.** 15; **140.** 12; **145.** 11; **212.** 6; **298.** 15; **299.** 2, 3; **303.** 3, 4; **314.** 7, 8; **330.** 6, 7, 11; **359.** 6; **366.** 12; **410.** 1; **420.** 2; **447.** 13; **463.** 7; **476.** 14; **479.** 12; **480.** 12; **481.** 13; **482.** 7; 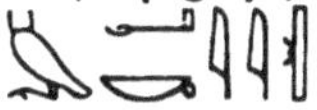 protector **114.** 13

mākefiti 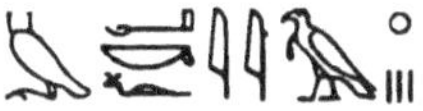 turquoise **14.** 7

mākḥa  back of the head **386.** 10; **387.** 13

māket  station **473.** 16

māqet  ladder **203.** 1

māta 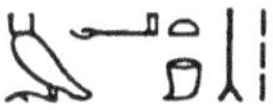 weapon, harpoon **190.** 8; **219.** 11

mātennu 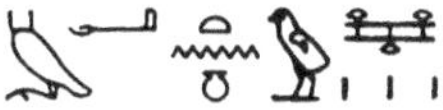 ways, roads **21.** 5, 7

Māṭes 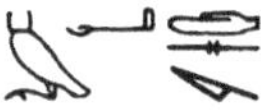 a proper name **64.** 12

māṭet
māṭetet 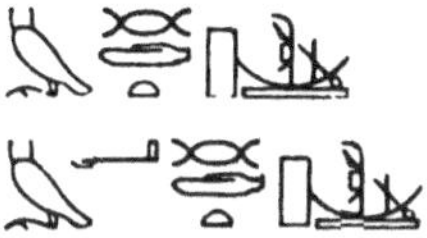 the boat of the rising sun **244.** 4; **279.** 2; **335.** 10; **395.** 13

māθennu  ways, roads **135.** 10

māfa  phallus **408.** 7; **417.** 6

māfab  fetter, chain **454.** 3

māfabet  part of a ship **130.** 4; **206.** 11; **242.** 3

Māfeṭ  a proper name **63.** 6

mu 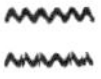 water, essence **3.** 17; **5.** 9; **70.** 9; **127.** 7; **137.**

5; 147. 15; 148. 1; 151. 1, 16; 173. 12; 227. 5; 233. 6; 239. 8; 251. 10; 292. 15; 334. 15; 335. 8; 336. 5, 16; 337. 12; 338. 9; 339. 3, 15; 340. 12; 341. 8; 347. 14; 373. 6; 378. 3, 5; 378. 7, 10; 379. 5; 397. 10; 402. 9; 417. 14; 420. 12; 435. 16; 436. 6; 444. 16; 447. 6; 458. 9, 12; 464. 15; 466. 2; 468. 10; 485. 11, 13; 486. 7; pool, drink 516. 6; the water-god 448. 7; 219. 10; head of the water 381. 15; 422. 11; 450. 10; that which [liveth] in the water 36. 15; 439. 6; 414. 4

mu nu ānχȧm ānkhȧm (flower) water 402. 12; 403. 8

mu nu ānti ānti (incense) water 211. 8

mu nu ḥesmen natron water 82. 16

mu nu qamȧi incense water 420. 5

mu [nu] seṫit incense water 506. 4

mu ṭu foetid liquid 400. 2

mut mother 1. 6; 4. 8; 6. 6; 11. 7; 12. 8; 13. 4; 25. 7; 37. 2; 43. 7; 49. 10; 59. 1; 87. 7; 94. 4; 95. 2; 96. 1; 115. 12; 135. 14; 153. 2, 15; 154. 1; 163. 7; 229. 11; 233. 5; 293. 8; 313. 16; 317. 15; 404. 9; 405. 2; 415. 7; 417. 3; 436. 4; 478. 15; 479. 10; 487. 3; 489. 3; 493. 6; 501. 5; 502. 4; 503. 10; 505. 5; 506. 16; 415. 9

mutet parents 502. 13; 365. 6; 365. 13

mut weight in a scale 251. 3

Mut-resθȧ a proper name 28. 13; 194. 14; 222. 12; 223. 13; 386. 2; 387. 8; 444. 12

Mut-ḥetep-θ a proper name 46. 2; 48. 4; 383. 1, 7, 11, 14; 384. 1, 2, 4, 5, 11; 384. 16; 385. 10; 455. 7; 456. 15

mit water 378. 13

met or ***mit***, ***meti***, ***metti*** to die, death, dead, the damned 6. 6; 25. 15; 26. 8; 27. 8; 93. 12; 95. 12; 103. 15, 16; 104. 16; 115. 1; 119. 8; 120. 2; 145. 8; 285. 1, 12; 295. 9; 300. 6; 371. 11; 395. 16; 397. 12; 399. 14; 400. 10; 406. 16; 407. 2, 4, 6; 414. 13; 417. 14; 431. 14; 438. 4; 457. 9; 460. 13; 461. 5; 469. 5; 476. 15; 501. 14; 515. 10; plur. 74. 2, 8; 79. 2; 81. 15 *(bis)*; 196. 1; 213. 1; and see 84. 3, 4; 113. 8; 196. 4; 213. 1; 291. 14; 293. 12; 298. 13; 308. 15; 356. 11; 366. 1; 370. 7; 371. 15; 376. 5; 389. 14; 477. 6; 490. 2

Mi-śeps a proper name 456. 8

men, ***ment*** to be stablished, stable, firm, permanent, abiding, firm, fixed 13. 12; 14. 13; 16. 11; 52. 7; 70. 16; 112. 4, 6; 136. 14; 139. 11; 166. 10; 205. 1; 275. 6; 385. 1; 386. 11; 427. 9; 441. 12; 446. 7, 15; 447. 13; 459. 15; 460. 9;

482. 9; 483. 1, 2; 505. 11; 509. 14; 512. 4; 25. 4; 38. 11; 6. 7; 8. 5; 40. 12; 173. 4, 5; 293. 11, 14; 402. 2. 436. 8; 483. 1; 485. 8; stablishing daily 448. 9

mennu 47. 9

mennu chamber 390. 8

mennu bases, pedestals 448. 11

men, *mennu* possessions, things which abide 442. 1; 459. 16

Ment name of a god 75. 16

men, *menti*, *mentiu* the two legs, thighs 113. 1; 118. 18; 122. 11; 397. 10; 456. 3; 502. 15

men, *ment* pain, sickness, disease, affliction 53. 14; 154. 8; 215. 4; 280. 13; 358. 16; 360. 2

ment, *mennut* disease, sickness, sick one 239. 7; 250. 11; 420. 16

Menȧ a proper name 324. 16

menȧ to arrive at a place, to come into port, to die, death 51. 4; 77. 2; 418. 7; 40. 5

menȧ, *menȧt* post at which to anchor 205. 6; 230. 10, 11

menȧt ending 205. 10; happy ending or death 63. 10

menȧ death 182. 4; 184. 10; bier 135. 2; 139. 8; 144. 8

menȧ, **menȧtu** the dead 134. 16; 149. 4

menȧt death 82. 16; with *ȧn* deathless 202. 10, 12

menȧu stakes of death 473. 7, 8

meni slaying in honour of some one 155. 5

menāt breast 25. 8

mennu ministrants 389. 2

menmen to go about 141. 10

menmen cattle, farm-beasts 9. 4; 251. 13

menḥ wax 29. 7

menḥu to offer up 155. 1

Menḥu name of a god 69. 2

menχ, **menχet** clothed, clothes, garments 223. 7; 307. 13; 335. 2; 372. 7; 373. 4

menχu, **menχ** wrought, perfected, founded, perfect, beneficent, gracious, well done, wrought in, set in 20. 12; 21. 1, 5; 39. 8; 272. 6, 14; 275. 14; 300. 6;

307. 9; 362. 10; 402. 11; 442. 9; 482. 16; 485. 8; 486. 8; 489. 14; 496. 8; 402. 11

Menχ a proper name (?) 201. 9

Menqet a proper name 213. 16

Ment a proper name 326. 8

ment swallow 186. 3, 4; 187. 14

menṭet apple of the eye 446. 8

menṭ, ***menṭti***, ***menθ*** the breasts 121. 17; 420. 10; 446. 14; 447. 11

Menθ, ***Menθu*** the god Mentu 315. 12; 443. 10

Menfat name of a city 235. 9, 14

mer overseer, superintendent *Mer per* major-domo 10. 12; 26. 9; 145. 13; 484. 9; and see *passim*; officer of soldiers 11. 3; *mer šenti* overseer of the granaries 37. 6

mer to moisten (?) 310. 9; water-course 132. 13

mer a pool 3. 2; 264. 1; plur. cisterns 453. 10

Mer-ṭesṭes (?) name of a mythological pool 9. 6; 12. 10; 36. 7; 440. 6

mer sickness, pain, grief, deadly, disease 57. 2; 154. 8; 215. 4; 280. 13; 365. 9; 462. 7; 106. 9

mer the dead 272. 4

meru pain, sickness, cruel 62. 14; 169. 13

merȧu disease, diminution, decay 515. 1

Mer a proper name 147. 7

merāḥāt tomb, sepulchre (with) 442. 5

mer to love, to be loved, to desire, to wish for, to please, wish, will 10. 10; 161. 11; 235. 16; 273. 10; 279. 7; 357. 3; 385. 6; 429. 14; 433. 7; 450. 16; 460. 2; 467. 10; 482. 11; 511. 4; *meri* loving, lover 17. 9; 31. 1; 37. 6; 51. 1; 68. 15; 77. 12; and see 124. 14; 129. 9; 150. 12; 180. 5; 209. 9; 210. 3; 211. 16; 291. 6; 377. 15; 399. 10; 493. 8; loved one 21. 11; lover 57. 12; loving 441. 11; loved 7. 2

mert, **merit**, **mertu**, **mert**, **mertu**, **merutu** love, desire, wish, beloved, willingly 11. 14; 26. 5; 156. 8, 13; 157. 7; 158. 1, 4; 184. 12; 214. 1; 290. 13; 316. 15; 339. 1; 345. 2; 352. 14; 362. 4; 373. 10, 16; 374. 9, 11; 378. 7, 12; 411. 5; 448. 3; 452. 3; 480. 13; beloved lady 415. 10; friends 459. 15; 460. 6

merer, **merer**, **mereru** to love 3. 6; 17. 8; 86. 3; 94. 12; 153. 12; 163. 15; 185. 4; 226. 3; 270. 9; 292. 6; 434. 6; 441. 3; 442. 6; 443. 13; *mereriu* those who love 235. 15

merert wish, will, love **26.** 14; **90.** 2; **225.** 7; **261.** 1; **489.** 11; **503.** 10; **479.** 8, 12; **94.** 11

Mer a proper name **7.** 1

Mert a proper name **117.** 10

Merti a name of two goddesses **102.** 10, 12; **129.** 16; **249.** 14

meru bound, tied **150.** 9

meru swathing **72.** 7

Mer-ur the Mnevis bull **206.** 7

meruḫ oar, paddle **133.** 7, 17; **339.** 7

meriut a kind of tree **439.** 2

Meri-s / *Mer-s* a proper name (?) **156.** 16; **245.** 12

merḫ / *merḫet* wax **161.** 3; **341.** 10

Mert name of a part of a boat **207.** 5

Mert name of a city **224.** 8

Mert a proper name **315.** 13

meḥ , cubit **143.** 4; **164.** 11; **212.** 13, 14; **218.** 16; **221.** 15; **222.** 1, 2, 3, 4; **226.** 1; **291.** 1; **339.** 13; **368.** 1; **369.** 2; **368.** 2; **368.** 3; **369.** 2; **367.** 15; **369.** 4; **219.** 9; **368.** 2; **369.** 3; **371.** 4;

372. 11; 219. 3; 368. 3; 369. 5; 219. 3; 370. 6

meḥ to fill, be full 56. 6; 86. 10; 104. 1; 190. 7; 191. 1; 303. 12; 314. 13; 315. 8; 317. 3; 333. 11; 367. 10; 446. 9; 507. 6; 512. 2; full 315. 16; filler 463. 16; 507. 5; full "stream filled with flowers" 378. 12; 252. 5, 7; 455. 1, 2

meḥ sa to be complete 136. 2

meḥ to be inundated, submerged, drowned, overwhelmed 34. 14; 105. 5; 139. 7

meḥit / *meḥt* flood 313. 16; 508. 9

Meḥ-urt a cow-goddess 57. 5, 9; 157. 15; 245. 7

meḥ unguent (?) 414. 3

meḥ wing 415. 4

meḥ crown 77. 11

Mehānuti Rā a proper name (?) 474. 11

meḥut offerings 440. 1

Meḥi a proper name 433. 12

Meḥiu a proper name **472**. 15

meḥit fish **141**. 16; **146**. 1; **312**. 5

meḥef a kind of stone **96**. 14

Meḥen name of a goddess **144**. 14; **287**. 8; **434**. 5 **435**. 4; **446**. 12

Meḥenet a proper name **321**. 1

Meḥenet name of a city **323**. 5

Meḥenit name of a goddess **433**. 1

meḥenit a chamber **433**. 4

meḥt placed before numbers **354**. 1; **375**. 1 **428**. 14; **354**. 9; **375**. 15; **430**. 8; **354**. 16 **377**. 4; **433**. 13; **355**. 13; **378**. 2; **379** 11; and see **356**. 3; **356**. 8; **356**. 14; **357**. 2, 6, 10, 14

meḥt plaque (?) **224**. 14; **291**. 5; **294**. 5

meḥt the north **278**. 15; **453**. 6, 7; **488**. 1 **512**. 5; the North and the South, *i. e.*, Egypt **104**. 8

Meḥt goddess of the north **40**. 13

meḥt north, northern **2**. 1; **12**. 13; **55**. 6, 12; **58**. 10; **129**. 6; **156**. 14; **202**. 10; **221**. 4, 5; **262**. 12; **263**. 4; **311**. 11, 12; **312**. 3; **317**. 14; **318**. 16; **364**. 10; **368**. 8; **374**. 1; **395**. 2; *meḥtet ȧmentet* north-west **412**. 14

meḥti — northern beings, gods, etc., 36. 11; 99. 10, 13; 106. 4; 114. 15; 319. 8, 15; 443. 14; 508. 9; lords of the north (?) 226. 15

meḥit — north wind 37. 1; 87. 12; 129. 4; 155. 9; 207. 14; 289. 2; 382. 13; 389. 10; 407. 10; 481. 5; 484. 13; 489. 2

Meḥt-χebit (?)-sāḥ-neter name of a cow-goddess 318. 11; 364. 2

Meḥt-ti name of a double district 443. 12

meḥṭet to bathe 201. 13

em-χent-maati = (?) 426. 16

meχsef — name of a wooden instrument 391. 3; 394. 7, 12; 396. 7

mes to bring 200. 1; 299. 11; bearer of 102. 6; brought 462. 7; bringing 427. 7

mesu — anointed 142. 3; 502. 3

mes, *mesu*, *mes* — to give birth to, to bring forth, to be born, produced 6. 5; 11. 11; 57. 5; 123. 1; 139. 3; 140. 3; 153. 12; 188. 5, 6; 230. 3; 293. 8; 296. 3, 12; 297. 8; 346. 13; 352. 7; 398. 7; 455. 10; 481. 6, 13; 487. 3; genetrix 449.

15; **487.** 3; birth **53.** 11;  born of **28.** 13; **77.** 10; **80.** 12; **386.** 2; **387.** 7;  **508.** 4, 8, 12; **509.** 4, 14; **510.** 15; **511.** 15; **512.** 3, 10, 15; **513.** 12; **514.** 2, 6, 15; **515.** 2, 4, 6, 9, 11, 13, 15; **516.** 1; 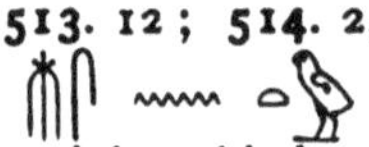 **441.** 6;   giving birth to mortals a second time **482.** 13

mesi  one who is born **19.** 7; **27.** 9, 10; **240.** 4; **329.** 10; **466.** 7

mesu-tu 
mestu 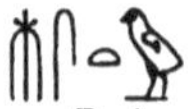
birth **42.** 12; **43.** 6; **54.** 9; **57.** 8; plur. 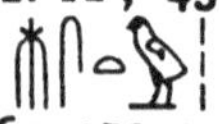 **11.** 14; **114.** 11; **115.** 6; **170.** 1; **478.** 16; **513.** 8;  **455.** 13;  **497.** 2

mest  birth **2.** 13; **55.** 9; **122.** 3; **134.** 11; **142.** 10; what is produced **246.** 9

mes  birth **409.** 10

mest  genetrix **456.** 4; 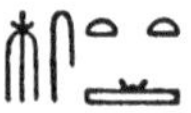 **353.** 12

mestet  (sic) 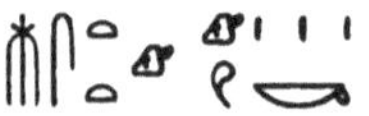 **511.** 15

mes-ui  **274.** 14

mes  child **147.** 4

mesu  children **18.** 14; **268.** 7; **292.** 8; **468.** 4

mesu  producers (or children)  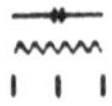 **388.** 11; **390.** 7; **393.** 15; **396.** 2;  children of Nut **457.** 11; 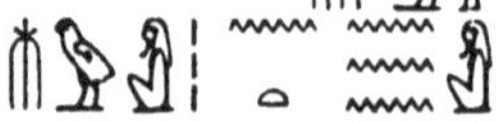 children of the water god, *i. e.*, plants **448.** 7 ;  children of Horus **306.** 3 ; 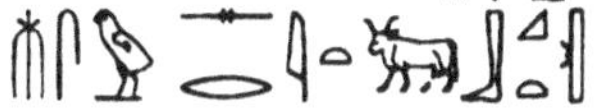 **462.** 4

mesu beṭeś  malicious but impotent fiends **2.** 8 ; **61.** 3 ; **74.** 13 ; **316.** 8

mesu nebu  all who are born, *i. e.*, the human race **450.** 3

mes  *hru mestu* birthday **278.** 11 ; **284.** 16

mesi 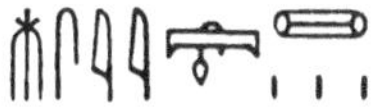 cakes **66.** 15 ; **67.** 6, 8, 10

mesbeb (?)  banded (?) **96.** 14

Mes-peḥ 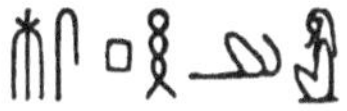 a proper name **350.** 10

Mes-Ptaḥ  a proper name **335.** 7

Mes-em-neter  a proper name **34.** 11 ; **105.** 4

mesmes 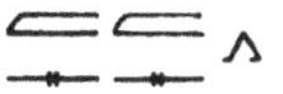 to count (?) **42.** 5

emseḥ , 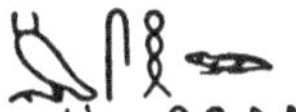 crocodile **97.** 7 ; **98.** 2, 8, 13, 15 ; **146.** 16 ; plur.  **284.** 1 ;  the eight crocodiles **98.** 11

emseḥu  crocodile of the East **99.** 1, 4 ; of the West **98.** 13, 15 ; of the North **99.** 10, 13 ; of the South **99.** 6, 8

emseḥu  to slay **345.** 4

mesχen — birth-place, birth-chamber 79. 11; 83. 8; 105. 7; 154. 7, 9; 226. 4, 6, 11; 348. 16; plur. 326. 7

mesχent

Mesχen-āat — a proper name 326. 7

Mesχen-ment — a proper name 326. 8

Mesχen-nefert — a proper name 326. 9

Mesχen-seqebet — a proper name 326. 8

Mes-ṣepeχ — a proper name 346. 16

meska — skin 206. 7

Mesqen — name of a place (?) 130. 1

mesqet — a place 66. 15; 67. 4; 160. 11; 209. 3; 461. 1

mesqet — weapons 107. 9

mesṭemet — eye-paint, stibium, *kohl* 268. 1; 333. 13; 446. 9

mesṭeṭ — leg 263. 5

mesṭeṭ — what is hateful or abominable 106. 12; 399. 8

mesṭeṭet

mesθȧ — palette 199. 6, 12; 458. 4

Mesthȧ — one of the four children of Horus

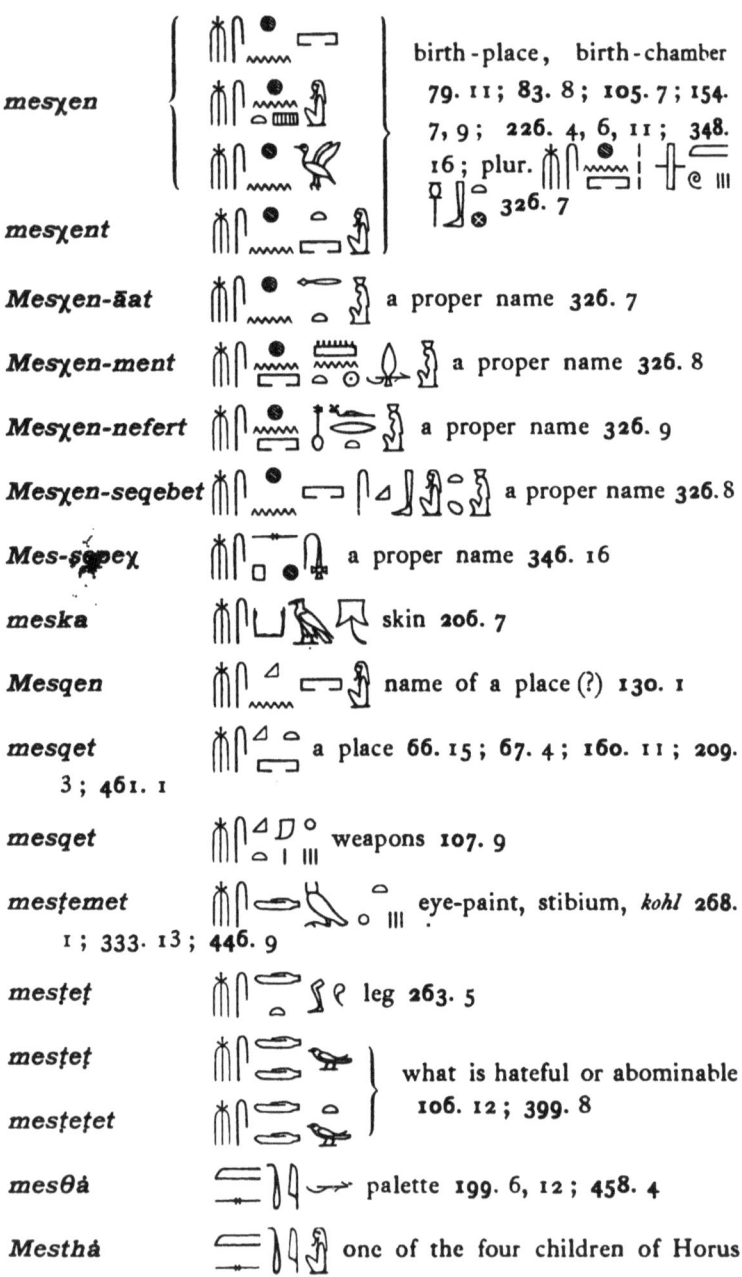

57. 13; 58. 8; 59. 2; 73. 5, 14; 384. 15; 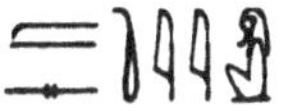 206. 3, 15; 232. 8, 15; 306. 3; 319. 4

mesṭemu  painted with eye-paint **268.** 1

mesṭer  ear **34.** 4; **117.** 4; **217.** 6; **401.** 14

mesṭer-ui  the two ears **112.** 9; **135.** 13

mesṭeṭ  to hate **455.** 16

met  ten **76.** 13; **375.** 1;  eleven **354.** 9; **375.** 15;  **137.** 3; **143.** 4; **355.** 16; **377.** 4;  **355.** 7; **378.** 2;  **355.** 13; **379.** 11;  **356.** 3;  **333.** 9; **356.** 8; **357.** 14;  **357.** 2;  **333.** 9;  **345.** 8; **358.** 6;  tenth **341.** 2; 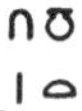 **341.** 14; 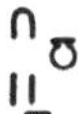 **342.** 5;  **342.** 12;  **343.** 3;  **343.** 11; 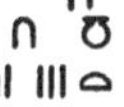 **344.** 2; 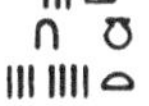 **344.** 10;  **344.** 16

metu  emission, venom **99.** 12

met
meti 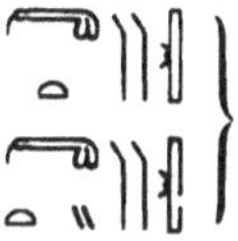 right, rightly, fittingly, exactly **16.** 8; **202.** 1; **371.** 9; 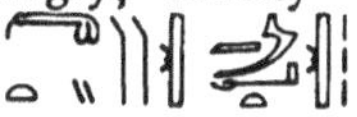 to try the right **481.** 2

metmetu  sinews and muscles **29.** 10; **228.** 8; **372.** 15

meter
meteru  to bear witness, to give testimony, evidence **15.** 10; **16.** 2; **95.** 3; **96.** 2; **261.** 11; **301.** 15; **302.** 3, 13; **360.** 8; **501.** 6; to give evidence against someone **260.** 4

meṭu
meṭ
meṭet  to speak, to say, to talk **21.** 13; **32.** 13; **85.** 7; **89.** 9; **98.** 9; **114.** 5; **115.** 8; **160.** 4; **166.** 3; **239.** 14; **377.** 2; **386.**

12; 438. 10; 456. 2, 7; 511. 2; 237. 2; 357. 15

meṭ, ***meṭu*** word, speech 27. 5; 34. 13; 115. 8; *meṭu ṭeref* word of wisdom 481. 1; 488. 14

meṭu, ***meṭeṭu*** words, speech 27. 7; 57. 12; 96. 9; 103. 3; 104. 13; 111. 3, 5; 165. 1; 168. 8; 195. 14; 243. 5; 261. 9; 281. 2, 10; 299. 11; 391. 15; 471. 4; 481. 1; 503. 16

meṭet speech, decree, verdict, words, sayings 15. 17; 23. 14; 51. 5; 87. 1; 227. 2; 261. 15; 347. 12; 418. 9; 434. 7; 445. 11; 461. 13; 462. 10; 481. 2; 256. 4, 13; 245. 11; 426. 9; 427. 11; 91. 1

Meṭu-ta-f a proper name 493. 6

Meṭes-ḥrȧ-ȧri-śe the herald of the sixth Ārit 328. 15

Meṭes-sen doorkeeper of the seventh Ārit 329. 1

m θ u 471. 15

meṭ to be deep 458. 9; doubly deep 339. 13

meṭut abysses 136. 15; 143. 2

meṭabu to fetter 454. 3

meṭet oil 455. 1

N.

n in, to, for, because 1. 4, 11; 2. 6; 9. 13; 12. 6; 16. 7; 49. 15; 137. 9; 145. 16; 413. 15; 417. 5; 420. 3; and see *passim.* 154. 3; 162. 1; 310. 7; 190. 7; 4. 13

n of see *passim.*

n = *ȧn* 63. 3, 4; 104. 13; 137. 15; 149. 6; 421. 5, 6; 449. 10; 463. 2; = 33. 10, 11; 62. 14; 91. 1; 132. 16; 135. 14; 139. 6; 144. 6; 225. 6, 11; 383. 4, 5; 406. 6; 447. 5; 451. 13; 462. 1; 467. 7; invisible 64. 7; = 255. 4; 259. 2

n we, us 16. 9; 52. 7; 96. 6; 107. 15, 16; 233. 10; 247. 1 *(bis)*; 264. 3, 5; 265. 6; 266. 3; 301. 9, 10; 486. 3; 233. 8

na the, these 178. 14; 248. 6; 259. 17; 410. 7; 511. 4, 6; 516. 7, 8; 58. 9; *na* . . . 142. 9

Naȧrik a proper name 418. 13

Naȧrer-f / *Naȧreṭ-f* see *Ȧn-ruṭ-f* 39. 1; 47. 12; 55. 5; 72. 13; 75. 11, 13; 59. 13

Nȧarer see *Ȧn-ruṭ-f* **82.** 1

naik those of thine **262.** 4

nar . . . . . . **306.** 10 ; **307.** 3

Nasaqbubu a proper name **419.** 13

Nak (?) name of a god **201.** 1

Naθkerθi a proper name **418.** 11

n-ȧ , I, me, my **2.** 14, 16 ; **3.** 2, 8 ; **4.** 15 ; **14.** 12 ; **16.** 14 ; **22.** 6 ; **69.** 13 ; **115.** 11 ; **120.** 8 ; **360.** 16 ; **361.** 1 ; **363.** 14 ; **375.** 14 ; **452.** 9 ; **505.** 3 ; **506.** 3

nȧ **507.** 6

nȧh injury **353.** 6

nȧs , to invoke, to be invoked, to call, to cry out **22.** 10 ; **109.** 9 ; **128.** 13 ; **136.** 3 ; **271.** 7 ; **286.** 12 ; **302.** 4 ; **383.** 2 ; **388.** 13 ; **432.** 5, 6 ; **451.** 3 ; **486.** 4 ; , invoked **3.** 6 ; **5.** 1 ; **44.** 7 ; **270.** 10 ; **355.** 2 ; **487.** 13

Nȧk name of a fiend **6.** 7 ; **13.** 2

nȧkiu fiends who slaughter **473.** 9

nā to sail in a boat **48.** 11 ; **289.** 4

Nāȧu name of a god or devil **98.** 16 ; **99.** 4 ; **315.** 12

Nāu name of a fiend 375. 12; 505. 11

nāā a decree 314. 4

nāā (?) (?) to advance 5. 3

nār a reed for writing with, pen 480. 6; 488. 13

Nārt a proper name 38. 13

nāś mighty one 408. 11, 12

nāḳ to break open 136. 14

nāt to journey 294. 9

nu of 1. 12; 18. 4; 19. 1; 20. 3; 52. 5; 58. 15; 60. 13; 125. 3; 158. 16; 173. 12; 270. 1; 271. 5; 307. 12; 336. 14; 446. 12; 70. 13; 173. 12; 223. 14; 441. 9; 449. 6; 512. 4

Nu name of a scribe 26. 9, and see *passim.*

nu the watery abyss of the sky 6. 15; 9. 2; 169. 9; 425. 3; 459. 8

Nu the god Nu 4. 8; 7. 11; 8. 1; 11. 13; 13. 4; 29. 13; 42. 1; 43. 3; 49. 7; 51. 6; 87. 7; 103. 1; 105. 5; 112. 8; 117. 1; 128. 18; 148. 12; 149. 1, 13; 156. 5; 167. 12; 176. 9; 183. 3; 184. 15; 185. 12; 258. 5; 290. 8, 12; 318. 5; 325. 7; 397. 13; 398. 1; 422. 12; 443. 12; 457. 6; 464. 8; 504. 6

n-uȧ I am 18. 12; 19. 2; 33. 14; 153. 11; 458. 5; and see *passim.*

nuit weapon 86. 13

nub gold **43**. 6; **116**. 5; **142**. 2; **164**. 8, 9, 16; **191**. 1; **289**. 8; **290**. 17; **316**. 11; **402**. 6, 10, 11; **404**. 3, 11, 16; **405**. 4; **440**. 3; **444**. 11; **446**. 3; **447**. 1, 4, 11; **448**. 8, 11; **502**. 2, 14; fine gold **409**. 14; golden light (?) **61**. 8

Nub-ḥeḥ a name of Osiris **321**. 1

nub to mould, to shape, moulder **36**. 15; **42**. 11; **115**. 1; **399**. 5; fashioned, inlaid **135**. 6; **449**. 6

nubȧu to mould **509**. 10

nubḥeḥ blossom **157**. 4

Nubti name of a god **505**. 15

nun to pay homage **170**. 11, 12; a proper name (?) **469**. 3

nuk I **7**. 12; **18**. 9, 10; **20**. 4; **27**. 16; **41**. 4; **51**. 5, 7, 11, 15; **52**. 2; **53**. 2 *(bis)*; **66**. 14; **86**. 15, 16; **87**. 6; **88**. 12; **91**. 8; **92**. 8; **93**. 14, 15; **94**. 9; **98**. 12, 15; **101**. 5; **102**. 5, 13; **107**. 3; **109**. 3, 9; **110**. 4, 5; **113**. 14; **114**. 12; **115**. 8; **116**. 18; **119**. 16; **120**. 8; **125**. 6; **226**. 5, 17; **133**. 1, 17; **134**. 10; **142**. 9; **148**. 10; **152**. 15; **153**. 5, 14; **167**. 2, 14; **170**. 5; **178**. 5, 13; **188**. 4, 5, 12, 14; **215**. 12; **224**. 10; **229**. 9; **239**. 9; **243**. 4; **252**. 3, 6; **261**. 7, 13; **273**. 7; **277**. 4; **288**. 3; **302**. 9; **310**. 3, 4; **313**. 12; **358**. 13; **361**. 10; **370**. 10; **375**. 9; **384**. 16; **397**. 13; **406**. 3; **411**. 7; **443**. 1; **452**. 13, 16; **456**. 8; **460**. 7, 16; **469**. 2, 3; **472**. 2; **474**. 5—13; **480**. 14; **488**. 11; **493**. 11; **503**. 10, 11, 13; **507**. 5; **132**. 4; **167**. 8; **169**. 9

Nut the goddess Nut, wife of Seb **15**. 6; **94**. 4;

107. 11; 130. 16; 294. 4; 443. 2, 9; 444. 14; 449. 14, 15; 474. 13

Nut the goddess Nut 1. 7; 4. 8; 7. 10; 11. 15; 12. 8; 13. 4; 38. 9; 49. 11; 78. 9; 108. 2, 5; 113. 2; 118. 18; 119. 16; 122. 2; 153. 11; 154. 1; 170. 12; 176. 4; 217. 9; 220. 3; 276. 10, 11; 288. 12; 296. 15; 297. 13; 298. 2; 315. 13; 318. 8; 326. 4; 375. 12; 418. 13; 420. 1; 457. 11; 461. 10; 461. 15; 467. 16; 478. 15; 479. 10; 481. 10; 483. 1; 484. 10; 486. 10; 487. 3; 489. 5; name of a sail of a boat 206. 5

Nut the night sky 36. 5; 37. 13; 43. 1; 165. 3; 174. 14; 176. 4; 190. 6; 289. 4; 474. 14

nut city 54. 3; 67. 16; 176. 14; 258. 11; 262. 12; 375. 2; 376. 1; 404. 5; 486. 3; plur. 43. 10; 183. 1; 224. 13; 225. 5; 226. 4; 227. 5, 14; 480. 1; 507. 12

nut ent neter city of the god 487. 14

Nut-urt name of a Pool in the Elysian Fields 228. 12

nuti citizens 437. 8

nut cords 393. 2, 7

ni 495. 16

nimā who 129. 13, 15

nini to adore 1. 8; 4. 4; 9. 5; 11. 16; 36. 5

Nin-åreref see *Ån-ruṭ-f* 64. 10

neb each, every, all, any 2. 6; 7. 6; 12. 1; 26. 14; 58. 2, 15; 64. 11; 65. 3; 76. 14, 15; 107. 2; 113. 8, 9; 138. 10; 153. 3; 194. 9; 271. 16; 294. 1, 2; 309. 3; 320. 15, 16; 333. 5, 6; 371. 10; 384. 7, 12; 407. 8; 437. 12; 444. 15; 509. 2, 3; 516. 3, 5; 517. 1; plur. 1. 4; 8. 8; 14. 12; 29. 13; 304. 12; 305. 8; 306. 14; 307. 7; 326. 4; 327. 1; 347. 5; 366. 13; 443. 13; 486. 14; every kind of green plant 454. 6; every kind of evil thing 197. 2; 198. 8

neb with *bu*, everywhere 3. 6; 23. 4

neb lord, master 2. 2; 4. 13; 7. 9; 10. 13; 14. 5; 22. 4; 36. 2; 57. 12; 58. 4; 58. 7; 121. 5, 6; 137. 14; 170. 10; 249. 7; 445. 14; 512. 8; 514. 12

nebt lord 276. 11; 510. 9; 276. 14

nebt lady 15. 6; 309. 14; 343. 13

nebu lords 14. 5; 21. 4; 70. 11; 137. 14; 159. 13

neb lord of, possessor of, owner of 426. 6; 428. 11

neb åbu "lord of hearts", a name of Åḥi 367. 8

neb Åbtet "lord of the East", a title of Rā 221. 12; 368. 15, 398. 3

neb åmaχ "lord of veneration" 28. 11; 61. 12; 103. 1, 16; 134. 10; 139. 12; 194. 13; 199. 3; 217. 15; 222. 10; 223. 5, 13; 347. 6; 386. 1; 386. 7, 14; 387. 6, 16

neb Åmentet a name of Osiris 434. 8; 179. 1

nebt Åmentet a name of Hathor 490. 10

nebu Ånnu lords of Heliopolis 439. 15

neb āāui lord of two hands 427. 5; 185. 8

neb ābui lord of the two horns, *i. e.*, Åmen 418. 12

Neb ābui one of the forty-two assessors 257. 9

neb ānχ a title of Osiris 34. 2; 48. 5; 110. 5; 137. 8; 166. 11; 242. 11; 320. 9; 321. 2; 323. 2; 325. 8; , lord of life 139. 10; 385. 16

nebt ānχ a title of Isis 4. 10; 44. 15

neb ānχ taui lord of the life of the two lands 468. 7

neb uā the lord One 202. 2

Nebt unnut a proper name 40. 12

neb urert lord of the *urert* crown 32. 7

neb useru  lord of might **298.** 13;  **303.** 1

neb baiu  lord of souls **276.** 12

neb pāt 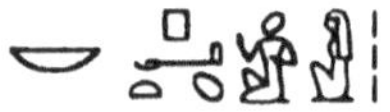 lord of mankind **388.** 4

nebt per 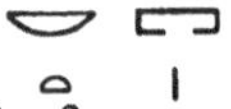 owner of a house, *i. e.*, a married woman (?) **28.** 13; **194.** 13; **222.** 11; **223.** 13; **384.** 5; **386.** 2; **387.** 8; **444.** 12; **456.** 15; **489.** 8

neb maau  lord of eyes **387.** 9

neb maāt 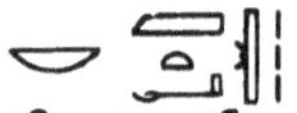 possessor of right and truth **57.** 14; **58.** 6; **298.** 14; **363.** 14; **481.** 2;  **70.** 5, 15; **433.** 9; **487.** 14, 15;  **34.** 14; **254.** 9; **303.** 2

Neb Maāti  lord of the double city of right and truth **249.** 7, 14

meḥt en nebu  lords of the north **226.** 15

neb nifu  lord of air, a name of Osiris **252.** 4; **262.** 4; **399.** 4

neb nemtet 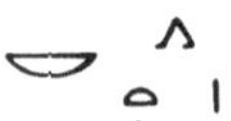 the possessor of the power of walking **426.** 5;  **425.** 16

neb neru  lord of victory, name of the heart of Osiris **64.** 15

neb neter meṭet  lord of divine speech **228.** 16

neb renput  possessor of years **185.** 2

neb Re-stau  a title of Osiris **69.** 16

neb hennu he to whom praises are sung 35. 16

Neb-ḥrȧu one of the forty-two assessors 257. 5

neb ḥeḥ lord of eternity 119. 5; 179. 2; 363. 14

neb ḥeḥ lord of millions of years 190. 4; a name of Osiris 323. 6; 324. 9; 90. 11; 174. 8

neb χāu lord of risings, a title of Rā 125. 2

neb χut a title of Rā 467. 3

neb χeperu lord of transformations 408. 9

neb χet lord of the universe 201. 4; 461. 2; 95. 3; 174. 9; 208. 10; 226. 16; 307. 13; 373. 14; 467. 13

nebu χaut those who possess altars 347. 9

nebu χer-āba lords of Kher-āba 112. 15; 118. 13

nebt Sau lady of Saïs, *i. e.*, Neith 112. 13; 117. 11

neb satut lord of light, *i. e.*, Rā 40. 1

neb senṭ he who inspires fear 46. 15

neb seχti possessor of the field 228. 15

nebu kau lords of food (or *kas*) 222. 14

neb qerest lord of the bier, *i. e.*, Osiris 399. 6

neb kesu he to whom homage is paid 188. 14

nebt taui lord of the two lands **439.** 14; title of a king **484.** 9; **487.** 6; name of Osiris **325.** 1; **486.** 14; a pool in the Elysian Fields **228.** 4

nebt taui em karȧ name of the anchoring post **205.** 7

neb ta ānχtet lord of the land of life, *i. e.*, Osiris **323.** 10

neb ta ťesert lord of the holy land, *i. e.*, Osiris **482.** 4; **490.** 10

neb tau lord of food **125.** 7

neb tit (?) **180.** 15

neb temu lord of mankind **176.** 2

nebu ṭuat lords of the underworld **432.** 12

neb ṭeśert lord of the red land (or redness) **64.** 15

neb ťa possessor of a phallus **427.** 13; **428.** 8

neb ťefau lord of divine food **217.** 15; **487.** 16

neb ťetta lord of everlastingness, *i. e.*, Osiris **37.** 10; **70.** 11; **322.** 1; **324.** 9; **326.** 6; **489.** 10; plur. **428.** 1

Neb-peḥtet-petpet-sebȧ a proper name **325.** 11

Neb-peḥti-θes-menment a proper name **248.** 14

Neb-maāt-ḥeri-reṭui-f a proper name **248.** 13

Neb-er-ṭer lord of wholeness, *i. e.*, Osiris **13.** 15; **24.** 5; **52.** 5; **60.** 13; **62.** 11; **63.** 12; **65.** 7; **66.** 7; **71.** 9; **76.** 14; **107.** 13; **166.** 8, 16; **187.** 1; **260.** 4; **269.** 6; **282.** 13; **320.** 10; **323.** 2; **461.** 1; **480.** 6; **486.** 10; **488.** 13; , **173.** 15; **337.** 9

Nebt-ḥet Nephthys **12.** 15; **15.** 6; **53.** 15; **67.** 2; **68.** 6; **72.** 4; **276.** 16; **293.** 9; **294.** 5; **315.** 13; **318.** 9; **339.** 4; **375.** 11; **382.** 15; **407.** 12; **443.** 9; **447.** 5; **478.** 17

Neb-s a proper name (?) **4.** 11; **44.** 16; **299.** 13; **339.** 12; **342.** 8; **353.** 12; **355.** 4; **479.** 16

Nebseni a famous scribe **28.** 4, 11; **61.** 12; **62.** 12; **71.** 4; **81.** 4; **82.** 5; **103.** 1; **132.** 10; **134.** 10; **138.** 4; **139.** 11; **156.** 4; **159.** 13; **194.** 13; **215.** 17; **222.** 10; **223.** 4, 12; **235.** 7; **312.** 14; **386.** 1; **387.** 6; **406.** 3; **421.** 1, 10; **444.** 11, 13; **445.** 3, 8; **461.** 11; **462.** 3; **463.** 8; **464.** 5; **465.** 1, 15; **466.** 1, 14, 16; **467.** 12, 16; **468.** 5; **466.** 2

Neb-qeṭ name of a scribe **239.** 11

neba a weapon **494.** 5

Nebȧ one of the forty-two assessors **353.** 10

nebȧu, ***nebȧt*** flame, fire **101.** 5; **346.** 10; **357.** 16

nebeḥ a kind of bird 127. 2

nebt hair, name of a cloud 47. 16; 85. 9; 284. 6; 286. 13; 299. 8; 314. 2; 331. 12; 388. 13; 445. 14

nepu a part of the body 391. 7

neper grain 323. 4

Neperȧ god of grain 165. 5; 380. 10

nepert irrigated land 36. 16; 450. 13

Nepert name of a city 322. 8

nef he, him 2. 12; 51. 8; 53. 11; 66. 2; 67. 14; 68. 6; 80. 14; 86. 12; 92. 2; 111. 5; 152. 12; 308. 8; 368. 11; 374. 11; 379. 6; 404. 7, 8; 438. 13; 448. 1; 464. 2, 4; 466. 4; 478. 5; 485. 2, 11; 487. 1; 488. 4; 489. 15; 492. 1; 495. 2; 497. 6; 503. 16 *(bis)*; 504. 3; 506. 1; 507. 13; 514. 6; 516. 5

nef air, wind, breath 24. 6; 37. 1; 38. 1; 61. 10; 70. 9; 102. 17; 104. 5; 109. 15; 111. 1; 126. 4; 127. 7; 139. 16; 144. 14; 151. 1; 155. 12; 159. 2; 169. 9; 207. 13; 221. 7; 223. 16; 224. 7; 225. 8; 228. 8, 9; 262. 4; 263. 12; 289. 1; 368. 9; 374. 7; 399. 4, 5; 425. 2; 436. 6; 438. 16; 446. 6; 458. 9, 12; 481. 5; 484. 12; 488. 1; 489. 1; 505. 8; 509. 10; 511. 6; winds, N. S. E. W., 407. 10, 11, 12; breath of life 429. 6

nefu sailor 207. 12

Nef-ur name of a city **22.** 14; **276.** 11, 13; **287.** 9; **324.** 2; **512.** 9

nefai this, that **189.** 9; **190.** 3; plur. **405.** 14, 15

nefer to be good or happy **282.** 12; **464.** 8, 9; **11.** 6; **386.** 13; **36.** 2; **406.** 16; twice good, very good **15.** 15; **40.** 9; **112.** 2; **139.** 7; **144.** 7; **290.** 5; **442.** 4; **444.** 12; **459.** 11; **514.** 14

nefer fair, beautiful, pretty, happy, good, well, **4.** 2; **4.** 7; **7.** 2; **9.** 8; **36.** 4, 10; **63.** 10; **77.** 12; **78.** 13; **96.** 8; **108.** 16; **139.** 8; **139.** 13; **224.** 16, **280.** 16; **295.** 2; **318.** 15, 16; **319.** 1, 3, 4; **340.** 15; **364.** 9, 11, 12; **365.** 1; **382.** 11; **386.** 3; **386.** 9; **387.** 9; **387.** 16; **409.** 14; **424.** 1, 10; **479.** 4; **489.** 2; **505.** 4; fine gold **409.** 14; a gracious or comfortable word **501.** 11; happiness **15.** 13; **96.** 6

nefert fair, beautiful **50.** 20; **91.** 10; **100.** 3; **130.** 11; **137.** 9; **138.** 13; **159.** 6; **284.** 15; **289.** 7; **295.** 13; **362.** 6; **382.** 4; **473.** 2; **488.** 6; **493.** 13; with **33.** 13

neferu beauties, splendours, fair things **2.** 14; **7.** 12; **12.** 7; **35.** 12; **41.** 3; **95.** 9; **176.** 3; **195.** 2; **208.** 9; **229.** 10; **246.** 7; **249.** 8; **283.** 2; **301.** 11; **308.** 6; **439.** 11; **442.** 15; **444.** 6, 15; **445.** 1; **448.** 3; **476.** 5, 8; **479.** 7; **486.** 15, 16; **487.** 2; **143.** 14; **173.** 1; **174.** 4; **199.** 15; **332.** 7; **386.** 16; **384.** 2

nefer ḥrȧ  "fair face", a name of Rā **6.** 1; **14.** 8;  **490.** 11

Nefer (?)  the Lake of Nefer (?) **258.** 9

neferu  to be glad (?) **44.** 16

Nefert  a proper name **326.** 9

nefert  name of a tree **495.** 10

Nefer-uben-f   a proper name **128.** 15; **149.** 12; **407.** 2, 3, 5; **435.** 13; **437.** 6, 11; **440.** 11, 12; **441.** 6, 8, 9, 14; **442.** 1, 3, 11, 13; **503.** 4, 13

Nefer-sent  name of a city **393.** 16

Nefer-Tem 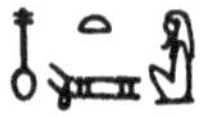
Nefer-Temu  name of a god **62.** 10; **178.** 13; **257.** 11; **456.** 14; **468.** 9

nem (or ***uḥem***) 
nem 
nemm 
nemu 
to repeat, to report, to narrate **78.** 2; **79.** 15; **80.** 1, 4; **168.** 10; **180.** 10; **195.** 14; **235.** 12; **238.** 8; **245.** 10; **290.** 9; **298.** 2; **302.** 15; **341.** 16; **414.** 3; **439.** 9; **446.** 10;  to converse **439.** 8;  voice **377.** 4;  to repeat **354.** 11; 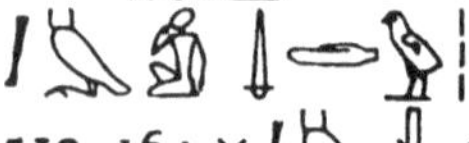 **104.** 13;  **104.** 16; **510.** 16;  **510.** 12; 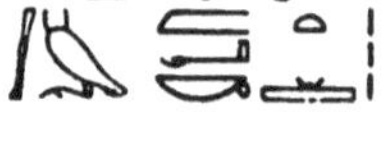 **478.** 16

nem  with  a second time, again **71.** 14; **115.** 2; **119.** 8; **285.** 2, 12; **295.** 9; **300.** 7; **395.** 16; **431.** 14; **457.** 9; **460.** 13; **461.** 5; **482.** 14; *nem ā* **120.** 2

Nem-ḥrà a proper name **243**. 5

nem …… **417**. 7; girded, encircled **447**. 1, 4

nem to defraud **250**. 16

nem, ***nemà***, ***nemà*** to walk, to stride **9**. 6; **12**. 9; **35**. 15; **36**. 7; **42**. 16; **49**. 7; **431**. 11

nemnem to march **289**. 5

nemā who? **138**. 15; **143**. 15; **266**. 7, 14; **267**. 5; who then? **503**. 9; who then art thou? **241**. 18

nemmà pigmy, dwarf **417**. 8

Nem a proper name **6**. 5

Ṇemu name of a god **62**. 4; **391**. 4; **394**. 12, 15; **396**. 10; **441**. 13

nemeḥ to defraud **250**. 6; to falsify the reading of the tongue of the balance **251**. 4; a humble man **250**. 7

to grow young **443**. 3

nemmes name of a crown **168**. 5, 8, 12; **169**. 2, 5; **272**. 12; **275**. 12; **473**. 3, 10

nemt block of slaughter **5**. 5; **24**. 13; **62**. 3; **69**. 4; **112**. 3; **121**. 14; **122**. 8; **254**. 5; **280**. 4; **373**. 15; **64**. 16

nemt , step, stride **22**. 7; **38**. 7; **49**. 9; **140**. 3; **408**. 12; **432**. 16; **487**. 1; plur. , **2**. 8; **31**. 11; **45**. 13; **149**. 1, 13; **181**. 13; **182**. 17; **185**. 8; **187**. 7; **211**. 1; **252**. 13; **310**. 2; **320**. 15; **383**. 8; **470**. 12; **475**. 3; **497**. 6; **195**. 3

nemṭet slaughtering place **371**. 12

n = see *ȧn*.

enen this, these **16**. 7; **24**. 1; **30**. 6; **31**. 15; **45**. 14; **51**. 14; **56**. 12; **101**. 15; **127**. 3; **147**. 7; **209**. 16; **231**. 8; **232**. 3; **270**. 2, 9; **301**. 2; **312**. 4, 6; **315**. 16; **316**. 16; **333**. 5, 6; **366**. 4; **448**. 13; **488**. 6; **505**. 16; this is he who **137**. 6; **143**. 6; **136**. 13

enen unguent **337**. 3

enen a stuff **340**. 2

enen a weak or helpless being **28**. 5

enen to be weak or helpless **162**. 12, 13

eneni, ***eneniu***, ***enentu***, ***enenui*** weak and helpless beings, fiends, etc., **29**. 8, 9; **121**. 16; **122**. 11; **144**. 15; **196**. 14; **198**. 1; **371**. 5; **390**. 11; **394**. 3

Enenaȧrerf see *Ȧn-ruṭ-f* 157. 4

ennu 25. 12

eneniu 422. 7; 424. 7

ennu this, these 28. 16; 41. 4; 57. 7, 11; 58. 2; 62. 12; 63. 15; 99. 16; 111. 11; 137. 7; 159. 3; 167. 2, 14; 203. 2; 215. 4; 218. 4; 231. 7; 235. 5; 244. 8; 263. 6; 286. 8; 306. 7, 15; 320. 4; 337. 4; 398. 7; 399. 7; 456. 8; 460. 8, 15; 503. 5; 506. 4; 66. 6; 67. 1, 3; 52. 12; 18. 11; 86. 3

ennu season, period, time 140. 5; 280. 8

ennu to watch, to observe, to see 189. 13, 14; 191. 14

ennu to go away or about 196. 13; 197. 17; 226. 9; 283. 8

ennu to be strong, to strengthen 226. 1; 373. 12

ennu (?) adorations 313. 2

Ennutu-ḥru a proper name 393. 7

ennui canal, stream, watercourse 57. 7; 151. 2; 152. 1; 181. 12; 221. 6; 267. 8; 368. 8; 373. 6; 378. 15; 379. 5; 380. 5, 8, 10; 390. 9; 418. 8; 432. 15; 444. 15

Enen-unser name of a cow-goddess 462. 4

ennur a kind of bird 373. 10

ennuḥ to masturbate 256. 9

ennuḥ to bind, to tie, to fetter, to drag on 33. 14; 92. 9; 473. 7, 8

ennuḥ cords, cordage, fetters 48. 1; 106. 3; 279. 10; 289. 11; rigging, tackle 295. 7; 391. 10; 396. 5

ennuḥti horns 197. 1, 7; 198. 6, 9

ennuχ to be burnt 133. 9

ennuṭ to bear, to carry, to journey, 136. 12; 166. 9; 296. 4

ennuṭiu a class of divine beings 166. 10

Enentā a proper name 107. 7; 107. 11

Ner a proper name (?) 439. 4

Nerāu a proper name 334. 14

nerā terror, strength, might, victory, strong one 108. 5; 200. 6; 286. 16; 315. 5; 341. 6; 417. 5; victory 344. 4; victorious 477. 11; 68. 7; 157. 9; 171. 14; 188. 12; 194. 2; 454. 15; 477. 8; 487. 9;

a proper name 350. 4.

Neráu-ta a proper name **335.** 7

neráut vulture **404.** 3, 11

neh to conquer **109.** 15; to be joined to **144.** 12

nehet sycamore tree **124.** 7; **130.** 15; **139.** 12; **144.** 11, 12; **201.** 14; **402.** 12; **403.** 9; **493.** 1, 13; the two sycamores **221.** 10; **368.** 12

neha to alight **101.** 13

neha to advance **227.** 16

nehaás to awake **511.** 5

Nehatu name of a city **255.** 9

nehep to copulate **224.** 2; **227.** 9; **229.** 11

nehep to have power over **180.** 12

nehepu strength **345.** 11

nehepu light, fire, to shine **183.** 8; **280.** 7; **342.** 8; **345.** 11; **355.** 3; **357.** 7; **466.** 7

nehem to rejoice, rejoicing **226.** 8, 13; **315.** 1

nehemu rejoicings **2.** 9

nehemnehem to be destroyed (?) **105.** 6

neheh flame, fire **283.** 14

nehehu needy one **408.** 13

nehes to wake up, to rouse up, to lift up 341. 4; 354. 4; 404. 6; 465. 4

nehesu a class of divine beings 183. 2; 332. 13

Nehes-ui a proper name 242. 1

Neḥ name of a god 397. 12; 398. 1

Neḥa-ḥrá one of the forty-two assessors 253. 15; 515. 10

Neḥa-ḥāu a proper name 253. 4

neḥait flowers 263. 2

neḥeb to assert 173. 3; 128. 18

Neḥeb-nefert one of the forty-two assessors 258. 9

Neḥeb-ka name of a deity 6. 8; 63. 14; 258. 11; 501. 12; 95. 10; 367. 9; 375. 12; 469. 4

neḥebet neck 80. 7; 117. 9; 136. 6; 142. 15; 401. 15; 446. 16; plur. 158. 8; 438. 3

neḥem to carry away, to deliver, deliverer 2. 7; 24. 1; 32. 6; 49. 9; 61. 11; 62. 12; 64. 2; 65. 13; 66. 6; 92. 10; 98. 10; 103. 16; 107. 15; 111. 6; 133. 12; 135. 14; 160. 2; 173. 11; 215. 3; 224. 8; 250. 13; 251. 5; 254. 1, 13; 256. 15; 260. 10; 262. 4; 282. 3; 298. 10; 334. 13; 365. 7; 366. 9; 369. 14; 375. 13; 411. 1, 14; 412. 10; 418. 3; 463. 15; 468. 2; 473. 6; 261. 5;

deliverer 350. 3; carried off, delivered 25. 6; 93. 3; 94. 1; 119. 2, 3; 132. 3; 383. 3; 421. 5, 6; 469. 8; 470. 1

neḥeḥ eternity, for ever 53. 6, 7; 147. 2; 152. 12; 155. 16; 159. 14; 169. 12; 184. 2; 185. 1, 2, 9; 208. 10; 213. 15; 225. 16; 232. 12; 268. 16; 278. 12; 285. 1, 12; 308. 8, 9; 309. 5; 364. 15; 383. 3; 399. 7; 421. 7; 432. 1; 442. 16; 444. 1; 471. 2; 479. 15; 482. 12; 484. 4; 489. 8, 14; 498. 3; 504. 1

neḥeḥ invoked 397. 15

neḥes negro 416. 2

neḥṭet jaw-teeth 97. 16; 112. 17 jaws (?); 117. 7

neχ to cry out 235. 1

neχa sharp knife 448. 12

neχaχat offerings (?) 201. 1 (var.)

Neχebet the goddess of the city of Nekheb 508. 11

neχebet plants 504. 7, 8

neχen babe, child 126. 13; 232. 6; 502. 15; one of the forty-two assessors 256. 3

neχennu children 251. 6; 265. 8

Neχen a city of Upper Egypt 39. 6; 157. 14; 232. 11; 233. 3; 234. 7, 9, 13; 235. 4; 7. 5

Nest Throne **324**. 6

nesti a class of divine beings **319**. 14

neś to walk upon (?) **5**. 12

neśt moisture **224**. 7

neśau plates or strips of metal **448**. 11

neśu a weapon **494**. 5

neśi — making the hair to bristle **130**. 3; **242**. 1

neśem a precious stone (mother-of-emerald [?]) **405**. 9, 16; **406**. 3, 4; **406**. 10

neśmet name of a boat of the sun **22**. 12; **108**. 15; **247**. 11; **326**. 5; **336**. 3; **347**. 14; **490**. 13; **509**. 12

neśni to make a storm, to stir up tempest **56**. 14, 15; **109**. 10; **128**. 4; **200**. 6, 11; **421**. 13; **483**. 7; **485**. 2; **156**. 15; **421**. 13

neśen, ***neśennu***, ***neśni*** storms, whirlwind **131**. 12; **231**. 12; **279**. 11; **281**. 15; **332**. 3; **334**. 13; **350**. 2

nek thee, thou, thy **1**. 7; **2**. 5; **6**. 3; **33**. 4; **50**. 2; **69**. 6; **77**. 11, 14; **98**. 16; **99**. 5; **100**. 13; **115**. 11; **304**. 12; **305**. 6; **312**. 6; **361**. 1; **379**. 6; **393**. 12; **402**. 7, 8; **436**. 2; **437**. 4; **439**. 2; **440**. 1; **441**. 4; **446**. 10; **452**. 7; **455**. 1; **458**. 1; **467**. 15; **471**. 13; **476**. 4; **479**. 2; **480**. 3;

485. 1; 491. 9; 494. 10; 495. 8; 496. 1; 504. 15; 506. 2; 509. 3; 510. 10; 511. 6; 512. 4; 513. 16; 514. 1; 515. 1

nek to copulate 180. 15; 225. 11; 250. 14; 255. 6, 14, 16; he had union with himself 53. 1

nekek a sodomite 255. 15; 256. 9; to commit sodomy 256. 9

nekau actions (?) 16. 5

nekai injury 231. 12

nekai harmful fiends 414. 9

Nekȧ a fiend 9. 7; 418. 1

Nekȧu a fiend 9. 7; 418. 1

neken to do harm or injury, injury, evil 34. 15; 105. 13; 165. 15; 166. 12; 202. 4; 228. 6; 402. 1; 406. 5, 6; 453. 3; 365. 9; 225. 3; 192. 8; 228. 7

neqāut shackles 460. 7

neqāiut those who steal away 90. 10

Neḳa to chew 31. 13

Neḳau a proper name 351. 8

neḳeḳ to cackle 63. 14; 179. 10; 202. 13; 376. 12; 438. 6; 493. 12

Neḳeḳ-ur the Great Cackler 131. 2

net thou **415.** 12; **416.** 3, 4

net the crown of the North **97.** 2; **415.** 4; **417.** 5; **495.** 16; King of the North **147.** 1

Neti a proper name **110.** 16

net the chancery, superintendent (or tongue of the chancery **26.** 9; and see *passim*.

ent of **1.** 3; **3.** 14; **20.** 3; **28.** 5; **33.** 5; **52.** 2; **59.** 6; **67.** 6; **80.** 6; **87.** 11; **103.** 2; **124.** 11; **130.** 8; **149.** 13; **181.** 11; **197.** 3; **210.** 6; **223.** 11; **242.** 7; **262.** 7; **271.** 16; **281.** 7; **294.** 1; **297.** 1, 15; **304.** 5; **308.** 4; **315.** 7; **334.** 2; **343.** 11; **347.** 3; **360.** 8; **366.** 11; **375.** 3; **380.** 6; **389.** 4; **403.** 7; **420.** 12; **437.** 2; **445.** 2; **449.** 9; **464.** 16; **485.** 9; **493.** 2; **504.** 16

net waters **9.** 2

Net Neith **112.** 13; **148.** 9; **158.** 3; **235.** 8, 14; **238.** 4, 11; **326.** 6; **339.** 2; **348.** 10; **413.** 12; **414.** 2

entā statute, ordinance **42.** 6; plur. **274.** 14; **486.** 9

netu fastenings **86.** 8, 10

entuten ye **206.** 6

entu not **462.** 1 *(bis)*

neti **109.** 11

neti to vanquish **236.** 15

enti = *ȧnti* = *ȧti* a negative particle, not, without 81. 16 ; 406. 4 ; 66. 10 ; 61. 9

Enti-śe-f a proper name 136. 3

enti who, which, that which 13. 12 ; 15. 17 ; 23. 15 ; 24. 7 ; 52. 15 ; 53. 5 ; 55. 2 ; 64. 3 ; 72. 12 ; 129. 15 ; 140. 12 ; 162. 2 ; 211. 6 ; 218. 12 ; 227. 6 ; 260. 2 ; 332. 14 ; 336. 2 ; 341. 6 ; 343. 5, 13 ; 358. 16 ; 368. 7 ; 390. 13 ; 393. 3 ; 406. 4 ; 407. 3 ; 441. 6 ; 482. 2 ; 488. 3 ; 491. 12 ; 492. 1 ; 507. 12 ; 508. 9 ; 53. 5

enti, **ent**, **entiu**, **entet** those who, the persons or things which are 24. 16 ; 47. 9 ; 99. 14 ; 140. 12 ; 166. 2 ; 174. 5 ; 213. 1 ; 392. 8 ; 440. 6 ; 443. 14, 15 ; 475. 1 ; 478. 4

Enti-ḥrȧ-f-emmā mast-f a proper name 281. 6

entef he 25. 7 ; 38. 7, 9 ; 64. 13 ; 65. 3 ; 67. 16 ; 68. 4 ; 87. 9, 10 ; 91. 6, 7 ; 135. 5 ; 271. 9 ; 295. 4, 5 ; 373. 9 ; 379. 1 ; 409. 8, 12 ; 411. 8 ; 412. 12 ; 413. 11

netnet that which flows 175. 1 ; 216. 12

neter god 2. 12 ; 3. 9 ; 121. 14 ; and see *passim*.

neteru gods 1. 7 ; 4. 3, 4, 14, 16 ; 6. 3, 16 ; 7. 9 ; 8. 8, 16 ; 9. 11 ; 11. 14, 15 ; 12. 3 ; 13. 1 ; 21. 3 ; 51. 15, 16 ; 52. 9, 11 ; 55. 10 ; 64. 2 ; 65. 7, 8 ; 66. 14 ; 67. 3 ; 79. 11 ; 318. 1 ; 319. 9, 13 ; 336. 2 ; 365. 6, 12, 13, 14 ; 367. 10 ; 372. 1 ; 374. 3 ; 379. 2 ; 382. 4 ; 387. 11 ; 462. 10, 11,

12; 466. 2; 487. 3, 7; 514. 2, 4; 515. 16; 516. 5, 7, 11 (see also  *paut*);  the company of the gods 162. 2;  gods 45. 1; ,  all the gods 54. 7; 69. 14; 74. 7; 76. 12; 459. 11; 460. 1; 511. 13;  the father-gods 365. 6;   the mother-gods 365. 6, 13; 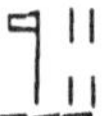 the four gods 295. 5;  forty-two gods 249. 10; 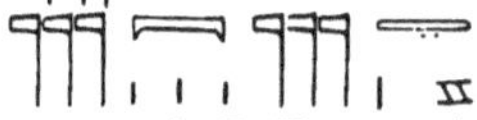 gods celestial and gods terrestrial 485. 14; 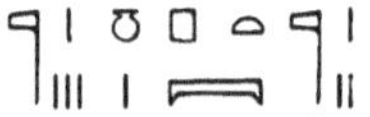 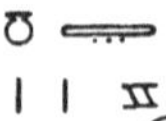 gods of heaven and gods of earth 496. 2;   gods of the Ṭuat 424. 13; 429. 13; 434. 2; gods of the 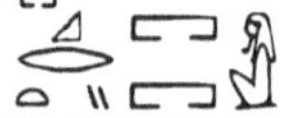 326. 11; gods of Meḥen 434. 5; 435. 4;  326. 10;  438. 8, 13;  319. 9; 455. 12;   319. 9; 455. 12;  319. 9; 443. 14;  319. 8; 443. 14; gods foll●wing Osiris 422. 14; 514. 5; 515. 16; gods of the shrine 422. 10, 12; 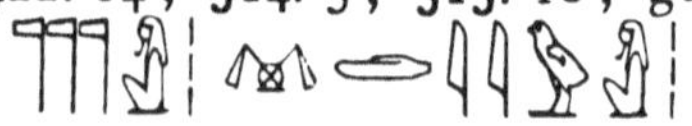 87. 2

netert  goddess 16. 16; 78. 6; 81. 5; 82. 6; 89. 15; 112. 12; 166. 12; 169. 14; 244. 13; 246. 1; 271. 16; 275. 2; 276. 16; 294. 2; 326. 4; 399. 12; 400. 5; 410. 6; 416. 16; 444. 15; 445. 12; plur. 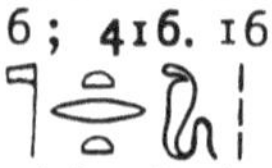 422. 14; 480. 6; 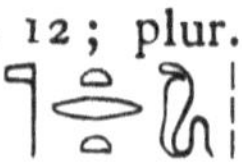  175. 11; 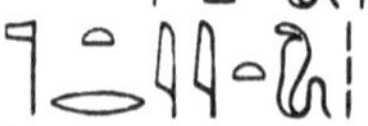 111. 9; 443. 11

neter  —  great god, *i. e.*, Osiris 164. 4; 208. 13; 510. 14; 512. 8;  self-created, great god 51. 11;  god One 9. 1; 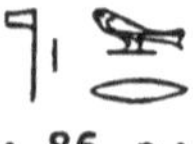 god great 170. 1;  god of the city 24. 4; 86. 9;

226. 4, 5, 6, 11; 227. 5; 259. 12; 436. 15;  251. 1;  god with a dog's face 64. 3

neter-ui  the two gods Horus and Set  475. 4;  449. 16

neter
neteri
netert

to make or become like a god, divine 8. 2; 9. 11; 37. 2; 43. 4; 67. 14; 80. 11; 154. 6; 165. 9; 168. 3; 170. 9, 10; 171. 7; 174. 15; 201. 14; 254. 6; 287. 4; 375. 9; 409. 5; 417. 12; 419. 6; 509. 12; 510. 13; 511. 3, 12; 516. 12;  416. 13; 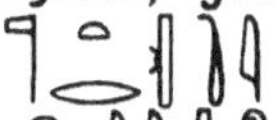 47. 2; 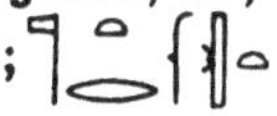 strengthener (?) 416. 7;  divine one 491. 14;   49. 1

neter àtef-ui  the two divine fathers 449. 8

neter meṭu  sacred words or writings 151. 13; 228. 15; 441. 10

neter nemmat  divine block 24. 13; 91. 17; 122. 8

neter ḥāu 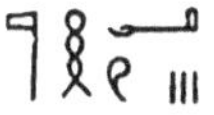 divine body 290. 12; 340. 14; 460. 3

neter ḥet  god's house, temple 219. 1; 242. 6; 326. 10; 347. 12; 441. 9; 464. 6; 472. 3; 489. 12

neter ḥetepu 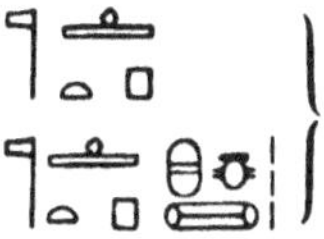 holy offerings 1. 4; 58. 16; 261. 4; 269. 9; 380. 1; 453. 6

Neter χert  the underworld, a region in the "beautiful Àmentet" **14**. 9; **18**. 5; **31**. 10; **43**. 16; **70**. 1, 5, 15; **90**. 9; **91**. 9, 15; **92**. 15; **93**. 13; **95**. 1; **97**. 9; **98**. 7; **116**. 18; **119**. 8; **120**. 2; **130**. 11; **162**. 10; **178**. 15; **179**. 1; **196**. 12; **197**. 16; **246**. 2; **285**. 5, 13; **295**. 9, 10; **310**. 2; **317**. 1; **334**. 3; **363**. 3; **365**. 7, 14; **370**. 7; **384**. 7, 13; **422**. 14; **424**. 15; **425**. 15; **426**. 7; **429**. 11; **435**. 3; **470**. 13; **480**. 13; **497**. 3; **501**. 4; **514**. 7, 9

neter χet  property of the god **251**. 13; **253**. 11, 15; **337**. 14

neter sentrà, ***neter senθer*** or ***sentrà*** 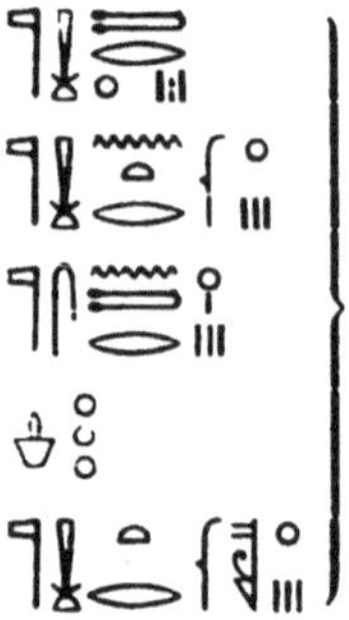 incense offered to the gods **80**. 11; **161**. 3; **175**. 1; **216**. 11; **223**. 7; **247**. 8; **268**. 2; **291**. 4; **294**. 8; **303**. 12; **310**. 16; **312**. 6; **317**. 7; **318**. 3; **382**. 16; **333**. 13; **366**. 7; **375**. 10; **437**. 1; **444**. 7;   **300**. 1

neter seḥt 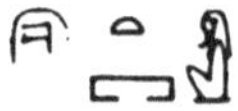 divine hall **323**. 9; **348**. 4; **513**. 9

neter śes 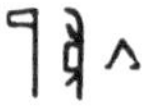 follower of the god **223**. 10

neter ṭuai  divine morning star **222**. 7; **242**. 9

neter ṭuau  to make like the divine morning star **277**. 12; **307**. 14; 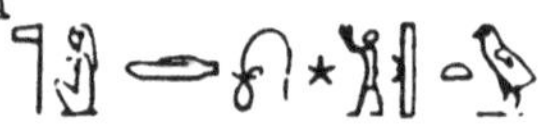 **300**. 11

neter ṭept  the divine boat **218**. 5; **368**. 10

neter ṭeṭ  sacred speech **135**. 13

Neter  name of a pool **506**. 15

Neteru / ***Neter*** name of a city **321.** 6; **323.** 12

Neter uťat name of a place **201.** 14; **491.** 10

entek thou **8.** 16; **10.** 5; **15.** 12; **38.** 3; **41.** 6; **96.** 4; **129.** 14; **241.** 18; **408.** 7, 12; **409.** 12; **421.** 4; **435.** 13 *(ter)*, 14; **440.** 9; **441.** 1; **442.** 13; **505.** 6

Neteqa-ḥrȧ-χesef-aṭu the herald of the fourth Ārit **328.** 7

netet cattle for sacrifice **182.** 12

entet which **67.** 5; **111.** 4; **141.** 13; **156.** 9; **157.** 8; **170.** 2; **190.** 15; **354.** 6; **355.** 2, 9, 15; **375.** 1; **376.** 3; **378.** 8; **394.** 9, 14, 15; **412.** 1

neṭ to bandage **414.** 5

Neṭit a proper name **324.** 3

Neṭbit name of a city **322.** 5

Neṭet name of a city **455.** 16

neť / ***neťet*** / ***neť*** to avenge, to protect **19.** 15; **46.** 14; **137.** 14; **153.** 1; **154.** 6; **195.** 4; **277.** 3, 4, 7; **306.** 12; **307.** 1, 3, 6; **346.** 11; **347.** 3; **361.** 4, 11; **385.** 7; **369.** 5; **478.** 13; **483.** 12; avenger **478.** 9; **482.** 15; to advocate **341.** 9

neť ḥrȧ to avenge **313.** 16; **452.** 9; **488.** 15; to pay homage to **442.** 5

nefnef to gainsay **340.** 9; **353.** 5

nef meṭu to exchange words **166.** 15

neftu re to converse **140.** 8; addresses **451.** 14

Nefeb-àb-f a proper name **107.** 5

Nefefet a proper name **321.** 5

nefem, ***nefemu***, ***nefemet*** to be glad, to rejoice, happy, sweet **4.** 11; **6.** 9; **35.** 14; **76.** 8; **82.** 3; **126.** 5, 11; **127.** 9; **135.** 7; **173.** 3; **186.** 6; **298.** 2; **436.** 6; **437.** 6; **467.** 15; **481.** 5; **484.** 12; **485.** 16; **513.** 10; very pleasant, pleasant things **225.** 14

Nefem name of a god **108.** 2

nefemmit the pleasures of love **458.** 11, 13

nefer to grasp, to hold fast, strong **149.** 4; **155.** 10; **196.** 4; **197.** 8; **282.** 5; **296.** 4, 12; **297.** 8; **395.** 6; to be restrained or held fast **309.** 8; **330.** 12; **467.** 6

neferi clinchers **392.** 16; **429.** 3

neferà to carve, to fashion **75.** 6

neteḥet to strengthen **225.** 12

Nefeḥnefeḥ a proper name **59.** 8

nefes, ***nefeset*** weak, little **443.** 11; **457.** 15; **504.** 7; **506.** 7; lesser gods **318.** 7

Nefesti a name of Osiris **321.** 14

Nefses name of a god **339.** 14

Nefet name of a city **323.** 11

R or L.

er at, to, with, into, among, against, from, according to, near, by, towards, upon, concerning **1**. 9; **2**. 13; **3**. 5; **4**. 4; **10**. 5, 7; **15**. 10, 12; **34**. 11, 13; **43**. 13; **63**. 12; **64**. 10; **95**. 3; **96**. 2; **124**. 3; **126**. 13; **130**. 1; **136**. 3; **140**. 2; **147**. 13; **151**. 5, 6, 7; **210**. 9; **483**. 2; **501**. 6, 8; and see *passim*.

er more .... than more glorious than the gods **38**. 5; **48**. 10; **43**. 4; **87**. 10, 15; **88**. 3; **87**. 15; **88**. 4; **106**. 8; **277**. 2; **298**. 7; **330**. 9; **416**. 3; **442**. 9; **445**. 15; **446**. 13; see also **196**. 15, 16; **198**. 2, 3

er-àmi among **126**. 12; and see *passim*.

er-àmi-tu
er-àmi-θu among, between **64**. 9; **165**. 2; **215**. 16, 17

er-ȧsu in return for, as recompense for 231. 6

er-pu or 23. 6; 161. 10; 316. 11; 317. 12, 16; 407. 16

er-mā with, near 234. 2; 266. 10; 267. 1; 509. 9; 510. 15

er-men as far as 31. 15

er-entet because 244. 3; 308. 13; 396. 2, 5, 7, 9, 10, 12, 14, 16; 397. 2, 4, 6

er-ruti, er-rut outside 26. 2; 502. 9

er-ḥāt before 505. 5

er-ḥenā with 22. 10

er-ḥer remote from sight 372. 9

er-ḥeru above 436. 13

er-χeft in the face of 22. 3

er-χer under 436. 5, 13

er-χerθ on behalf of 136. 16

er-sa by the side of 241. 17

er-ḳes by the footprint of, near 15. 15; 22. 16; 60. 12; 61. 2; 70. 15; 96. 10; 154. 12; 179. 1; 215. 11;

222. 5; 279. 12; 286. 3; 295. 10; 302. 13; 368. 4, 5; 425. 8; 427. 3; 430. 7; 433. 6; 436. 10; 487. 13

er cake 466. 15

re goose 451. 11; plur. 154. 15; 221. 6; 229. 1; 368. 8; 440. 10

re worms (?) 418. 4

re door, opening, mouth 8. 1; 11. 5; 61. 11; 63. 8; 107. 3; 108. 6; 150. 15; 151. 15; 191. 5, 8; 192. 1; 225. 6; 251. 6; 281. 8; 315. 6; 316. 15; 339. 5; 346. 15; 369. 14; 371. 12; 372. 13; 379. 15; 389. 11; 405. 12; 408. 15; 411. 16; 419. 2; 444. 8; 450. 3; 465. 7, 8; 467. 6; 479. 5; 510. 6; 511. 2; strong of mouth 22. 4; appearance 41. 16; plur. 22. 2; 115. 7; 269. 8; 374. 8; 510. 9; 444. 5

re ȧpt (?) brow 68. 5; 69. 6

Re-āa-urt name of a city 144. 10

re uat entrance to the ways 37. 15

re mu mouth of a stream 439. 6

re Ḥāp mouth of the Nile 380. 3

re χemennu the entrance to the city of Khemennu 92. 7

re Seχait the mouth of the goddess Sekhait 326. 5

Re-stau the entrance to the passages of the tomb, the underworld **19**. 14; **20**. 6; **23**. 2; **24**. 2; **27**. 15; **47**. 10; **55**. 5; **69**. 16; **70**. 11; **76**. 4, 7; **79**. 14; **82**. 1; **86**. 2; **138**. 16; **143**. 16; **223**. 11; **239**. 3, 4; **240**. 3, 4, 11; **248**. 1; **253**. 4; **261**. 13; **269**. 15; **270**. 3, 7; **302**. 6; **321**. 13; **322**. 2; **324**. 2; **329**. 10, 13; **348**. 4, 10; **358**. 9, 10, 15; **360**. 1, 16; **377**. 7; **426**. 1; **452**. 5; **477**. 9; **512**. 7; **515**. 10

re to set the mouth in motion against any man **16**. 5; **254**. 15; **255**. 1

re chapter of a book **77**. 1; **80**. 10; **267**. 14; **316**. 15; **317**. 2; plur. **18**. 4; **142**. 7; **223**. 14; **349**. 11; and see *passim*. a single chapter **142**. 7; a chapter of words **23**. 14; **25**. 8; a chapter of mysteries **19**. 14

ri door **55**. 13

erper temple and the ground on which it stands **237**. 11; **472**. 2

erperu temples **16**. 4; **28**. 10; **97**; 4; **110**. 10; **138**. 4; **141**. 10; **250**. 12; **309**. 15; **486**. 2; the temples of the south and of the north **223**. 4; **387**. 6

Re (?) the Lion-god Rā **91**. 16; **139**. 6; **144**. 6, 16; **288**. 2; **435**. 13

Re-iukasa name of a god **418.** 10

Re-Rā the Lion-god Rā **132.** 13

rā storehouse **449.** 9

rā work **42.** 7

Rā the Sun-god **1.** 3; **2.** 7, 10; **3.** 13; **4.** 1, 7, 12; **5.** 4; **6.** 13; **11.** 3; **12.** 12; **20.** 5; **23.** 8; **27.** 9; **48.** 17; **52.** 4, 9; **75.** 14; **108.** 11; **117.** 2; **131.** 10; **295.** 4; **315.** 10; **359.** 10; **366.** 4, 8; **383.** 2; **409.** 5; **421.** 12; **426.** 10; **456.** 6; **457.** 1, 3; **470.** 9; **476.** 4; **486.** 12; **487.** 9; **490.** 11; **491.** 1; **496.** 13; **509.** 8, 11, 16; **510.** 13; **511.** 6, 13; **514.** 3, 16; **515.** 1

Rā-Ȧusȧr Rā-Osiris **281.** 4

Rā-Ḥeru-χuti Rā - Harmachis **48.** 16; **318.** 4; **367.** 11; **381.** 3

Rā-Tem Rā-Tem, *i. e.*, the day sun and the night sun **46.** 3; **47.** 4; **64.** 1; **104.** 7; **317.** 4

Rā-Maāt-men the prenomen of Seti I. **10.** 16

Rā-men-kau the Mycerinus of the Greeks **97.** 2; **141.** 8

Rā-meses-meri Ȧmen-meri-Maāti the prenomen of Rameses IV. **271.** 8, 15; **272.** 8, 16; **273.** 2, 6

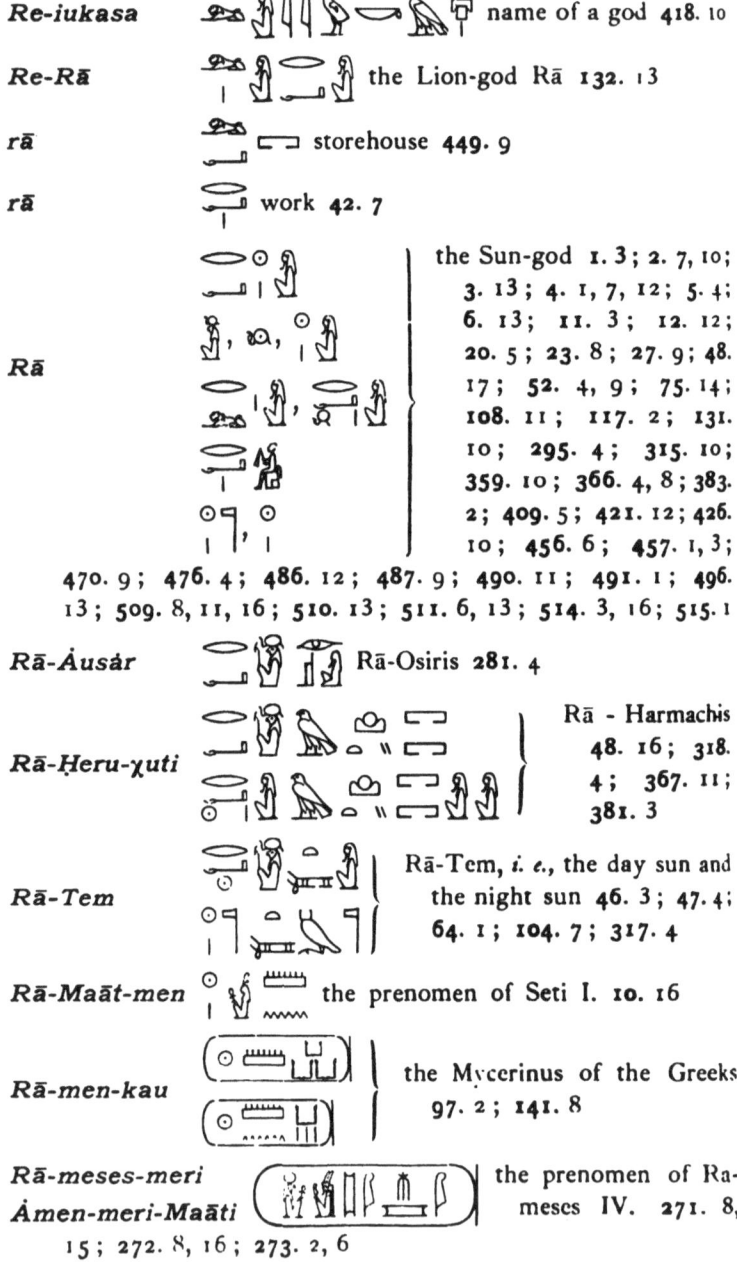

Rā-er-neḥeḥ a proper name **315.** 12

rā day **2.** 6; **11.** 10; **28.** 2, 4; **138.** 10; **184.** 9; **289.** 7, 10; and see *passim* *rā mā* like the sun, daily **454.** 7; , *rā neb* daily **2.** 6, 13; **3.** 5; **33.** 6; **100.** 6; **104.** 17; **113.** 6; **199.** 15; **200.** 2, 11; **299.** 4; **329.** 7; **353.** 15; **397.** 15; **446.** 8; **456.** 15; **479.** 9; **480.** 14; **483.** 4; **494.** 13; **495.** 13

ru **463.** 9

ru **468.** 10

ruȧ to carry away, to separate from **105.** 15; **129.** 16; **160.** 10; **494.** 7

rui journey **209.** 2 *(bis)*

ruti, ***ruti*** door (?) *er ruti* outside **25.** 4; **26.** 2; **134.** 11; **149.** 2, 15; **497.** 10

rut, ***ruṭ***, ***ruṭ***, ***ruṭ*** to grow, to make to grow, to spring up **9.** 16; **127.** 11, 12; **133.** 12; **181.** 5; **379.** 7; **401.** 11; **408.** 8; **425.** 15; **460.** 5; **461.** 11; **509.** 15; **513.** 8; **514.** 16; things which grow **379.** 8; to be taut (of ropes and sails) **87.** 11; **235.** 16; **236.** 1; **447.** 7

ruṭi strong, vigorous **41.** 12

ruṭ plants, things which grow **140.** 7; **181.** 6; **504.** 16; **505.** 5

Ruṭ-en-Åuset a proper name **396**. 6

Ruṭu-nu-Tem a proper name **391**. 11

Ruṭu-neb-reχit a proper name **393**. 3

ruṭ superintendent, overseer **392**. 3, 4

ruṭ staircase **297**. 2

ri bandage, strip of linen **414**. 5

riu emanations **138**. 15

eref then, therefore, an intensive particle **51**. 8, 13, 16; **52**. 3, 10, 15; **53**. 3, 9, 16; **54**. 5, 8, 12; **55**. 4; **56**. 1, 9, 14; **57**. 6, 13; **58**. 6; **60**. 13; **61**. 15; **62**. 16; **63**. 15; **64**. 7; **65**. 1, 4, 8, 13; **66**. 3; **69**. 1; **147**. 15; **148**. 1, 2; **183**. 8; **260**. 14; **444**. 1; **494**. 10; **495**. 5

erpā, ***erpāt*** hereditary tribal chief **13**. 9; **154**. 16; **325**. 16.

erpit Isis and Nephthys **323**. 6

erpit image **409**. 13

remu fish **147**. 15; **148**. 2; **198**. 6; **234**. 1, 3; **251**. 9; **292**. 12; **381**. 9; **392**. 4; **400**. 6, 11; **444**. 9

remu the city of Fish **234**. 4, 7

Remi the fish-god **188**. 13

rem to weep **92**. 4

remu to weep **467**. 14; *remt* lamented **445**. 5

remtu weeping, tears, **137**. 15; **143**. 13

rem-θȧ studded **447**. 4

ermen , arm, shoulder **136**. 4; **235**. 8, 13; **450**. 1 *(bis)*; **462**. 8

ermen-ui the two arms, shoulders **61**. 13; **68**. 11; **447**. 13

ermennu, ***erment*** arms, shoulders **68**. 9; **137**. 3; **244**. 10; **450**. 14, 15; **495**. 10; supporters **158**. 6; the arms of a tree **244**. 6

ermennu-ui the two sides of a ladder **202**. 16

ermen to fall away from **217**. 5

ermenu to carry away **336**. 6

Remrem name of a god **163**. 4

ren , name **3**. 6; **5**. 1; **13**. 16; **14**. 1; **15**. 14; **52**. 16; **54**. 13, 15, 16; **55**. 1, 2; **60**. 16; **63**. 5; **64**. 8, 12, 13; **69**. 2, 3; **96**. 6; **97**. 11, 13; **98**. 11; **132**. 10; **133**. 12; **136**. 2, 16; **143**. 2; **155**. 16; **184**. 7; **205**. 6; **248**. 8, 12; **262**. 3; **263**. 1; **264**. 5, 7, 13, 15; **265**. 7; **298**. 2; **326**. 4; **327**. 1, 11, 17; **328**. 3, 8, 12, 16; **329**. 4; **334**. 10; **335**. 7; **336**. 4; **337**. 10; **345**.

2; 346. 15, 16; 347. 1; 353. 15; 355. 4, 11; 356. 2; 357. 11; 358. 3, 9; 359. 2, 3; 360. 12, 13; 361. 14, 15; 370. 5; 374. 4; 391. 10, 14; 406. 10; 418. 13, 14, 15, 16; 419. 2, 8, 11, 12, 13, 14, 15; 438. 9; 443. 13; 462. 10; 468. 1, 3; 484. 1, 2; 486. 3; 509. 3; 512. 1, 14; 513. 11; 513. 8; plur. 24. 5; 51. 12; 317. 13; 91. 3; 158. 10, 11; 160. 6; 175. 6; 206. 10; 207. 2; 260. 1; 264. 5, 8; 329. 9; 377. 10; 320. 16

ren to nurse 11. 13

renp, *renpȧ*, *renpu*, *renpi* to grow young, to renew youth 119. 5; 154. 10; 188. 7; 294. 15; 298. 3; 482. 14; 510. 1; 8. 7; 224. 12; 47. 2; 483. 4; 486. 11; 486. 11; 11. 6

renpit year 158. 14; 244. 15; 366. 2; 464. 3; 505. 15; 506. 2; plur. 88. 11; 92. 10; 111. 11; 113. 12; 125. 3; 158. 14, 15; 168. 11; 185. 2; 188. 4; 225. 14; 359. 8; 458. 2; 195. 9

renpit herbs, plants 101. 7; 454. 5

Renen name of a god 323. 15

renen to nurse, to suckle 7. 1; 119. 11; 293. 8

Renenet "nurse", a proper name 405. 13

Rennutet name of a goddess 443. 1

rer pig 231. 10

rer (?) territory 184. 14

rer, ***reru*** to revolve, to go round about **26**. 9; **68**. 9; **77**. 5; **107**. 14; **114**. 7; **155**. 11; **165**. 11; **191**. 11; **282**. 7, 11; **283**. 3, 8, 11; **287**. 13, 16; **303**. 5; **315**. 2; **333**. 15; **358**. 11; **362**. 2; **382**. 15; **388**. 11; **389**. 12; **392**. 13; **405**. 11; **470**. 6; **497**. 15; encircled **448**. 7; those who revolve **390**. 8; , journeyings **103**. 4; **104**. 10; go ye round **121**. 5

rer χet to retreat revolving **487**. 8

rert circle **468**. 7

θes rer again, repetition **182**. 16; **211**. 3; **238**. 8; **373**. 3

rert drugs, spices **67**. 13

reru (?) **154**. 4

reru **445**. 2

rert men **420**. 6

Rertu-nifu a proper name **324**. 9

Rerek name of a serpent-fiend **100**. 12; **105**. 3; a serpent in the city of Åses **372**. 7, 10, 13

Rerti the double Lion-god **27**. 5; **47**. 10; **103**. 4, 15; **104**. 7; **110**. 12; **125**. 4; **136**. 13; **161**. 6; **168**. 5, 12; **169**. 3, 5, 14; **281**. 16; **330**. 15; **391**. 9; **419**. 12; **435**. 13; **438**. 12; **515**. 12; one of the forty-two assessors **253**. 6

Rereθȧ, ***Rereθi*** the double Lion-god 67. 13; 418. 16

rehebu flame 412. 4, 5

rehen to rest upon, to sit on *or* in 258. 3, 13; 218. 13

reḥ to enter 103. 13

Reḥu name of a god 68. 1

Reḥui the name of a city 465. 10

Reḥui the two "combatant gods", *i. e.*, Horus and Set 27. 17; 56. 9; 242. 16; 359. 14; 439. 9; 483. 6

Reḥti the two "combatant goddesses" 102. 12; 176. 11; the two sister combatants 485. 3

Re-ḥent a proper name 150. 10, 11 *(bis)*

Re-ḥenenet a proper name 321. 8

reχ to know, knowledge 4. 15; 52. 2; 55. 3; 63. 5, 6; 98. 11; 109. 3; 115. 15; 119. 14; 138. 1; 152. 10; 247. 1; 284. 8; 317. 13; 320. 16; 329. 8, 9; 334. 10; 335. 5; 338. 15; 339. 10; 342. 13; 343. 12; 344. 3; 345. 1; 346. 7; 349. 15; 350. 6; 351. 3; 363. 7; 365; 5; 368. 12; 374. 4; 391. 2—9; 392. 1—16; 393. 2, 4, 7, 9; 394. 4; 419. 1; 420. 11; 425. 14; 438. 9; 459. 10; 472. 11; 477. 13; 488. 9; 497. 5; 498. 1; 507. 12; knowing, known 10. 2; 24. 5; 248. 8, 12; 266. 3;

ye know 394. 9; 396. 2, 5, 8, 10, 12, 14, 16; 397. 2, 4, 6; to understand 89. 16; unknown 115. 3; 352. 4; knowingly 17. 6; 39. 10; 70. 4; 112. 3; 115. 15, 16

reχu χet "knowers of things" 331. 1

reχit beings who know, men and women, mankind 7. 3; 9. 2; 54. 11; 68. 9; 104. 12; 113. 9; 138. 10; 147. 7; 153. 9; 241. 2; 248. 6; 252. 4; 349. 4; 358. 12; 362. 3; 393. 3; 490. 1

reχti to work for 101. 16

Reχti name of two goddesses 249. 14

Reχti-merti-neb-Maāti a proper name 249. 14

res, ***resu*** to watch, to be awake 6. 2, 5; 47. 2; 73. 11; 228. 10; 230. 5; 310. 11, 12; 401. 12; 465. 3; 505. 1; 79. 13; wake up! 431. 16

resit the nine watchers 431. 16

restu night-watchers 146. 15, 16

Res-åb the warder of the fourth Ārit 328. 6

Res-ḥrå the warder of the third Ārit 328. 2

res south, southern 2. 1; 55. 5; 129. 4; 156. 14; 221. 5; 312. 3; 323. 11; 347. 7; 368. 7

reset south **262.** 11; **311.** 4, 10; **317.** 14; **319.** 4; **365.** 1

resu southern, those in the south **36.** 11; **99.** 6, 9; **106.** 4; **114.** 14; **319.** 8; **443.** 14

Resu a proper name **321.** 5; **319.** 14

resu south wind **129.** 5; **155.** 12; **389.** 10; **407.** 10

Res-Meḥt South and North, *i. e.*, all Egypt **28.** 10; **110.** 10; **138.** 4

Resenet a proper name **320.** 12; **323.** 5

reś, ***reśi*** to breathe with joy **4.** 7; to rejoice **6.** 9; **236.** 1; **238.** 11; **12.** 6

reśt to snuff, to inhale **351.** 13

[illegible]ui the nostrils **488.** 4

[illegible] then, an emphatic particle **7.** 7; **179.** 16; [illegible] (bis)

[illegible], ***[illegible]*** fire, flame **340.** 7; **353.** 3; **412.** 2; plur. **351.** 13; **320.** 6

[illegible] Seker (?) **106.** 6

req* / *req* / *reqa — to incline away from 15. 11; to fall away 91. 8; 501. 8; 96. 3

Reqi — fiend 6. 7

reqau — fiends 337. 11

ret — to go about 313. 2 *(bis)*

ret — men and women, people, mankind, 235. 11; 463. 2; everybody 407. 16

Retasaśaka — a name of Åmen 419. 10

reti — doors 136. 10

reṭ — foot 162. 8, 10; 266. 2, 3

reṭui — the two feet 32. 8; 67. 15; 89. 9, 13; 90. 2; 96. 16; 113. 2; 118. 19; 136. 12; 140. 15; 141. 8; 150. 14; 153. 4; 157. 8, 9; 166. 7; 185. 5; 194. 15; 195. 6; 196. 7; 213. 2; 247. 14; 265. 15; 305. 13; 348. 3; 376. 8; 385. 8; 413. 13, 14; 420. 4; 436. 3, 12; 437. 10, 11; 439. 16; 449. 5; 491. 16; 502. 13; 511. 2; legs of an ape 116. 5

reṭ — men and women 64. 4; 250. 1

reṭ* / *reṭu — staircase, steps 278. 1; 296. 7; 298. 1

erṭā, **erṭāt** to give, to set, to place, to put, the act of giving or placing, causing **20.** 9; **223.** 3; **333.** 1; **334.** 1; **370.** 11; **406.** 3; **447.** 8; **470.** 10; **492.** 16; **497.** 7, 9; **506.** 16; **291.** 5; **403.** 9; *erṭāu* given **2.** 6; **139.** 5; **485.** 6; given **386.** 5; placed **34.** 3; **65.** 3, 5; **119.** 1; **130.** 7; **242.** 7; **477.** 4, 7, 10, 11; **490.** 3; **494.** 6; **133.** 1; **25.** 9; **67.** 9; **231.** 4; **293.** 2; **75.** 7; **337.** 2; as an auxiliary verb **28.** 9; **492.** 7; **404.** 12; **138.** 1; **23.** 13; **408.** 5; **309.** 2; **308.** 6

Erṭā-nifu a proper name **263.** 12

Erṭā-ḥen-er-reqau a proper name **337.** 11

Erṭā-sebanqa a proper name **350.** 16

erṭut places, abodes **214.** 8

erṭu (?) **25.** 4

erṭu emanations **134.** 3; **240.** 13; **358.** 8; **362.** 2; **378.** 14; **380.** 13

reθ men and women, mankind **9.** 4; **13.** 10; **24.** 2; **96.** 7; **113.** 7, 8; **114.** 12, 13; **145.** 5; **175.** 8; **237.** 5; **238.** 7; **245.** 10; **253.** 5; **260.** 16; **285.** 11; **291.** 14; **293.** 12; **356.** 11; **365.** 11; **388.** 11; **389.** 2, 13; **403.** 14; **438.** 12; **459.** 10; **477.** 6; **490.** 2; **491.** 8; everybody **366.** 10; **497.** 8

H.

ha to go in, to enter, to embark, to advance, 22. 14; 24. 10; 89. 7; 106. 7; 147. 14; 149. 5; 178. 7; 203. 12; 210. 6; 248. 3; 273. 15; 282; 2; 284. 2; 287. 3; 295. 7; 335. 10; 346. 10; 348. 11; 411. 5; 491. 7

hai, *hait* to enter, entrance, incomer or oncomer 18. 5; 23. 13; 25. 10; 50. 19; 52. 13; 59. 1; 62. 15; 63. 4; 75. 7; 103. 12; 149. 15; 357. 15; 106. 2

ha = O 441. 14; 442. 2, 11, 12

ha to be strong 298. 6; strength 131. 10

ha time, period, reign 97. 2; 131. 9

ha , cry, shout, O 46. 13; 423. 5; 441. 6, 16; 442. 3; 452. 13, 16; 466. 16; 467. 7; 481. 9

Hai a proper name 108. 11

hai to shout 6. 3; 277. 3, 14; 289. 10; 290. 11; 316. 2, 4, 7; 508. 3; 509. 4; 510. 14; 511. 15; 513. 12

hai rejoicing 49. 6

haåker name of a festival 356. 1

hau reign, time **141**. 8; **145**. 14

hait heaven **267**. 6

hab
habi to send **34**. 12; **56**. 16; **66**. 10; **111**. 12; **401**. 14; **421**. 12; **458**. 15; **459**. 1, 6; to advance **372**. 15

Hab-em-atu a proper name **34**. 12

habeq to fail **56**. 8

hamu blemish, defect, sin **50**. 5

Ha-ḥetep a proper name **373**. 5

Ha-χeru a proper name **358**. 5

Ha-sert a city of the seventh Åat **381**. 11

Haker name of a god **74**. 2

haker name of a festival **497**. 2; plur. **347**. 8

Haqa-haḳa-ua-ḥrȧ a proper name **408**. 16

hat cry, to shout **471**. 13

hat to go in, entrance, to embark **211**. 12; **214**. 5; **243**. 16

ha-ti to descend **292**. 14

hatu brow (?) **413**. 6

Hu-nefer  name of a scribe **8.** 13; **10.** 16; **484.** 9

Hu-χeru  the herald of the first Ȧat **329.** 13

hi 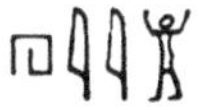 acclamation **435.** 15; **441.** 4

heb  ibis **185.** 16

heb, hebt 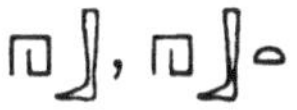 to journey **91.** 4; **348.** 5

hepu  laws **481.** 1, 12; **488.** 13

hem  fire **219.** 6

hememet* or *hamemet  name of a class of people on earth, and of beings in heaven with human forms **7.** 3; **26.** 3; **38.** 4; **113.** 9; **120.** 16; **244.** 11; **245.** 5; **281.** 11; **282.** 15; **292.** 6; **296.** 2; **297.** 7; **478.** 6; **482.** 2

hemhem  to roar, to cry out **338.** 4; **340.** 10

hemhemet  outcries, roarings **298.** 6; **352.** 4; **373.** 8

Hemti  "Runner" **138.** 12

hen 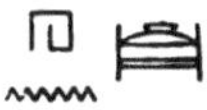 funeral chest, coffin **22.** 11; **309.** 13

henȧ 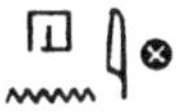 name of a city **322.** 12

hennu to sing songs of joy, to praise 103. 5; 315. 1; 342. 1

hennu praises, shouts of joy 6. 4; 7. 4; 9. 13; 12. 5; 13. 1; 35. 16; 49. 2; 290. 11; 395. 3 *(bis)*; 416. 4; 429. 4; 435. 15; 441. 4; 481. 10; 489. 16

henhennu, ***henhenit*** the watery abyss of heaven 27. 4; 103. 2; 104. 10

her, ***hert*** to be pleased, to rest, content, gracious 332. 11; 339. 12; 353. 12; 415. 9; 438. 11; 516. 5

herȧ a vessel 130. 7

hru day 3. 9; 18. 4; 19. 4, 12; 20. 9; 23. 14; 52. 4; 53. 7; 56. 8; 58. 5; 148. 8; 262. 14, 15; 309. 2; 333. 15; 342. 1; 354. 13; 366. 1; 371. 12; 409. 4; 429. 5; 468. 15; 491. 7; 508. 11; plur. 158. 16; and see *passim*; to-day 112. 8; 114. 11, 12; 464. 13; judgment day 309. 8; birthday 278. 11; 284. 16; birthday of Osiris 395. 15; 497. 1; funeral day 402. 13; 403. 10; new-year's day 402. 15; daily 6. 6; 40. 1; 429. 3; 467. 2; 506. 2; 511. 5, 8, 10; 512. 9; 513. 8; a happy day 10. 8

heriu 422. 16

herert  things which please **260.** 16

heh  flame, fire **59.** 9; **61.** 10; **116.** 1; **269.** 8; **305.** 12; **369.** 14; **372.** 9; **377.** 7; **378.** 6; **411.** 6; **412.** 2

heker 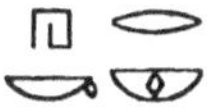 name of a festival **78.** 16

hekeru 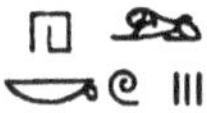 name of festivals **343.** 14

hetu  to be addressed **397.** 16

hethet 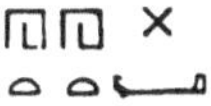 to go round about **453.** 10

 Ḥ.

. . . .  with  425. 1

ḥa  head and neck 122. 9, 12, 16

ḥa  behind 12. 16; 46. 5; 47. 2; 55. 10; 57. 14; 58. 8; 72. 6; 76. 5; 82. 7; 85. 6; 106. 12; 108. 11, 14; 109. 10; 121. 15, 18; 122. 2; 126. 9; 191. 12; 193. 4; 280. 4; 287. 13; 301. 3, 4; 302. 14; 310. 4 *(bis)*; 329. 14; 375. 11; 382. 15; 383. 2, 9, 10; 417. 9; 435. 1; 463. 1; 478. 15; 482. 8; to get back, back thou!, to put behind 44. 1; 68. 1; 93. 4; 97. 10; 98. 13, 15; 99. 1, 4, 6, 8, 10, 12; 105. 4, 7; 372. 12

ḥa, *ḥat*  to invoke 445. 5, 13; 446. 16; 447. 9; 448. 4, 13; 450. 5, 16; 451. 9

Ḥaȧs  a proper name 109. 2, 10; 463. 15

ḥaāu, *ḥau*, *ḥaa*  dwellers in the marshes of the Delta 407. 15; 498. 3; 503. 7

ḥau to dress, to be clothed, to cover over **202.** 4; **248.** 4

ḥauu, ***ḥaiu*** naked, the naked, naked man **261.** 3; **348.** 12; **516.** 7

ḥau things in addition **410.** 15

ḥauatu filth, dung **359.** 11

ḥai to shine **408.** 8

Ḥai a proper name **349.** 3

ḥait to grasp **160.** 14

ḥan re to have a care for **488.** 4

Ḥa-ḥrȧ a proper name **346.** 9

ḥapu to enshroud, to hide, to cover over **339.** 2; **376.** 1; **408.** 10; **410.** 11; **431.** 1; **512.** 7; with **416.** 10; covered over **174.** 8

Ḥapṭ-re a proper name **261.** 11; (var. and)

ḥam, ***ḥamt*** to snare **229.** 9, 12; **233.** 11; **251.** 8; **390.** 8, 9, 10; **391.** 10, 12; **393.** 8, 16; **394.** 2; **395.** 9; **397.** 7

ḥamiu snarers, fowlers **390.** 7; **393.** 15

Ḥarpuḳakaśareśabaiu a proper name **416.** 1

Ḥareθi a proper name **411.** 9

ḥaqeṭ to lead captive, to make a prisoner of someone **108.** 4; **280.** 3; captives **146.** 11

ḥaqet fetters **331.** 6

Ḥaqu name of a plank or peg **206.** 16

ḥat a place in the underworld **148.** 15

ḥati mourners, those who weep **19.** 8

ḥaṭ tomb **69.** 2

ḥaṭ net **233.** 14, 15 *(bis)*; **234.** 5

ḥaθa
ḥaθatu
ḥaθatiu
storm, whirlwind **280.** 11; **283.** 2; **295.** 1, 3

Ḥāāt name of a goddess **228.** 10; **229.** 15

ḥā
ḥāā
to rejoice, joy **7.** 3, 7; **12.** 1; **27.** 10, 11; **39.** 15; **190.** 8; **272.** 16; **275.** 15; **289.** 10; **292.** 6; **299.** 6; **301.** 10; **314.** 17; **316.** 1, 6; **331.** 9; **388.** 9; **390.** 14; **438.** 6; **463.** 9; **484.** 11; **505.** 9; **208.** 8; **402.** 10; **471.** 14; **50.** 3; **476.** 4; **478.** 5

ḥāā — rejoicings, those who rejoice 2. 10; 4. 12; 12. 7; 40. 11; 44. 14; 46. 10; 49. 13; 175. 10, 15; 176. 2; 282. 11; 283. 10; 313. 11; 403. 11; 439. 10; 473. 14; 472. 12

ḥāāiu

ḥāātu

ḥāu — limbs, members 14. 6; 24. 2; 39. 4; 41. 3; 42. 12; 47. 2; 209. 16; 211. 9; 213. 7; 253. 4; 285. 9; 315. 5; 349. 1; 400. 1, 16; 401. 5, 8; 403. 11; 426. 12; 439. 4; 447. 11; 484. 16; 486. 12; 487. 3, 8; 502. 15; 505. 2; 509. 7, 10; 510. 4, 14 *(bis)*; 473. 12; 290. 12; 362. 13; thyself 291. 10; thine own self 308. 12; 366. 10

ḥāt

ḥā — the front or beginning of anything 18. 4; 223. 14; 349. 11; 451. 2; of a book 50. 19; 334. 7; 444. 5; 508. 1

ḥāt — breast, prow or bows of a boat, the fore part of anything 40. 14; 50. 7; 77. 12; 219. 3; 242. 2; 262. 8; 415. 11, 12; 436. 15; 456. 5; 490. 11

ḥāp — to advance, to tarry 183. 11; 290. 3; 491. 16

Ḥāp — Nile 342. 15

Ḥāpi — Nile 9. 3; 39. 5; 63. 9; 132. 11; 147. 13; 148. 1; 151. 10; 210. 10; 355. 10; 379. 7, 9, 14 *(bis)*; 380. 3; 440. 4; 447. 5; 465. 5

Ḥāp

Ḥāp-ur — Ḥāpi Great One 128. 1

Ḥāpi, *Ḥāp* one of the four children of Horus 57. 13; 58. 8; 59. 3; 73. 5; 131. 9; 206. 15; 232. 8, 15; 306. 3; 319. 5; 326. 9; 385. 2; 505. 4

Ḥāp name of a cow-goddess 437. 1

Ḥāpiu Apis (?) 205. 8; 496. 2

ḥāpu rudder 5. 3

ḥāptu paddles, oars 281. 12; 283. 3; 290. 7; 298. 7

ḥāti heart, breast, place of the heart, pericardium (?) 15. 9; 65. 2; 89. 4; 90. 1, 8, 13; 91. 14, 17; 92. 8, 12, 14. 93. 6, 7, 14; 94. 1; 95. 2, 7; 96. 1; 105. 11; 119. 13; 150. 13; 151. 14; 153. 8; 333. 9; 420. 9; 436. 4; 439. 10; 447. 14; 448. 1; 481. 8; 483. 3; 488. 8; 490. 5; 501. 3, 5; 502. 4; 505. 8; plur. 64. 6; 66. 1; 90. 17; 92. 9; 158. 8; 346. 3; 357. 12; 411. 15; 244. 12

ḥātet rope of the bows of a boat 205. 10; 283. 10

ḥāti, *ḥātet* unguent 308. 4; 333. 13; 335. 1; 336. 7

ḥu for (?) 7. 4

ḥu hair 343. 5

Ḥu name of a god 15. 7; 56. 4; 176. 14; 348. 13; 439. 15

ḥu divine food **128**. 19; **166**. 16; **171**. 16; **173**. 9; **183**. 10; **184**. 4, 6; **228**. 4; **286**. 12; **397**. 14; and see **43**. 11; **161**. 2; **230**. 4

Ḥui a proper name **348**. 8

ḥu to smite, to strike **2**. 15; **28**. 15; **92**. 3; **200**. 7; **271**. 11; **274**. 11; **281**. 2; **287**. 4; **303**. 12; **306**. 8, 16; **314**. 1; **337**. 16; **382**. 11; **385**. 4; **394**. 8, 11; **440**. 4; **453**. 15; **475**. 6; **480**. 2; **496**. 2; to slaughter **453**. 15; to clap the hands **471**. 2; **114**. 11; **277**. 6

ḥuit Rā smiters of Rā **422**. 6; **424**. 2

Ḥu-tepa a proper name **336**. 15

ḥua to suffer corruption, to decay, to rot **120**. 5, 7, 9; **399**. 12, 16; **400**. 2; **401**. 5, 8

ḥuat filthy (of) **100**. 14

ḥuau filth, dung, offal **66**. 1; **173**. 12; **197**. 14; **229**. 7; **375**. 5

ḥui = **27**. 5

ḥuia to decree **113**. 13; nay, but **399**. 9

ḥun, **ḥunnu** boy, child, young man **7**. 2; **8**. 2; **9**. 10; **185**. 10; plur. **120**. 14; **127**. 3

Ḥunt-Pe-χerṭet (?) **506**. 15

ḥuḥu watery abyss **459.** 8

Ḥi-mu one of the forty-two assessors **258.** 5

Ḥit a proper name **139.** 3

ḥeb festival **2.** 9; **52.** 8; **78.** 16; **179.** 11; **183.** 12; **197.** 3, 10; **318.** 2; **440.** 2; **480.** 5; **492.** 4; **497.** 1; **513.** 10; **316.** 2; **80.** 4; **497.** 1; **497.** 2; **147.** 2

ḥebu festivals **20.** 3; **198.** 4, 16; **223.** 10; **276.** 15; **278.** 6; **317.** 12; **347.** 9; **446.** 16; **492.** 4

ḥebt the book of the festival service **20.** 7

ḥeb to provide fish and fowl for the festival **167.** 2

ḥebā to play (at draughts) **51.** 1; to play **446.** 12

ḥebebet stream, flood **43.** 9; **212.** 7; **417.** 15; **420.** 12

ḥebennut a cake (?) **333.** 10

ḥebs to clothe, to dress, to deck out, to cover **19.** 12; **219.** 16; **220.** 1; **245.** 2; **246.** 12; **248.** 4; **339.** 1; **342.** 2, 9, 16; **343.** 9, 16; **344.** 7, 14; **345.** 6, 13; **346.** 4; **348.** 6, 12; **354.** 14; **355.** 5, 11; **356.** 2, 7, 13, 15; **357.** 5, 9, 11, 13; **370.** 9; **448.** 6; **469.** 10; **353.** 14; clothed, decked **430.** 8; clother **352.** 13

ḥebs garment, clothing, swathing **92.** 15; **136.** 2; **261.** 3; **516.** 8; plur. , **72.** 7; **147.** 1; **209.** 7; **267.** 15; **441.** 8; **497.** 11; **446.** 3

Ḥebṭ-re-f "Foamy Mouth", a proper name **378.** 3

ḥept **256.** 8; see

ḥept to embrace **1.** 9; **11.** 16; **36.** 6; **60.** 3; **139.** 12; **144.** 11; **452.** 2; **37.** 14; **9.** 5; breast (?) **49.** 10

Ḥept-seśet one of the forty-two assessors **252.** 14

ḥeptu the hold (?) of a boat **205.** 14

ḥeptu doorposts **265.** 6

ḥept , to walk, to traverse **10.** 8; **42.** 3; **140.** 2; advancing **42.** 11

ḥeptet a course, a place for walking **49.** 3

ḥepṭ-re to shut the mouth **104.** 14

ḥefāu serpent **100.** 10; **101.** 4, 11; **219.** 2, 5; **352.** 6; **370.** 5; **372.** 10; **380.** 2; plur. **24.** 1; **229.** 12; **302.** 15; **400.** 6, 11

ḥefi χer reṭti a serpent with two legs **413.** 13

ḥefait
ḥefiu **422.** 9; **424.** 11

ḥefnu one hundred thousand 137. 1; plur. 10. 9; 42. 4

ḥeft to sit down 134. 4; 162. 12; 212. 7, 8

ḥem 27. 9

ḥem , to go back, to make to go back 68. 2; 97. 10; 109. 10; 147. 11; 168. 6; 192. 9, 10, 12; 193. 9; 219. 14; 220. 1; 234. 11; 243. 2; 68. 2

ḥemu , rudder 3. 2; 134. 13; 142. 11; 207. 7; 242. 2; 318. 16; 319. 1, 3, 4; 364. 9, 10, 12, 13; plur. 205. 2

ḥemi ,
ḥemit } rudder 5. 6; 130. 5

ḥem
ḥemu } to steer a boat 10. 10; 366. 12

Ḥemati name of a chamber 171. 4; 172. 6

Ḥemak name of a city 325. 7

ḥemen slaughter 357. 15

Ḥemen name of a god 505. 12

ḥement forty 249. 10

ḥems to sit, to dwell 20. 16 *(bis)*; 22. 10; 32. 11; 51. 2; 86. 15; 88. 12; 98. 1; 114. 3; 124. 13; 129. 4; 146. 6, 12; 151. 10; 152. 7; 154. 7; 165. 2; 175. 12; 180. 5; 239. 13, 14; 283. 5; 376. 14; 392. 6; 395. 1; 397. 8; 430. 7; 465. 13; 479. 7; 492. 2; 493. 8; 496. 7;

215. 16; 447. 8; 439. 3; those who sit 269. 5

ḥemt woman 180. 9; wife 489. 8; plur. 142. 1; 146. 2; 248. 5; 312. 5; 427. 14; *ḥemt ṭai* woman belonging to a man, *i. e.*, wife 255. 6, 16; *suten ḥemt* queen 415. 8; an Asiatic woman 445. 14; 175. 11

Ḥem-nu (?) a proper name (?) 177. 7, 12

ḥemt cow, cow-goddess 303. 12; 318. 15; 333. 12; 439. 5; plur. 363. 8, 15; 364. 6

ḥen majesty 2. 12; 10. 1; 41. 12; 97. 1, 2; 141. 8; 145. 14; 248. 8, 11; 285. 6; 315. 3, 6, 7, 9, 10; 448. 1; 471. 7; 487. 9; 214. 1

ḥen servant 250. 8; 472. 2; 497. 10; plur. 250. 6; servant woman 180. 9

ḥen, **ḥenen** to advance, to move onwards 15. 13; 96. 6, 106. 16; 185. 16; 337. 11

ḥenḥen to move 287. 10

ḥen, **ḥeni** blossoms, flowers 139. 7; 144. 6

ḥen to bestow 388. 1

ḥen to rule 493. 12; 408. 7

ḥen to praise 471. 2; 471. 6, 10, 11

ḥennu offerings 107. 1

ḥeniu offerings, gifts 47. 13

ḥennu pillars 448. 11

ḥenā with, and, along with, together 5. 1; 12. 15; 19. 7; 34. 4; 45. 4; 52. 6; 53. 7, 12; 54. 14; 56. 10; 58. 7; 60. 7; 63. 16; 69. 15; 78. 10; 98. 10, 12; 108. 2; 129. 15; 141. 11; 153. 2; 154. 9; 166. 10, 11; 181. 11; 184. 8; 196. 3; 210. 7; 211. 5; 232. 12 *(bis)*; 234. 2, 12, 13; 241. 2; 244. 11; 245. 8; 261. 10, 16; 268. 8, 16; 276. 16; 277. 10; 280. 8; 294. 6; 296. 6, 15; 297. 13; 300. 8; 301. 6; 309. 5; 312. 1; 316. 13, 16; 318. 1; 335. 9; 337. 1; 361. 13; 362. 13; 363. 8; 364. 15; 377. 14, 15; 380. 4; 393. 12; 398. 1; 399. 7; 409. 14; 411. 2; 414. 4; 420. 5; 424. 7; 425. 7; 426. 2; 439. 9; 464. 10; 471. 2; 478. 17; 486. 13; 496. 6, 7; 507. 8; 516. 11, 16; 517. 1, 2; 22. 10; 20. 14; 21. 4; 166. 3

ḥenb, **ḥenbeta** lands on which grows grain 254. 10, 15; 474. 8

Ḥenbi name of a god 474. 8

ḥenen labourer 463. 9

[illegible], **[illegible]** phallus 52. 16; 69. 4, 5; 112. 14; 118. 17; 153. 8; 196. 13; 197. 4, 16; 198. 10; 505. 9; 56. 2

ḥennu to draw to oneself **144.** 14

ḥennu name of a sacred boat which was drawn round the sanctuary **20.** 9; **145.** 13; **336.** 6; **390.** 15; **513.** 7

ḥennut
ḥennuit } fraud, deceit **254.** 8, 14

ḥennuti two horns **125.** 2; **171.** 14

ḥenemnemu devourers **375.** 4

ḥens to be blocked up (of a road) **204.** 16

ḥenseki
ḥensekt
ḥensekit
ḥensekti } lock of hair, tress, hair **155.** 9; **182.** 13; **205.** 10; **237.** 1, 9; **302.** 15; **382.** 10; **386.** 13; **387.** 14; **501.** 10

Ḥensek name of a god **237.** 10; the hair gods **95.** 8

Ḥenseket-menȧt-Ȧnpu-em-kat-utu name of a rope **205.** 10

ḥenk to give, to offer up **489.** 11; **503.** 12; **504.** 13, 16; **505.** 2; **507.** 4, 9, 15; bestowed **386.** 16

ḥenket offerings **448.** 1

Ḥenku-en-Ȧrp a proper name **264.** 11

Ḥenku-en-fat-Maāt a proper name 264. 8

ḥenku balance 264. 8, 11

ḥenket
ḥenkit } funeral bed or cham[ber] 231. 16; 435. 440. 14; 441. 448. 15

Ḥenket name of a city 322. 9

ḥent } pool, canal, stream 380. 9; 4 5, 6

ḥent to be hostile to 137. 11

ḥent } mistress 124. 7; 180. 2; 410. 11; 4 8; 415. 4; 489. 9; 415. 4; 354. 12; 335. 6; 350. 8; 351. 5

ḥent to be hostile to 143. 10

Ḥent name of a place 150. 2

ḥenti crocodile 339. 4

ḥennuti crocodiles 339. 5

Ḥenti god of the two crocodiles, *i. e.*, Osiris 3

ḥentta to fall into oblivion 268. 7

ḥenti } double period of time 14 159. 14; 208. 11; 166. 14; 170. 7

Ḥenti-requ  a proper name 351. 14

Ḥent-śe (?) 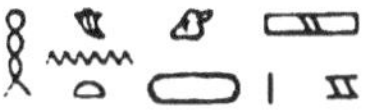 a proper name 149. 8

ḥer 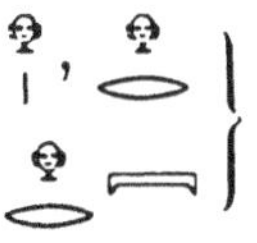 in, at, upon, on, by means of, in addition to, by, from, for, with, because 3. 3; 5. 7; 10. 10, 15; 41. 14; 52. 14; 87. 6; 100. 1; 123. 10; 124. 2; 162. 11; 171. 2; 185. 5; 187. 2; 197. 5; 239. 4; 260. 3; 311. 1, 8; 352. 6; 370. 3, 5; 371. 3, 7; 373. 11; 375. 7; 423. 10, 13; 436. 1, 2; 468. 1; 491. 16; 494. 4; 495. 3; on behalf of 18. 10; 165. 14; 166. 9; 167. 1, 8; 304. 11; 305. 8; 456. 16; 507. 10;  with infinitive 2. 11; 4. 7; 5. 9; 7. 6; 8. 9; 9. 16; 140. 8; and see *passim*;  except 10. 3;  *em ḥeru* (of  labours) excessive 250. 4

ḥer ā 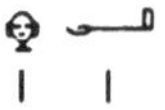 straightway 485. 16

ḥer áb
ḥer ábi
ḥer áb 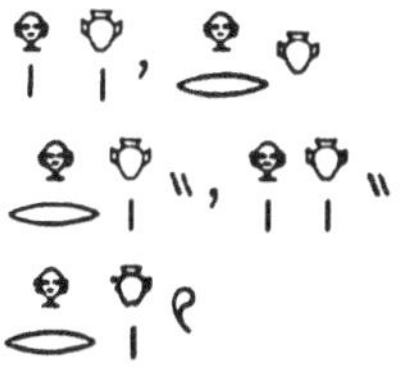 in the middle, within, dweller in 7. 7; 13. 7; 39. 5; 45. 10; 59. 16; 60. 4, 8; 66. 5, 16; 67. 4; 86. 16; 99. 11; 106. 9; 127. 10; 131. 1; 158. 2, 3; 188. 11; 248. 7; 262. 9; 276. 11; 283. 5; 298. 5; 319. 2, 3; 311. 9; 317. 12; 318. 1; 321. 3; 323. 7, 8; 325. 10, 12; 326. 10; 364. 11, 13; 368. 5; 392. 11; 396. 16; 420. 4; 425. 8; 431. 6; 438. 10, 11; 461. 1; 493. 14; 496. 13; 508. 6;  dear unto 471. 7; 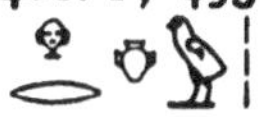 107. 8

Ḥer-áb-uáa-f 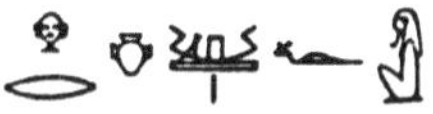 a proper name 292. 7

Ḥer-áb-maat-f  a proper name 200. 16

Ḥer-áb-kará-f  a proper name 292. 4

ḥer mā straightway, forthwith 263. 3; 265. 13

ḥer entet because 24. 3; 31. 12; 41. 4; 57. 10; 63. 5, 12; 66. 14; 91. 2; 138. 14; 160. 5; 171. 15; 214. 14; 216. 15; 252. 3, 9; 261. 9, 15; 262. 7; 265. 14; 394. 4; 400. 7; because 44. 4

ḥer sa in addition to 137. 1; 259. 17

ḥer ṭep (or *t̄at̄a*) upon 14. 7; 23. 5; 295. 11; 409. 6; 462. 9; 501. 6; 517. 3; 53. 13

ḥeri he who dwelleth above 6. 8; 445. 15, etc.

ḥeru, *ḥert* the upper regions, what is above, celestial 4. 5; 9. 6, 16; 27. 15; 35. 15; 135. 11; 146. 10; 185. 4; 190. 5; 293. 16; 295. 5; 410. 7; 420. 13; 431. 11; 436. 13; 456. 5; 475. 9; 479. 9; 331. 14; 135. 4; 42. 13

ḥer, *ḥeri*, *ḥer* chief, governor, president 11. 12; 59. 12; 85. 5; 142. 9; 166. 8; 205. 2; 299. 10; 334. 12; 370. 2; 415. 5; 456. 6; 462. 2; 468. 5; 471. 9; 510. 5; 250. 8; 341. 16; 350. 1; chief scribe 273. 16; 274. 15; 275. 8; 276. 4; 489. 12; chief of the altar 489. 12; 425. 11

ḥeru those who are on high, celestial beings, chiefs 2. 5; 63. 11, 15; 113. 12; 134. 16; 136. 10; 137. 13; 142. 14; 143. 12; 217. 8 *(bis)*; 230. 5, 6; 295. 5; 365. 6, 13, 15; 373. 13; 394. 5;

397. 10; 425. 3; 437. 7; 440. 2; 450. 10; 463. 16; 464. 3; 504. 8, 10; 8. 16; 485. 15; 137. 13; 143. 12; 338. 7; 426. 16; 474. 14; 160. 16

Ieri-akebȧ-f a proper name **136.** 5

Ier-uaf-f a name of Horus **232.** 14

Ieri-uru one of the forty-two assessors **255.** 9

Iertit (?)-*ān* a proper name **106.** 6

Ieri-sep-f a proper name **64.** 14

Ier-śāi-f a title of Osiris **322.** 3; **325.** 2; **484.** 8

Ier-ta, *Ier-taui* a proper name **64.** 15; **434.** 11

ert dominion **485.** 6; **486.** 2

er to terrify **400.** 9; **414.** 15; **416.** 7

eru to strike fear into **255.** 10

erit terror **374.** 6

eru to strengthen **43.** 13

eri, *eru* to go on, to go away, to depart **32.** 4; **105.** 7; **196.** 7; **203.** 2; **372.** 9; **513.** 16; begone, depart **101.** 7; **102.** 4; **493.** 11

ḥerset crystal 447. 6, 12

Ḥeru Horus 3. 2; 5. 15; 52. 6; 56. 10; 62. 6, 9; 73. 2, 4; 82. 2, 3; 148. 10, 11; 154. 1; 224. 4; 387. 14; 388. 4; 395. 6; 441. 5; 446. 3, 5; 451. 3, 14; 455. 11; 458. 16; 459. 12, 15; 460. 8; 461. 11; 478. 9; 482. 15; 485. 5, 14; 492. 15; 504. 11; 505. 15

Ḥerui the pair of Horus gods 446. 12

Ḥerui-senui the two Horus brethren 485. 1

Ḥeru-āā-ȧbu "Horus, mighty of hearts" 512. 11

Ḥeru-āi . . . Horus 506. 12

Ḥeru-ȧmi-ȧbu-ḥer-ȧb-ȧmi-χat a title of Horus 93. 15

Ḥeru-ȧmi-ȧθen "Horus in the Disk" 260. 10

Ḥeru-ur "Horus the great" (*or* elder) *i. e.*, Haroeris 302. 11; 325. 16

Ḥeru-Maat the "Eye of Horus" 312. 14; 313. 4; 455. 1; 463. 9, 11; 464. 14; 466. 9; 503. 5; 504. 12

Ḥeru-Maati "Horus of two Eyes" 512. 12

Ḥeru-em-χebit "Horus of the South" 356. 9

Ḥeru-em-χent-en-Maati "Horus without Eyes" 60. 7

Ḥeru-neb-ureret a title of Horus 318. 7

Ḥeru-neḍ-ḥrȧ-ȧtef-f  "Horus the avenger of his father" **48.** 6; **53.** 10; **59.** 13; **60.** 6; **72.** 4; **195.** 4; **306.** 9; **327.** 3; **435.** 14; **511.** 12

Ḥeru-ḥer-neferu  "Horus on the pilot's place in the boat" **44.** 16

Ḥeru-χuti  "Horus of the double horizon" **1.** 11; **4.** 8; **11.** 10; **15.** 4; **37.** 10; **38.** 7; **200.** 1; **222.** 6; **272.** 13; **325.** 13; **367.** 11; **381.** 3; **368.** 5; **443.** 10; with 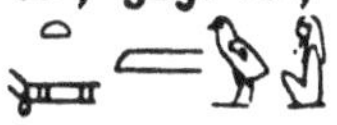 **4.** 14; **5.** 15; **11.** 4

Ḥeru-χuti-Χeperȧ 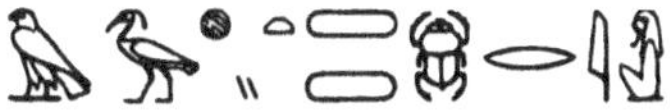 Harmachis-Kheperȧ **40.** 8

Ḥeru-χent-ȧn-Maati 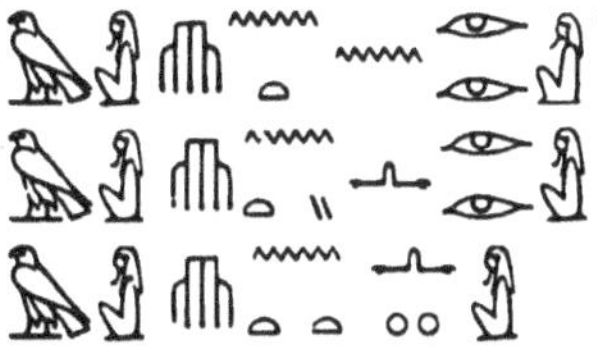 "Horus dweller in blindness" **59.** 4; **62.** 16; **72.** 11; **325.** 16

Ḥeru-χent-χaṭθi  a title of Horus **326.** 3

Ḥeru-χenṭ-ḥeḥ  "Horus, traveller of eternity" **114.** 4

Ḥeru-χenti-ḥeḥ  "Horus, president of eternity" **116.** 1

Ḥeru-χenti-Seχem 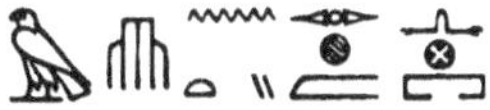 "Horus in Sekhem" **72.** 6

Ḥeru-χesbeṭ-Maati  "Blue-eyed Horus" **462.** 6

Ḥeru-sa-Ȧuset  "Horus, son of Isis" **16.** 14; **65.** 9; **277.** 3; **403.** 11

Ḥeru-sa-Ȧusȧr "Horus, son of Osiris" 77. 16; **78.** 3, 6; **80.** 4; **102.** 14; **442.** 13

Ḥeru-sa-Ḥet-Ḥeru "Horus, son of Hathor" **421.** 4

Ḥeru-Seχai "Horus-Sekhai" **326.** 2

Ḥeru-seśeṭ-ḥrȧ a title of Horus **512.** 11

Ḥeru-Teḥuti Horus-Thoth **326.** 3

Ḥeru-ṭeśer-Maati "Red-eyed Horus" **462.** 6

Ḥeru-śesu "followers of Horus", a class of mythical beings **209.** 14; **213.** 12

Ḥeru-ṭā-ṭā-f a son of king Cheops **97.** 3; **141.** 9; **309.** 12

ḥrȧ face **4.** 4; **6.** 1; **40.** 2; **56.** 11; **64.** 3; **80.** 11; **93.** 8; **106.** 13; **112.** 8; **117.** 2; **136.** 11; **144.** 16; **192.** 6; **306.** 5, 6; **310.** 8; **311.** 2, 10; **332.** 8; **413.** 16; **445.** 15; **459.** 3, 4; **479.** 6; **484.** 13; **509.** 16; **280.** 4; **513.** 8; face to face **144.** 14; two faces **417.** 10; plur. , **10.** 1; **41.** 13; **116.** 2; **195.** 11; **262.** 7; **275.** 4; **291.** 14; **302.** 15; **369.** 10; **372.** 2; **417.** 3; **480.** 3; **134.** 14; **142.** 12

ḥrȧ neb every one, everybody **9.** 16; **41.** 9

ḥrȧ nebu folk, all men, mankind, everybody **10.** 15; **11.** 14; **250.** 11; **291.** 9; **308.** 11; **400.** 9; **435.** 9

Ḥrȧ-uā a proper name **156.** 8, 13; **157.** 3, 8, 13; **158.** 1, 5

Ḥrȧ-nefer "Beautiful Face", a name of Rā 320. 5; 386. 6; 387. 11; 387. 8

Ḥrȧ-f-ḥa-f one of the forty-two assessors 256. 8; 261. 12; 393. 13

Ḥrȧ-k-en-Maāt a proper name 97. 13

ḥeḥ million 64. 8; 136. 16;

ḥeḥ millions, millions of years 10. 6; 13. 8; 29. 14; 31. 12; 42. 4; 54. 13; 55. 1; 68. 9; 114. 4; 139. 1; 143. 3; 144. 1; 146. 7; 173. 6, 7; 180. 16; 196. 15; 198. 1; 282. 9; 287. 8; 292. 6; 312. 10; 339. 13; 458. 16; 459. 5 *(ter)*; 481. 12; 490. 12; 280. 10; 287. 8

ḥeḥ en sep a million times 77. 6; 152. 13; 294. 12; 312. 10; 159. 9; 162. 3; 334. 4; 402. 16; 80. 4

ḥeḥ en sep a million times 80. 16; 82. 18; 404. 13

Ḥeḥ tet (?) the land of millions of years 512. 5

ḥeḥ eternity, everlastingness 9. 11; 10. 13; 12. 3, 4; 19. 8; 39. 1; 63. 14; 65. 12; 78. 4, 5; 90. 11; 91. 11; 119. 5; 133. 1; 239. 12; 363. 14; 395. 16; 416. 8; 426. 12; 442. 4; 452. 5; 466. 5; 477. 2; 504. 14; 509. 13; 38. 3; 412. 7; 414. 10; 417. 13; 510. 2, 7; 514. 4, 8; 515. 1; 517. 3

Ḥeḥi , name of a god 139. 1; 144. 1

ḥeḥi to hasten after 32. 13; 310. 2; 383. 8; 458. 10

ḥes will, pleasure 450. 7

ḥes to be favoured, favourable to 273. 10; 444. 13 *(bis)*, 14 *(bis)*; 514. 9; 516. 11; favourable 349. 7; 439. 6, 15; 440. 6

ḥesu favoured one 21. 11; favoured one 17. 8; 24. 3; 466. 16; 481. 11; 490. 13; 389. 7, 14; plur. 17. 7; 516. 12; 4. 16; 41. 4; 42. 14; 138. 14; 270. 9; 112. 4, 6; favoured 461. 9

ḥest favour 223. 11

ḥest will 481. 14

ḥest pleasure 213. 12

Ḥes-ḥrȧ "Savage Face" 411. 15; 416. 9, 10

Ḥes-ṭeṭeṭ "Savage Eye" 413. 1

ḥesu filth 67. 3; 99. 6; 123. 7, 12, 15; 124. 17; 179. 13; 214. 11; 238. 15; 243. 14; 465. 9; 492. 8, 10; 493. 10; 494. 1, 2
ḥes

ḥeseb *faïence* (?) 291. 2

ḥeseb to reckon up, to estimate, accountant 21. 8; 159. 4; 199. 2; 211. 12; 62. 1; 61. 14; 384. 6, 12; 315. 15

ḥeseb ḥetep neter computer of holy offerings 37. 5; 74. 6; 76. 11; 248. 15; plur. 85. 12

ḥeseb qeṭu reckoner of dispositions **249**. 13

ḥeseb śes a kind of priest (?) **339**. 16

ḥeseb for *ḥebs* (?) clothed **25**. 11

Ḥesb-ent-Åuset "Knife of Isis", a proper name **396**. 13; a proper name **391**. 6

ḥespu nomes **207**. 4

Ḥesepti a king of the first dynasty **145**. 14; **285**. 7

ḥesmen natron **54**. 14; **88**. 16; **175**. 1; **291**. 3; **436**. 16; **437**. 2; **444**. 6, 10; **508**. 7

Ḥesert name of a city **324**. 13

ḥesq to cut, to be cut, to wound, to make gashes, to mow **4**. 10; **9**. 8; **12**. 11; **31**. 2; **44**. 2; **62**. 14; **80**. 6; **108**. 12; **121**. 17; **122**. 11; **134**. 5; **191**. 7, 13, 16; **192**. 16; **193**. 6; **197**. 5; **198**. 11; **203**. 2; **292**. 16; **245**. 5; **373**. 3; **375**. 10; **401**. 16

ḥesqet knife **394**. 15

Ḥest name of a city **323**. 9

ḥeset libation vase **445**. 4

ḥeka, *ḥeka*, *ḥekau*, *ḥekat* charms, enchantments 31. 13; 86. 10; 87. 1, 5, 13; 88. 2; 97. 8, 11, 15, 16; 98. 2, 3, 6; 99. 16; 102. 13; 142. 4; 160. 1; 176. 11; 183. 6; 191. 9; 192. 1, 2; 193. 1, 8; 219. 13; 361. 11; 403. 5; 481. 12; 502. 3; 507. 5, 8

ḥekennu to praise 77. 15; 79. 16; 80. 2; 272. 16; 273. 9; 275. 16; praise 316. 3, 4, 7, 8; 337. 9; 472. 12; 486. 5

ḥekennu, *ḥekeniu* praises 6. 16; 44. 6; 272. 7, 8; 470. 10; 472. 12, 13; 495. 12; 431. 2

ḥekennu unguent 294. 7; 336. 7; 339. 6

Ḥekennut name of a city 324. 13

ḥeq to rule 13. 1; 38. 10; 51. 7; 114. 4; 116. 2; 155. 7; 173. 13; 367. 10; 459. 2; 506. 10; 65. 6, 8

ḥeqt rule 477. 4, 7

ḥeq, *ḥeqt* sceptre 13. 11; 482. 10; 487. 5

ḥeq ruler, governor 9. 12; 11. 12; 12. 3; 13. 13; 14. 5; 49. 14; 51. 7; 70. 13; 185. 2; 314. 2; 386. 6; 471. 8; 478. 4; 323. 7; plur. 14. 5

ḥeq 46. 14; 482. 9; 507. 11; 439. 2; 404. 8; 111. 10; 452. 5

Ḥeq āṭ the thirteenth nome of Lower Egypt, the capital of which was Heliopolis 504. 4; 256. 3

Ḥeq-Maāt-Rā-setep-en-Āmen the prenomen of Rameses IV. 271. 8, 15; 272. 8, 16; 273. 2, 6

ḥeq beer 510. 3; 514. 13

ḥeq, *ḥeqt* beer, ale 17. 2; 21. 1, 2; 124. 10; 151. 9; 161. 12; 179. 8; 209. 4; 231. 3; 244. 3; 267. 10; 333. 10; 363. 9, 16; 364. 7; 365. 1; 426. 2; 437. 2; 454. 8, 13; 464. 12; 465. 2; 477. 15; 493. 5; 494. 11

ḥeqr hunger 463. 1, 14; 466. 4; 462. 1

ḥeqr, *ḥeqrȧu* hungry man 261. 2; 516. 6

Ḥeqtit a goddess 326. 5

ḥet temple, house of a god, shrine 23. 7; 28. 11; 47. 11; 67. 13; 146. 8; 150. 7; 230. 3; 312. 13; 324. 1, 4, 5; 325. 5, 15; 348. 9; 349. 6; 388. 8, 14; 389. 4; 444. 10; 491. 15; 513. 3; 162. 10; plur. 163. 3, 4 *(bis)*; 491. 7

ḥet section of a book, chapter 445.

4; 445. 13; 446. 16; 447. 10; 448. 5; 448. 14; 450. 6; 1; 451. 9

ḥet āt great house, palace, temple 64. 2; 85. 5; 242. 14; 290. 15; 285. 6; 299. 10 325. 8; 331. 14; 345. 4 349. 2; 357. 4; 443. 10; 449. 13; 477. 9

Ḥet-àāḥ Temple of the Moon 177. 3; 391. 16; 397. 6; 445. 15

Ḥet-Àusàr Temple of Osiris 171. 12; 172. 2

Ḥet-Àmen Temple of Àmen 410. 11

Ḥet-Ànes Temple of the Ànes garment 59. 10

Ḥet-āśemu Temple of the gods in visible forms 319. 2; 364. 11

Ḥet-ur Temple of the Great or Aged One at Heliopolis 2. 8; 19. 5; 27. 12; 348. 10; 349. 6; 392. 11; 387. 2; 388. 3

Ḥet-useχ-ḥrà Temple of the Broad Face 92. 6

Ḥet-ba Temple of the Soul 1. 12

Ḥet-Ptaḥ-ka Temple of the *Ka* of Ptaḥ, *i. e.*, Memphis 37. 12. 89. 16; 257. 11; 478. 7

Ḥet-ent-Ànpu Temple of Anubis 130. 9

Ḥet-ent-qem-ḥràu Temple of Qem-ḥràu gods 130. 1

Ḥet-nub House of gold **444**. 11

Ḥet-nemmes Temple of the Nemmes crown **168**. 5

Ḥet-nem-ḥrá Temple of Nemḥrá **243**. 5

Ḥet-Ḥeru Temple of Horus, *i. e.*, Hathor **11**. 7; **15**. 6; **101**. 12; **107**. 10; **108**. 6; **112**. 9; **117**. 3; **124**. 7; **151**. 11; **180**. 2; **194**. 6; **215**. 11; **220**. 14; **266**. 2; **315**. 13; **331**. 16; **383**. 3; **393**. 2; **421**. 4; **443**. 10; **493**. 2

Ḥet-χeperá Temple of Kheperá **146**. 8

Ḥet-kau-Nebt-er-ter Temple of the *Kas* of Nebt-er-tcher **318**. 9; **364**. 1

Ḥet-ṭeśeru Temple of the red gods **319**. 4; **364**. 13

Ḥet-ur name of a city **467**. 7

Ḥet-benbenet part of a temple **314**. 16

Ḥet-net palace of the king of the north **147**. 1

ḥeti waste (?) **99**. 6

ḥeti a kind of wood **335**. 2

ḥeti, ***ḥetit***, ***ḥetet*** throat **103**. 12; **104**. 13; **111**. 6; **165**. 5; **180**. 7; **382**. 13; **447**. 2

ḥetep to be at peace, to rest, to set (of the sun), satisfied, content 1. 9; 2. 14; 7. 15; 8. 14; 9. 15; 21. 9; 35. 1, 10; 45. 9; 89. 5; 90. 4, 5; 106. 6, 7; 129. 2; 176. 13; 182. 5; 214. 1; 227. 4; 242. 10; 273. 8; 312. 15; 315. 6; 370. 15; 378. 11; 380. 9, 15; 383. 4; 384. 3; 401. 2; 406. 8, 11; 419. 5; 424. 3; 435. 7; 436. 6; 442. 4; 455. 11 *(bis)*, 12; 470. 14; 472. 1, 6; 474. 1, 13; 480. 13; 491. 9, 10; 509. 8; 226. 6, 11; 479. 10; 481. 6, 7; 76. 9; 411. 8, 13; 40. 7; 82. 3; 447. 16; 39. 3; 41. 9; 458. 10, 13

ḥetep , peace, content 4. 9; 49. 8; 299. 1; 330. 5; 398. 7; 485. 3; things which satisfy 444. 15; those who are satisfied 471. 10; 472. 10; settings 139. 15; , contentedly 4. 12; 5. 4; 7. 8; 35. 15

ḥetep table of offerings 39. 2, 5, 6; 393. 4; 394. 7, 14; 396. 11; 512. 3

ḥetep to make propitiatory offerings 155. 6

ḥetep an offering 93. 8; 379. 9

ḥetepu, **ḥetepet** offerings of cakes, ale, beasts, feathered fowl, unguents, linen, etc., 3. 8; 14. 13; 22. 11; 35. 2; 111. 8, 9; 123. 8, 16; 134. 12; 142. 11; 175. 13; 214. 12; 223. 1, 2; 243. 14; 284. 10; 299. 14; 303. 7; 331. 4 *(bis)*, 5; 332. 5; 364. 7; 365. 1; 372. 6; 375. 1; 380. 12; 415. 10; 424. 13, 14; 427. 9; 428. 2, 6; 434. 1;

449. 10; **466.** 11; **472.** 14; **479.** 16; **492.** 10; **514.** 13; **516.** 7; **347.** 10; **227.** 16

ḥetep neter divine offerings **199.** 2; **486.** 4; and see *passim.*

Ḥetep the god of offerings **225.** 7, 13, 16; **226.** 14; **227.** 1, 16; **228.** 3

Ḥetepi the god of offerings **474.** 9; plur. **472.** 12, 16; **473.** 4; **319.** 10

ḥetepu geese **154.** 16

Ḥetep the city of the god Ḥetep **224.** 13

Ḥetep-mes a proper name **346.** 15

Ḥetep-Ḥeru-ḥems-uāu a proper name **392.** 6

Ḥetep-seχus name of a goddess **57.** 16; **58.** 11, 13

Ḥetep-ka a proper name **502.** 12

Ḥetep-taui a proper name **104.** 2

ḥetem to destroy, to be destroyed **100.** 3; **190.** 14; **198.** 14; **236.** 16; **372.** 12; **373.** 15; **374.** 7; **377.** 9; **380.** 13; **381.** 14; **401.** 12; **402.** 3; **432.** 1; **455.** 3; **463.** 2; **473.** 15; **504.** 1; **71.** 9, 13; destroyers **271.** 4; **272.** 5; **274.** 5; **275.** 5; to be filled **461.** 13

Ḥetemt name of a goddess 197. 8

Ḥetem-ur "Great Destroyer", name of a god 80. 8

Ḥetem-ḥrȧ "Destroying Face", name of a god 433. 9

ḥetrȧ to bestow, to give, to pay tribute 125. 3; 137. 8

ḥetertu

ḥetru tribute 149. 4

ḥeṭeṭ scorpion 186. 5

Ḥeṭeṭet scorpion deity 105. 12; 106. 9

ḥeθes to be lord of 225. 15

ḥef to do evil, to plunder, to steal, to waste, to destroy, to make to diminish, calamity, wrong 16. 4; 196. 13; 197. 17; 233. 8; 250. 12; 253. 5; 336. 13; 458. 3, 5, 6; 459. 7; 488. 10; 351. 6

ḥef silver 96. 15; 449. 6

ḥef , to illumine 2. 12; 139. 5; 144. 5; 176. 9; to shine 445. 15; dawn, daybreak 72. 14; 139. 6; 144. 6; 306. 9; 307. 2

ḥefḥef light 177. 15

Ḥef-re a proper name 68. 1

Ḥef-re-pesṭ-ṭep a proper name 68. 4

Ḥeť-àbeḥu 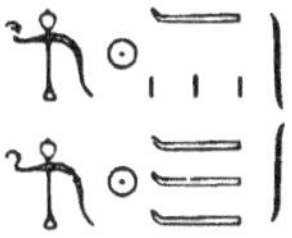 "White teeth", one of the forty-two assessors **254**. 4, 14

ḥeťet  white **151**. 9; **214**. 14; **244**. 3; **303**. 13; **312**. 14; **454**. 9; (of barley) **124**. 10; **493**. 4

ḥeťet  the white crown, or crown of the south **13**. 10; **112**. 1; **164**. 3 *(bis)*; **230**. 5; **244**. 7; **294**. 3; **441**. 12; **482**. 10; **487**. 4; with  *ṭešer* red crown **417**. 5

ḥeťeti 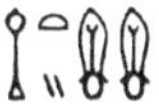 white sandals **267**. 15

ḥeťau  loaves **449**. 11

ḥeťas  **506**. 14

KH.

χa thousand 137. 1; 143. 3; 154. 13; 226. 1; 226. 2; plur. 189. 11; 478. 5; 296. 5, 14; 297. 11

χa chamber 416. 8, 15; 419. 7

χa, *χat* the material body, dead body 25. 11; 39. 6; 53. 4, 6; 64. 6; 90. 3; 187. 10; 189. 3; 190. 2, 13; 196. 7; 213. 14; 214. 2; 234. 15; 295. 1; 315. 14; 398. 15; 399. 8; 401. 1; 407. 1; 410. 8, 16; 411. 9; 412. 1; 418. 8; 419. 6; 422. 13; 425. 5, 7, 15; 436. 5; 438. 15; 471. 14; 409. 9; 411. 8, 13; 509. 15; 510. 1, 2; 512. 8; 514. 16; plur. 416. 14; dead fish 251. 9

χaā to set, to set aside, to forsake 183. 2; 356. 10; 412. 5; 413. 9

χaāā emissions 228. 12

χaām to hasten 204. 6

χau fire 337. 9

χau-ṭet-f a proper name **340.** 11

χau basins, bowls **449.** 6

χau abundant **379.** 15

χaut the dead, fiends **272.** 4

χaut, **χautet** altar for offerings **23.** 8; **70.** 5; **161.** 13; **209.** 13; **285.** 15; **347.** 9; **350.** 15; **441.** 4; **450.** 12; **464.** 16; **470.** 3; **480.** 5; **489.** 12; four altars **317.** 3, 4; plur. **175.** 13; **449.** 7

χaut **72.** 14

χaui darkness, night **71.** 7; **72.** 10; **81.** 9; **263.** 10; **380.** 7; **467.** 4; **478.** 7; **483.** 9

χaibit shade **195.** 12, 13, 16; **196.** 4; **375.** 9; **491.** 11, 16; with *ba* and *khu* **194.** 4; with *ba* **194.** 12; plur. **138.** 12; **253.** 2; **371.** 5; **375.** 4

χaiti slaughterers **372.** 5

χabesu stars **38.** 4

χabet fraud, deceit **253.** 9

χapa a portion of the body **54.** 6; *χap* navel (?) **447.** 16

χam to submit **440.** 16

χames ears of corn **222.** 1, 2, 3; **367.** 15; **368.** 2; **369.** 1

χart a kind of bird **440.** 9; **221.** 5; **368.** 8

χarsaθȧ a proper name **409.** 2

χaχ to seek **344.** 5; to extend to **353.** 5

χaχ
χaχet swift (?) **87.** 10, 15; **88.** 3, 4

χasu lower eyelids **446.** 9

χasi bad, evil **5.** 10

χast territory (?) **149.** 3, 15

χak-ȧbu rebels **337.** 16

χakeru to be ornamented, ornaments **30.** 5; **327.** 2; **440.** 3; **441.** 9; **476.** 11 *(bis)*; **513.** 1; **447.** 1

χati a class of divine beings **348.** 9; **349.** 5

χat body, belly, womb **13.** 9; **14.** 5; **58.** 1; **70.** 3; **90.** 14; **98.** 8, 14; **99.** 5, 7, 11; **112.** 16; **117.** 15; **123.** 16; **153.** 11; **179.** 14; **220.** 5; **232.** 11; **281.** 7; **335.** 7; **338.** 7; **339.** 2; **352.** 15; **370.** 12; **375.** 7; **376.** 2; **397.** 12; **436.** 5; **443.** 3; **447.** 15; **481.** 6; **482.** 11; **483.** 1; **487.** 5; **489.** 3; **492.** 12; **494.** 3; **153.** 6; plur. **114.** 15; **115.** 2; **137.** 13; **143.** 12; **191.** 9; **192.** 3; **260.** 8; **400.** 8; heart of sycamore **402.** 12; **403.** 8

χat (or **χar**) the sixteenth nome of Lower Egypt (?) **231.** 2

χat a proper name (?) **231.** 1, 2

χā, **χāā**, **χāu**, **χāt**, **χāau** to rise like the sun, rising, he who rises, he who is crowned **1.** 6; **2.** 4, 10; **9.** 9; **11.** 5; **31.** 15; **42.** 10; **51.** 9; **163.** 8; **164.** 8; **194.** 2; **216.** 10; **283.** 4; **314.** 14, 15; **348.** 14; **376.** 9; **390.** 15; **392.** 8; **398.** 3; **415.** 6; **456.** 6, 13; **473.** 5; **482.** 9; **486.** 9, 11; **502.** 9; **272.** 3; one who rises **11.** 9; **51.** 7; **512.** 16; **6.** 10; **8.** 15; **304.** 4, 7, 16; **486.** 16; **4.** 3; **1.** 7; **4.** 8; **36.** 5; **476.** 3; **479.** 5; **277.** 8

χāu, **χāā** risings **4.** 2; **8.** 4; **43.** 14; **125.** 2. **154.** 1; **180.** 13; **286.** 6; **471.** 4; **472.** 4; **476.** 7 *(bis)*; **477.** 10; **327.** 2; **441.** 5; **32.** 8

χāu crowns, diadems **470.** 14

χāi crown **348.** 14

χu to dress **448.** 14

χu, **χui**, **χaui** to protect, to strengthen, to be protected, to benefit, to be strong **66.** 8; **159.** 6; **244.** 12; **266.** 12; **267.** 3; **334.** 3; **373.** 3; **414.** 9; **428.** 3; **440.** 5; **478.** 15; **482.** 8; **510.** 7; **511.** 12; strengthened **480.** 12; **261.** 6

χu the shining one, the divine being of light 26. 13; 125. 4; 127. 1; 131. 14; 134. 4; 149. 1, 14; 162. 12; 167. 3, 9; 168. 2; 170. 5; 178. 6; 185. 16; 187. 7; 202. 16; 319. 2; 364. 11; 369. 13; 442. 14

χu the luminous, intangible, translucent form of the beatified dead in the world to come, the deceased 31. 5, 12; 34. 4; 37. 2; 61. 11; 96. 15; 143. 8; 160. 2; 167. 8; 272. 6, 14; 275. 6; 277. 12; 308. 6; 329. 16; 334. 2, 3; 362. 8; 364. 7; 365. 2; 366. 8; 395. 12; 402. 13; 403. 9; 404. 3, 12; 405. 1, 5, 10, 17; 408. 5; 409. 14; 410. 6; 433. 10; 491. 9, 10; 389. 4; 212. 1, 11, 14; 213. 2; 402. 15; 438. 8; 461. 4; 470. 11; 384. 4; + + 194. 4; 491. 10; + + 487. 15; a name of Osiris 371. 8

χu plur. of preceding 42. 14; 49. 4; 74. 3; 81. 15; 103. 3, 4; 113. 8; 119. 10; 136. 16; 138. 9; 143. 3; 167. 3; 191. 9; 192. 2; 222. 3; 225. 4, 6; 261. 5; 269. 9; 270. 2, 9; 298. 12; 308. 6, 15; 314. 16; 329. 16; 362. 10; 369. 8, 9, 10; 370. 7; 371. 3, 4, 8; 372. 12; 374. 3, 5; 375. 2, 3; 377. 9, 11; 378. 10; 379. 3; 380. 2; 442. 10; 462. 1; 470. 15; 475. 5, 6; 486. 6; 490. 2; 492. 14; 493. 1; 502. 10, 11; 516. 8; the four *Khu* 201. 3; the seven *Khu* 58. 3; 59. 2, 7; *Khu* nine cubits high 368. 3; 369. 4

χu to be glorious 21. 14; 174. 16; to

glorify 293. 12; to glorify 37. 13; glorious 43. 10; 31. 5; being glorious or strong 11. 4; 85. 6; 479. 5

χu glory, splendour, honour **1**. 10; **7**. 11; **14**. 9; **24**. 9; **35**. 12; **184**. 11; **200**. 14; **281**. 11; **363**. 9; **376**. 11; **458**. 12; **494**. 10; **495**. 5

χu splendours, glories, strength, powers **38**. 5; **210**. 15; **298**. 3; **371**. 9; **375**. 8, 14; **403**. 10; **461**. 1; **473**. 5; glorious **435**. 15; **423**. 4

χui words of power **405**. 12; **479**. 12; **481**. 13; **482**. 3; **485**. 1

χut splendour **342**. 8; glory **364**. 16

χut splendid, glorious **18**. 5; **50**. 20; **51**. 4; **108**. 1; **240**. 5

χut light **428**. 15

Χu-χeper-ur a proper name **409**. 9

Χu-ṭet-f a proper name 353. 7

Χut name of a goddess 49. 9; 315. 6

χuu evil things or deeds **249**. 5; **266**. 12; **267**. 3; **509**. 2

Χiu (?) name of a god **185**. 16

χunt drink offerings **146**. 9

χus to dig out and stamp down clay to make a cistern **453**. 9

Χut the place where the sun shews himself on the horizon in rising or setting, the horizon **1**. 3; **3**. 13; **6**. 13; **31**. 11; **52**. 2; **54**. 3; **61**. 8; **103**. 14; **107**. 5; **110**. 6; **132**. 12; **167**. 13; **270**. 10; **278**. 16; **280**. 15; **281**. 4, 10; **288**. 10, 11; **305**. 11; **312**. 15; **314**. 15; **329**. 10, 14; **332**. 12; **363**. 6; **421**. 2; **441**. 2; **450**. 16; **456**. 14; **509**. 11; **175**. 16; **319**. 12; **462**. 13; **55**. 15; **46**. 4; **78**. 15; **208**. 16; **209**. 1; **384**. 3; **415**. 9; **36**. 1; **374**. 1; **441**. 16

χut fire **369**. 9; **378**. 6

χi babe, child **112**. 2; **114**. 11; **144**. 16

χeb to defraud, to pilfer **16**. 3; **250**. 11; **251**. 1, 2; iniquity **481**. 3

χeb weak **488**. 15

χeb to be defeated **94**. 5

χebu defeat **330**. 10

χeba to destroy **401**. 1

χebu steeped **402**. 12

Χebent a proper name **163**. 7

χebent evildoing 260. 13

χebenti evil, the wicked 279. 16

χebχeb torture chamber 460. 15

χebχeb to force a way 163. 3; 168. 16; 177. 13; destruction 334. 12; destruction 350. 1

χebs to plough 20. 11; 453. 9; 20. 11

χebs-ta the ceremony of ploughing the earth 74. 16; 75. 1, 3; 79. 8; 81. 16; 84. 5

χebsu devourer 356. 11

χebs, *χebsu* star, lamp 213. 13; 296. 11; plur. 296. 2; 297. 7; 446. 14

χebt to suffer hurt 237. 4

χebt little 238. 13

χebt dancer 355. 16

χebt, *χebti* destroyer 343. 14; 344. 12; 356. 14

χebt torture chamber, slaughter house 80. 6; 184. 1, 10; 255. 5; 347. 15; 416. 14; 171. 10

χep to travel, to journey **163**. 12; **209**. 1; **273**. 11; **371**. 7; **464**. 14; **478**. 14; *χept* journey **163**. 11

χep a part of the body **99**. 9

χepen fat **417**. 11

χeper to come into being, to become, to be, to turn into **3**. 1, 16; **9**. 1; **44**. 11; **51**. 4, 6, 10, 14; **55**. 16; **56**. 4; **60**. 4, 16; **74**. 3; **114**. 8; **163**. 15; **174**. 3; **181**. 5; **283**. 7; **346**. 12; **358**. 14; **362**. 5; **363**. 12; **364**. 14; **379**. 7; **400**. 2; **401**. 7, 9; **402**. 1; **414**. 16; **426**. 7; **430**. 10; **431**. 9; **434**. 7; **457**. 3; **473**. 11, 15; **476**. 1; **477**. 1, 2; **47**. 2; **48**. 8; , non existent **13**. 15; **167**. 16; when taketh place **35**. 9; to become satisfied **9**. 7; what is thy name? **129**. 14; **241**. 19

χeper tesef self-created **8**. 3; **12**. 14; **40**. 9; **49**. 1; **51**. 12; **174**. 6; **398**. 1

χepert what hath become, what exists **36**. 14; **126**. 6; **438**. 6; **439**. 10; **455**. 12; **457**. 10

Χeperȧ the god Kheperȧ **1**. 5 *(bis)*; **2**. 2; **5**. 15; **66**. 5, 16; **103**. 5; **107**. 8; **111**. 2; **113**. 14; **138**. 3; **145**. 3; **181**. 5; **184**. 8; **197**. 7; **198**. 13; **236**. 11; **283**. 6; **292**. 7; **316**. 5; **443**. 10; **87**. 6

χeperu form, transformation, phase of being, evolution **320**. 15; **511**. 3; **517**. 1; **316**. 5; change **75**. 5

χeperu forms, transformations 15. 10; 23. 3; 36. 12; 37. 11; 42. 10; 45. 15; 51. 1; 63. 13; 82. 17; 96. 2; 134. 1^5; 145. 2, 3; 161. 4; 163. 15; 164. 7; 165. 9; 167. 10, 14; 168. 7; 176. 7; 178. 3, 11; 179. 7; 181. 3; 182. 4, 11; 183. 16; 185. 2; 186. 3; 187. 14; 188. 3, 10; 209. 8; 210. 2; 243. 9; 268. 15; 273. 4; 276. 2; 290. 15, 17; 400. 14; 408. 9, 12; 419. 2; 423. 6; 429. 15; 442. 9; 459. 9; 469. 12; 470. 5 *(bis)*, 13; 473. 11, 15; 475. 4, 6; 477. 7; 480. 12; 490. 4; 502. 4; those who become 90. 17

χeperut

χeper

χeprer scarab, beetle 96. 14; 142. 1; 413. 1; 420. 4; 502. 1

χepeś thigh 132. 14; 136. 5; 142. 15; 333. 7; 449. 4; plur. 435. 16; 448. 16

χepeś the constellation of the Thigh 58. 10; 75. 16

χept to happen 122. 1

χepṭet buttock, top of the thigh 57. 5; 113. 1; 136. 16; 142. 16; 340. 13; 364. 14; 447. 6; plur. 118. 16; 190. 11; 292. 12; 363. 12; 371. 4

χefa food 507. 1, 2

χefā fist, grasp 92. 11; 99. 15; 113. 6; 115. 16; 155. 9, 10; 439. 16; to take by handfuls 464. 4; plur. 158. 13

χefāt grasp 415. 10

χeft in front of, according to, conformably to, when 1. 3; 3. 13; 6. 13; 22. 3; 39. 14; 44. 11; 52. 10; 55. 8, 14; 110. 4; 141. 10, 13; 153. 10; 183. 7; 211. 16; 212. 2; 249. 3; 259. 14, 16; 270. 14; 294. 15; 308. 6; 309. 11; 314. 14; 316. 13; 344. 6; 349. 13; 350. 5, 12; 351. 2, 9, 16; 352. 10, 16; 353. 8; 354. 1, 8, 15; 355. 6, 13; 357. 1, 6, 9, 13; 358. 12; 362. 8; 366. 4; 451. 14, 15; 213. 13; 487. 11; 488. 9

χeft enemy, fiend 2. 16; 4. 11; 44. 15; 89. 10; 190. 8; 513. 15; 32. 3

χefti foes, enemies 5. 5; 7. 7; 18. 12; 31. 9; 52. 5; 58. 15; 60. 13; 62. 11; 66. 8; 68. 10; 71. 3, 4, 5, 9, 15, 16; 72. 8, 9, 15, 16; 73. 8, 9, 15, 16; 74. 6, 7, 14, 15; 75. 2, 9, 10; 76. 2, 3, 6, 10, 12, 15; 77. 14; 78. 1, 7, 8, 15; 79. 15, 16; 80. 3, 5, 13; 81. 3, 4; 82. 2, 5; 83. 2, 3; 84. 2; 108. 16; 147. 12; 187. 10; 304. 12; 305. 8; 306. 14; 307. 7; 310. 10; 313. 15; 314. 5; 316. 6; 336. 14; 341. 6; 347. 5, 14; 351. 6; 366. 13; 382. 14; 387. 1; 385. 4; 388. 2; 421. 3; 430. 15; 431. 8; 438. 3; 445. 9, 10; 451. 12; 452. 11; 453. 1; 454. 2, 3; 460. 6; 467. 5, 6, 16; 468. 2; 469. 7, 16; 475. 7; 476. 16 *(bis)*; 480. 2, 11; 481. 16; 482. 4; 486. 14; 493. 9; 502. 7, 12

χem to be extinguished 232. 13

χem shrine 331. 14

χem to put an end to 299. 9; 331. 12; 366. 13; 298. 6; and see 31. 15; 361. 11; 469. 4

χem to be unknown 109. 9; 113. 11;

135. 12; **346.** 10; to be ignorant of **128.** 7; **172.** 12; **359.** 5; **409.** 6; **183.** 9; **131.** 14

χem an ignorant man **119.** 14; **145.** 4; **238.** 8

χem to overthrow, to destroy **100.** 7; **184.** 16; **292.** 9, 13; **293.** 5; **300.** 5

χemi one of the forty-two assessors **254.** 12; **255.** 11

χemi / *χemit* overthrowing, destroying, destroyer, destroyed **123.** 8; **214.** 12; **244.** 1; **293.** 5; **292.** 9; **293.** 4; **429.** 11

χemā to do away with **187.** 3; **270.** 4

χemāu those who carry away **269.** 12

χemu wind, air **152.** 8

χemennu eight **16.** 7; **98.** 11; **219.** 3; **333.** 9, 10 *(ter)*, 11; **508.** 11; eight **339.** 9; **353.** 1; **425.** 1

Χemennu the eight gods of Hermopolis **416.** 4

Χemennu Hermopolis, the city of the eight gods **51.** 11; **92.** 7; **96.** 16; **135.** 8; **140.** 14; **141.** 6; **235.** 7, 15; **236.** 2, 6; **238.** 3, 10; **253.** 1; **386.** 12; **510.** 9; **515.** 5

χemt three **116.** 5; **143.** 3; **212.** 14; **222.** 2; **417.** 3; **464.** 6; third **262.** 14; **328.** 1; **335.** 15; **350.** 12; **359.** 10

χemt copper **346.** 13

χen, *χenen*, *χennu* to perch upon, to alight, to hover over **148.** 11; **160.** 9; **164.** 10, 13; **179.** 11; **237.** 8; **370.** 3; **493.** 13, 14; **140.** 2

χenit the divine beings who alight on the sycamore in heaven **124.** 8; **493.** 2

χen to be dressed in **136.** 2; garment **136.** 10

χen , interior, inner part of a house **11.** 6; **100.** 2; **195.** 7; **196.** 8; **244.** 8; **227.** 2; **229.** 4; and see

χennu name of a city in the Elysian Fields **227.** 5

χen to stir up strife or storm **256.** 5

χennu baleful things, storm, strife, breakers, opposition **68.** 7; **107.** 4; **114.** 9; **122.** 1. 14; **196.** 14; **197.** 17; **225.** 3; **232.** 13; **415.** 10; **457.** 12; **481.** 14; **483.** 8; **485.** 2

χen, *χenen* to decay, to rot, to wither **399.** 15; **401.** 9, 12, 13

χen to ferry across, to transport, to travel by water, to row, to paddle **5.** 6; **9.** 14; **29.** 2; **46.** 8; **133.** 8; **134.** 1, 2; **224.** 9, 12; **225.** 5; **227.** 11; **358.** 12; **368.** 11; a journey, that in which a journey is made, boat 125. 10; 215. 1; 282. 10; 368. 10; 384. 9

χenen sailor 221. 8

χenȧ to deprive some one of something to make or to keep in captivity, to shut in 41. 2; 74. 12; 195. 11; 196. 5; 90. 3; 194. 8

χenp to draw out, to pluck out 64. 6; 92. 6; 36. 15; tearers, renders 158. 8

χenf cake 223. 9; 333. 9

χenem jasper, carnelian 316. 14; 403. 3, 7

χnem to make, to form, to join or be joined together 2. 12; 7. 8; 15. 12; 37. 12; 39. 3; 41. 6; 44. 2; 46. 6; 139. 12; 179. 1; 212. 10; 213. 12; 223. 1, 15; 276. 16; 478. 17; 483. 2; 513. 14; 511. 14

Χnem, **Χnemu** the god Khnemu 96. 5; 102. 5; 129. 3; 134. 4; 504. 4; Khnem-Ḥeru-ḥetep 326. 2

Χnem-ȧmentet-en-Qemt a proper name 414. 4

Χnemet-urt a proper name 468. 4

Χnemet-em-ānχ-ȧnnuit name of a cow 318. 13; 364. 3

χenem to snuff up, to smell 6. 6; 8. 5; 446. 5

χenemu to scent out 136. 11

χenem to nurse 101. 12; nurse, companion 136. 13; 483. 14

χenemem to feed upon 22. 9

χenemes protector 239. 12; 246. 12

χenememti, *χenemtet* the two nurses, *i. e.*, Isis and Nephthys 23. 1; 449. 11

χenemu nursery 495. 8

χennu those who cry out 414. 9

χenrȧ shut in 19. 1; 193. 15; 437. 12

χenrȧ fiends 234. 9

χenrit prison (?) 504. 5

χens to walk about, to travel 227. 15; 466. 3; 471. 5; 472. 5; 475. 1; 446. 15

Χensu the god Khonsu 181. 13; 398. 10

χent what is in front, the nose or face, before, in front of 137. 5; 442. 6; 446. 2, etc.

χent dweller at the head **116.** 6, 7; **134.** 4; **138.** 16; **143.** 16; **153.** 14; **169.** 11; **201.** 8; **388.** 16; **457.** 5; **458.** 16; **489.** 14; **506.** 10; **507.** 15; plur. **172.** 1; **147.** 1; **151.** 11; **433.** 13

χenti

Χent-Ȧmentet Governor of Ȧmentet, a title of Osiris **22.** 13; **70.** 2; **207.** 15; **246.** 6; **276.** 12; **303.** 15; **304.** 3, 6, 10; **305.** 3; **306.** 1, 5, 7, 10; **307.** 8; **308.** 10, 16; **330.** 16; **469.** 11; **475.** 10; **476.** 3; **496.** 15; **501.** 9; plur. (of the gods) **110.** 15; **452.** 4; **466.** 10; **482.** 13; **513.** 10

Χenti Āba (?) **504.** 15

Χenti āt Ȧment a title of Osiris **272.** 13

Χentet-Un a title of Osiris **323.** 3

Χenti-Peḳu a title of Osiris **320.** 10

Χenti-menȧtu-f a title of Osiris (?) **149.** 4

Χentet-nep a title of Osiris **323.** 4

Χent-Naȧreṭ-f a title of Osiris **39.** 1

Χent-nut-f a title of Osiris **324.** 3

Xent-ȧn-maati  a title of Horus 170. 13

Xenti-neter-ḥet  "dweller in the divine house" 247. 15

Xenti-neter-seḥ  "dweller in the divine hall" 326. 3; 348. 4; 383. 15

Xenti-Re-stau  a title of Osiris 321. 3; 323. 7; 377. 7

xenti-ḥenseketiti  "dwellers in their tresses" 95. 8; 501. 10

xent ḥeḥ 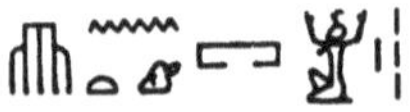 a title of Osiris 146. 6

Xenti-ḥeq-āṭ  a title of Osiris 504. 4

xenti ḥet-āt  "dweller in the great house" 85. 5

xentet ḥespu 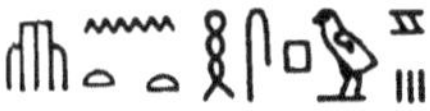 name of the bows of the boat 207. 3

xentet-xas  a name of a god 112. 10

Xenti-xati
Xent-xaṭθi 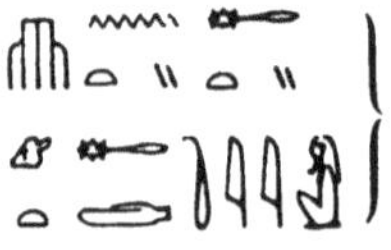 a title of Horus 90. 14; 91. 4; 326. 3

Xent Sexem
Xenti Sexem  a title of Horus 62. 9; 181. 11

Xenti-seḥ-ḥemt
Xent-seḥt-kaut-f 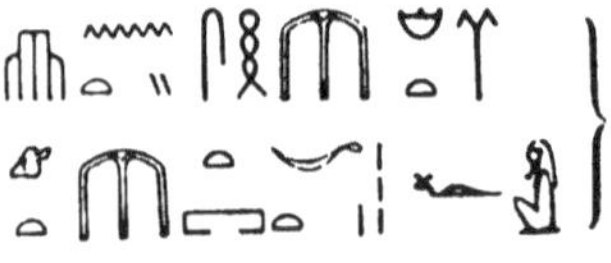 a title of Osiris 322. 4; 325. 2

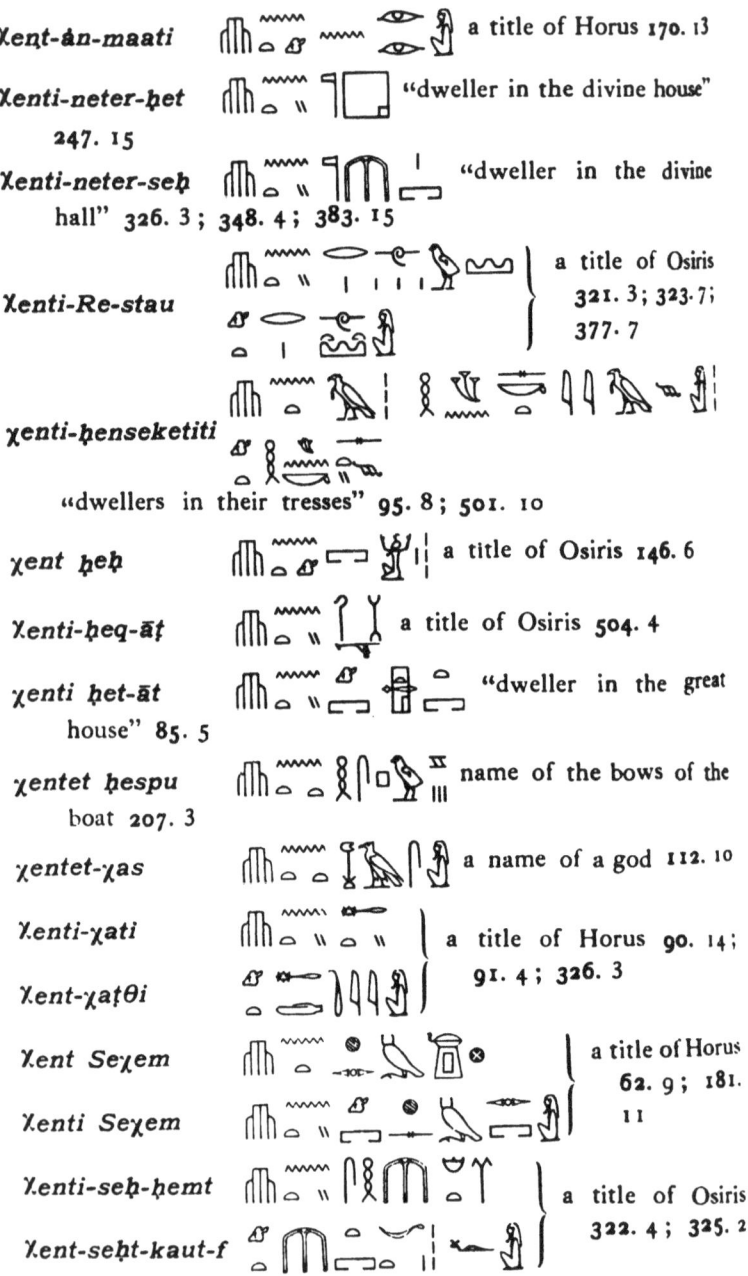

Ӽent Suten-ḥenen a title of Osiris **65.** 4, 6

Ӽent-śet-āati a title of Osiris **325.** 5

Ӽenti-θenent a title of Osiris **323.** 5

χent abode, shrine **115.** 3; **146.** 13; **304.** 7; **313.** 13; **462.** 14; **243.** 10; plur. **128.** 5; **320.** 12; **506.** 15

χent, *χentet* to sail against the stream **87.** 12; **161.** 5; **224.** 13; **309.** 14; **336.** 3, 6; **348.** 7, 13; **350.** 16; **490.** 6; boat **112.** 2; **456.** 4; **89.** 7; **14.** 10; those who advance **202.** 5

χenti a mineral colour **268.** 4; **284.** 12; **291.** 5; **294.** 5; **332.** 15

χenṭ, *χenṭu* to travel **64.** 10; **93.** 7; **114.** 4; **115.** 13; **123.** 9; **124.** 1; **138.** 7; **208.** 5; **214.** 13; **244.** 2; **265.** 12; **268.** 5; **359.** 9; **464.** 16; **494.** 3; **495.** 2; **506.** 5; **265.** 15

χenṭ thigh **80.** 7; **92.** 15; **205.** 8; **218.** 2; **263.** 4; haunch **466.** 14; **478.** 7

Ӽenṭ-Ḥāpiu name of the steering pole **205.** 8

χer with, before **1.** 12; **4.** 13; **16.** 9; **23.** 10; **44.** 2; **54.** 7; **63.** 10 *(bis)*; **67.** 16; **69.** 12, 14; **70.** 2, 13; **76.**

3; **85**. 6; **92**. 3; **95**. 16; **124**. 3; **125**. 7, 8; **146**. 14; **173**. 6; **175**. 9; **209**. 15, 16; **216**. 10; **240**. 13; **249**. 7; **260**. 13; **277**. 4; **286**. 11; **306**. 8, 16; **358**. 7; **362**. 2; **366**. 8; **374**. 14; **375**. 13; **379**. 4; **384**. 5; **386**. 11; **414**. 14; **427**. 12; **433**. 2, 6; **437**. 7, 8; **452**. 9; **456**. 16; **463**. 2, 3; **464**. 7 *(bis)*; **479**. 1, 14; **482**. 4; **484**. 10; **491**. 2; **492**. 15, 16; **496**. 14, 15, 16; **497**. 16; **510**. 1 *(bis)*; **516**. 2, 3; **87**. 14; **501**. 14; in the reign of **285**. 6; = **70**. 13

χert course **456**. 5

χert , things of, property of, affairs, matters **137**. 14; **138**. 2; **144**. 10; **167**. 6; **168**. 4; **170**. 4; **266**. 11; **267**. 2; **469**. 14; **471**. 5; **472**. 5; **373**. 12; **329**. 7

χer under, beneath, with **24**. 13; **25**. 2; **41**. 12; **70**. 2; **80**. 9; **96**. 16; **100**. 1; **124**. 7; **140**. 15; **141**. 7; **151**. 13; **180**. 1; **186**. 12; **190**. 7, 8; **195**. 1; **201**. 14; **230**. 5; **233**. 14; **244**. 5; **277**. 15; **278**. 1; **289**. 9; **310**. 9; **316**. 1; **330**. 3; **349**. 1; **363**. 12; **364**. 14; **382**. 15; **385**. 4, 8; **387**. 1; **402**. 9; **408**. 5; **409**. 4; **436**. 5; **452**. 10; **457**. 1; **469**. 9; **470**. 2; **493**. 1, 15; **495**. 10; **507**. 1; *χer* **511**. 6; **234**. 13; under the favour of **223**. 11; **301**. 14; **338**. 8; **352**. 7; **486**. 9

χer , to have, to possess, having, possessing **62**. 6, 7, 9; **67**. 5; **342**. 2, 9, 16; **343**. 8, 15; **344**. 7, 13; **345**. 6, 13; **346**. 4; **354**. 14; **355**. 5, 11; **356**. 2, 7; **357**. 5, 8, 13, 16; **413**. 13, 14, 16; **414**. 2; **417**. 3; **446**. 9; **482**. 6; **488**. 7; **490**. 5; **412**. 9; **59**. 4; **169**. 11; **263**. 2; **282**. 8; **289**. 8; **459**. 14

χeru things or beings who are below, *i. e.*, terrestrial **2.** 5; **437.** 7; **447.** 15; **154.** 11; **136.** 10; **151.** 10; **230.** 6; **9.** 1; **213.** 14; those who have **424.** 5

χert under, beneath **140.** 13; **143.** 3; **206.** 1; **294.** 1; **371.** 10; possessions **5.** 12; **28.** 16; **114.** 7; **199.** 12; **245.** 3; **259.** 2; **367.** 13; **442.** 16; **488.** 11; **384.** 8, 14; **407.** 13; **136.** 16

χert hru things which the day hath, *i. e.*, times and seasons, or hours **106.** 10; **159.** 8; **223.** 8; **366.** 3; **482.** 7; **56.** 5; **211.** 12; **285.** 15; **330.** 16; **510.** 4; **494.** 13

χer, ***χerui*** testicles **56.** 11; **192.** 6; **503.** 6

χer to fall down **2.** 7; **4.** 10, 11; **5.** 5; **6.** 7; **64.** 11; **80.** 1, 3, 5; **93.** 8; **98.** 8; **101.** 16; **105.** 10, 14; **106.** 3, 7; **119.** 9; **123.** 16; **169.** 7; **176.** 12; **198.** 6; **204.** 14; **246.** 13; **260.** 1; **280.** 2; **288.** 11; **291.** 14; **293.** 11, 14; **295.** 12; **371.** 12; **372.** 16; **373.** 2; **445.** 9; **480.** 3; **493.** 11; **503.** 6; **144.** 4; **304.** 13; **305.** 2, 4, 6, 9; **306.** 14; **307.** 7

χerit the dead, the damned **62.** 2; **64.** 5; **217.** 7; sacrifices **232.** 7; victims for sacrifice **453.** 11, 13

Χer name of a god **84.** 6

χerȧ a proper name **222.** 6

χeru sound, voice, word, speech **2.** 9; **36.** 12; **105.** 15; **166.** 2; **230.** 12; **276.** 2; **288.** 12; **289.** 5; **314.** 4; **315.** 1; **342.** 8; **354.** 4, 5; **355.** 4; **377.** 4; **405.** 11; **408.** 14; **481.** 3, 14; **516.** 1; loud-voiced **258.** 6, 13; **341.** 5; plur. **24.** 11; **346.** 9; **503.** 17; with **271.** 11, 12, 14; **278.** 4; **285.** 14; **445.** 12; man's voice **246.** 16; **257.** 10, 14

χerui enemies **131.** 11; battle **457.** 11; hostile attacks **200.** 7, 9

χer-āba the name of a city near Memphis **22.** 7; **38.** 4; **68.** 12; **112.** 15; **118.** 13; **252.** 14, 18; **296.** 3, 11; **297.** 7; **379.** 12, 13; **380.** 7, 12; **382.** 1; **388.** 15; **439.** 6; **478.** 5; **483.** 15; **515.** 4

χerp, **χerpu** to be chief or master **185.** 5; **214.** 8; **234.** 9; **250.** 5; **281.** 12; **287.** 5; **92.** 3; offered, presented **463.** 8

Χerp Prince, Chief **186.** 11; plur. **166.** 2

χerpu a steering pole **205.** 8

χerefu lion-gods **301.** 7

χer ḥeb he who hath the service book **22.** 11; **337.** 13; **339.** 16; **497.** 9

Χerserȧu a proper name **409**. 2

χersek to destroy **54**. 5; **177**. 15; **210**. 10; **280**. 10; **283**. 1; **295**. 3; **437**. 2; **481**. 3; **488**. 16; **269**. 13; **270**. 5; **274**. 6

Χersek-Śu a proper name **248**. 10

χerṭ (?) child **109**. 13; **247**. 9

χerṭ en seśeṭ a title of the scribe Nebseni, child of the *seshet* chamber **139**. 11; **387**. 15 (sic)

χeχ to run **340**. 9; **408**. 12

χeχ throat **96**. 15; **213**. 10, 11; **216**. 15; **402**. 13, 14; **403**. 9; **404**. 3, 16; **405**. 5, 9, 16; **409**. 14; **410**. 6; **436**. 6

χeχu darkness **195**. 11

χes to slay **506**. 9

χesbeṭ lapis-lazuli **14**. 7; **126**. 12; **140**. 15; **177**. 6; **228**. 14; **229**. 16; **316**. 10; **420**. 5; **446**. 2, 3, 5; **447**. 12; real lapis-lazuli **141**. 7; **446**. 8; **445**. 16; 7. 10; blue-eyed **462**. 6

χesef to meet, to meet hostilely, to drive back, to repulse, he who drives back **15**. 11; **47**. 15; **62**. 11; **96**. 3; **97**. 7; **100**. 10; **102**. 3, 10; **105**. 3; **107**. 6, 11, 13; **108**. 10; **109**. 6; **110**. 9;

111. 16; 169. 10; 210. 16; 211. 2; 229. 16; 241. 4; 251. 9; 279. 12; 284. 5; 286. 15; 293. 9; 296. 7, 16; 297. 15; 299. 4; 302. 8; 307. 11; 310. 5, 11, 13; 311. 5; 328. 7; 329. 3; 330. 13; 333. 2; 334. 12; 358. 14; 361. 1; 362. 6; 429. 5, 8; 437. 16; 480. 11; 497. 15; 501. 6; 504. 10; repulsed 21. 10; 85. 16; 86. 11; 95. 15; 128. 14; 283. 12; 491. 3; 501. 3; irresistible 51. 15; 63. 2; 350. 2; 379. 13; 383. 8; 383. 12

χesefu — those who meet, adversaries 12. 2; 46. 12; 47. 14; 98. 6; 137. 12; 143. 11; 203. 3; 299. 7; 313. 12; 331. 10; 367. 6; 372. 3; bowings 40. 16; faces that repel 171. 2

Χesef-aṭ a proper name 360. 6

Χesef-ḥrȧ-āś-χeru a proper name 328. 5; 360. 4

Χesef-ḥrȧ-χemiu the herald of the seventh Arit 329. 3

Χesef-χemiu a proper name 362. 1

χesṭeḥ to destroy 271. 5

χet steps 86. 3; 432. 16

χet fire, flame 77. 4; 82. 17; 192. 7; 251. 11; 287. 12, 13; 301. 1, 2; 302. 11 *(bis)*; 320. 8; 351. 12; 378. 5, 6; 381. 5; 515. 14

χet to follow (see also) 193. 9; 475. 7; 479. 13

χet to retreat, to go back 192. 3; 487. 8

χetχet to go backwards 59. 11; 226. 10

χetita fiends 390. 12; 394. 3

χet board, list 3. 7; wood, sceptre, staff 112. 1; 128. 12; 203. 8; 504. 10; branch 439. 2; measure 218. 14 *(bis)*; 353. 12; 370. 4 *(bis)*; 505. 8; planks of a ship 206. 15

χet mast 205. 15

χetu 10. 7

χetu inscribed 141. 7; 310. 7; 311. 8, 16; 440. 5; graven 485. 9

χet things, affairs, cases, goods, property, offerings, possessions 3. 7; 5. 13; 62. 11; 66. 13; 135. 1; 137. 2; 142. 1; 250. 7; 314. 6; 449. 12; 451. 1, 7; 476. 12, 13; 515. 9; things of every class and kind 226. 6, 12; 479. 2; all sorts of bad things 77. 5; 226. 9, 13; 366. 9; 468. 3; 477. 1, 2, 14; 483. 8; all kinds of beautiful and holy things 161. 3; 316. 12; 451. 12; 464. 13; 477. 16; 514. 14; 437. 5; 365. 10; 198. 1; 71. 7; 72. 10; 81. 9; 478. 7; 483. 9; 72. 13; 76. 5; 73. 3; 81. 11; 83. 7; 79. 4; 83. 6; 168. 10;

 464. 14; 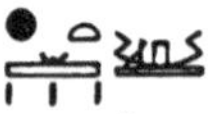 464. 14;  464. 4;  their personal affairs 261. 14

χetem  to shut in, shut 30. 4; 139. 3; 142. 2; 153. 15; 160. 13; 192. 1; 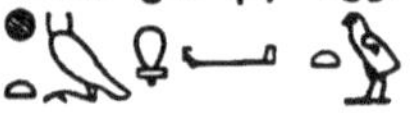 193. 6; 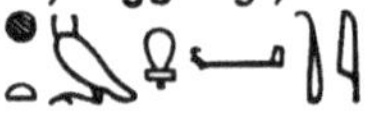 194. 15; 195. 1

χetemiu  those shut in 195. 16

χetemit 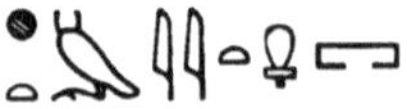 closed place, prison 143. 14

χeṭ  to float down stream 14. 10; 89. 7; 161. 5; 488. 1; 490. 6; 507. 2, 14;  rippling like water 445. 14

χeṭebet  230. 2; = 

𓊃, 𓋴 S.

𓊃𓈇 440. 2

𓊃, 𓋴 her, she, its 1. 8; 3. 1; 4. 6; and see *passim*.
𓋹𓈖𓋴𓈖𓂾𓏏𓏭𓆓 153. 1

𓊃 = 𓊃𓈖𓏥 they, them, their 29. 15

sa 𓊃𓏤𓀀 person, man, one 5. 12 *(bis)*; 28. 9; 31. 9; 80. 11; 82. 15; 87. 10; 90. 8, 17; 93. 3; 116. 17; 132. 3; 156. 3; 178. 13; 270. 14; 308. 4; 316. 14; 317. 11, 15; 366. 4; 384. 8, 14; 410. 16; 414. 5; 488. 10; 492. 7; 501. 3; 502. 2; 𓊃𓏤𓀀𓎟, 𓊃𓏤𓀀𓎟𓏏 everybody, all folk 49. 5; 286. 5

sa 𓅭𓏤, 𓅭𓏤𓀀, 𓅭𓏤𓁐 son 13. 8; 52. 6; 97. 3; 116. 18; 119. 1, 16; 121. 6; 153. 2; 156. 10 *(bis)*; 161. 2; 233. 8; 291. 10; 308. 13; 314. 7; 317. 11; 337. 4; 360. 7; 379. 10; 407. 16; 417. 2; 452. 8, 13, 16; 455. 8; 458. 16; 459. 12; 460. 7; 471. 3; 481. 10; 482. 15; 484. 10; 485. 5, 14; 486. 10; 𓅭𓏤𓁶𓊪 firstborn son 276. 10; 𓅭𓇳 son of Rā 271. 8, 15; 272. 8, 16; 273. 2, 6; 449. 15; 471. 6; 472. 6

sat 𓅭𓏏 daughter 186. 5; 383. 3; 384. 16; 𓅭𓏏𓇳 437. 3; 𓅭𓏏𓏭𓁐𓁐 the two daughters 175. 12; 495. 16

Sa-mer-f "son loving him", title of a priest 70. 3; 337. 13

Sa-pa-nemmȧ a proper name 416. 12

Sa-ta name of a serpent 188. 3, 4, 5

sa see

sa side, back 134. 6; 372. 5, 6; 494. 13; with 136. 2; following 466. 15

sa chamber (?) 144. 3

sa to know, to recognize 45. 16; 49. 5; 236. 3; 400. 8; 497. 15; knowledge 275. 12; 266. 6

Sa the god of knowledge 15. 7; 56. 5; 60. 15; 238. 14; 302. 10; 439. 4; 455. 10

Sa-Ȧmenti-Rā a proper name 457. 1, 5

sa protection, to protect, things which protect, amulets 273. 2; 439. 4; 479. 12; 482. 6, 7; 12. 16; 46. 6; 59. 5; 113. 5; 140. 7; 143. 8; 304. 10, 11, 13, 14; 305. 3, 7; 306. 4, 5, 12; 310. 5, 14; 311. 6, 5; 386. 10; 403. 5; 411. 9; 434. 13; 510. 8; 511. 9; 143. 8; with 382. 12; 383. 1, 7, 10, 14, 16

saa to watch, to keep guard over, to protect, to keep in restraint, to fetter, to bind, **66.** 8, 10; **68.** 3; **86.** 11; **126.** 6; **127.** 10; **150.** 8; **183.** 9; **200.** 7; **234.** 12; **373.** 9; **375.** 5; **379.** 1; **403.** 6; **438.** 12; **460.** 1; **462.** 6; **495.** 15; **504.** 15; **505.** 1; **512.** 13; guarded **101.** 15; **333.** 16; **437.** 13, 15, 16; **440.** 16; **291.** 11

saau, ***saautu*** ward, restraint **80.** 9; **457.** 15; **359.** 3; **360.** 5, 13; **361.** 7, 15

saa, ***saau***, ***saai***, ***saaiti*** warden, warder, guard, guardian, he who fetters, he who is fettered **64.** 13; **65.** 1; **164.** 3; **186.** 7; **327.** 13, 16; **328.** 3, 7, 11, 15; **329.** 3; **334.** 11, 14; **335.** 6, 8; **336.** 1, 4, 13, 16; **337.** 9, 11; **338.** 4, 8, 16; **339.** 3, 11, 14; **340.** 7, 11; **341.** 4, 7; **343.** 12; **346.** 9, 11; **347.** 16; **349.** 16; **350.** 8; **351.** 5, 12; **352.** 3, 13; **353.** 3, 11; **354.** 3; **358.** 4; **456.** 12; **464.** 6; plur. **329.** 6; **195.** 11, 15; **224.** 15; **225.** 1; **429.** 6; **195.** 12; **71.** 8; **249.** 11; **475.** 14; **275.** 4;

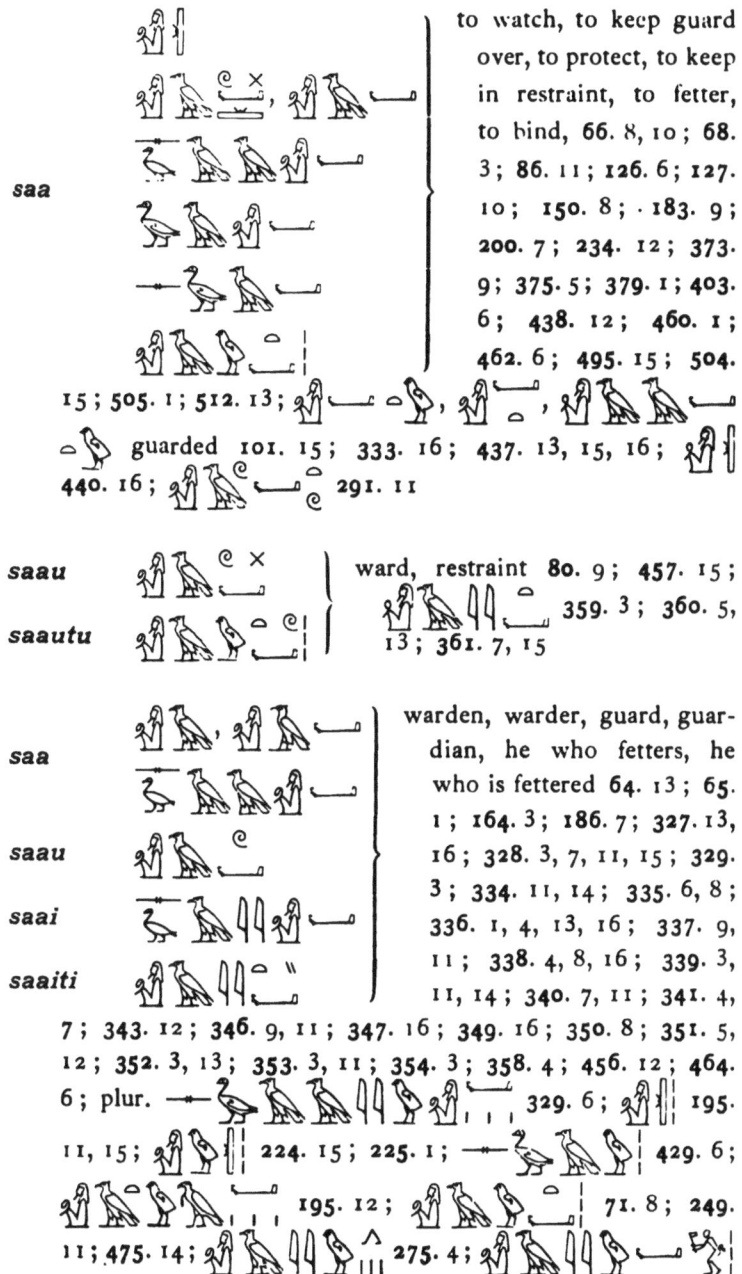

71. 12; and see 86. 12; 172. 5; 195. 16; 196. 4, 8; 271. 2; 272. 2; 274. 4; 320. 4

saatu fetters 147. 4

Saa a name of Osiris 320. 11

Saau-ur a proper name 457. 1, 2

Sau the god Sa or Saa, *q. v.* 348. 8

Saau the city of Saïs 111. 13; 117. 11; 257. 3; 323. 10; 413. 12; 496. 3

Saau ḥeri Upper Saïs 322. 7; 323. 14

Saau χeri Lower Saïs 321. 7; 323. 13

Sabes the herald of the second Ārit 327. 17

sam loins 447. 5

sam (or ***sma***), ***samt*** to join, to unite with, to be united to, union, assembly 42. 14; 115. 6; 125. 10; 176. 10; 210. 13; 215. 2; 226. 5, 10; 377. 8

Samti uati uniter of the two ways 438. 11

samt àuset burial place (?) 67. 12

sam ta, ***samt ta*** union with earth, *i. e.*, burial 23. 14; 95. 11; 137. 10; 213. 10; 390. 6; 402. 13; 403. 10; 488. 6; 501. 13; with 65. 7, 10; 461. 2; day of the funeral 404. 13; 405. 6

samau darkness 35. 1; 85. 5; 245. 7

sami }
samai } fiends 68. 11; 71. 13; 75. 4; 78. 10
samaiu }
sami }

samait fiends 146. 12; 293. 10; 382. 11; 388. 2; 453. 4; 496. 6

samatu torture chamber 66. 13

samait tresses 122. 12; 171. 9

samt bows of a boat (?) 207. 3

samau branches 180. 1; 495. 10

Samait two goddesses 144. 4

Samti a proper name 338. 8

samau 289. 8

samet to burn up 58. 14

samut hair 121. 17

saneḥemu grasshoppers 262. 12

Saneḥem city of grasshoppers 508. 10

saru order for dismissal 351. 7; restrained speech (?) 443. 4

sariu  a class of divine beings 144. 11

Saḥ  Orion 22. 8; 118; 20; 137. 3; 153. 9; 323. 4; 449. 14, 15; 473. 3; a name of Osiris 320. 11;  86. 16

saḥ  to journey, to travel 23. 8; 46. 7; 153. 10; 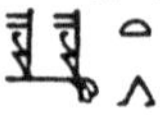 451. 6

saḥu  fingers 113. 3; 118. 21; 492. 13; 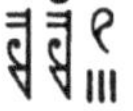 toes (?) 448. 9

Saḥ-en-mut-f 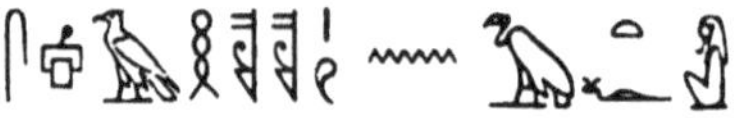 a proper name 264. 15

saḥ 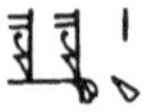 an estate, homestead 14. 13; 16. 11; 70. 9, 15; 434. 11

saqa  to collect, to gather together 130. 2; 138. 15; 140. 1; 173. 10; 241. 20; 289. 6; 361. 5; 385. 10

Saq-baiu  "Gatherer of souls", the name of a boat 130. 2; 241. 20

Saqenaqat  a proper name 415. 15

sat 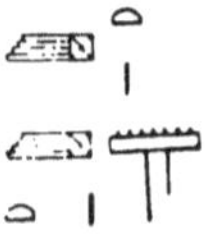 apparel, robe, garment 163. 2; 176. 9; 229. 4

sat  to think scorn of the god  250. 6; 259. 4

sat  evil one 64. 11

satu wall 310. 8, 11; 311. 2, 3, 10, 11; 312. 3

sat earth, ground 36. 14; 208. 5; 246. 10; 268. 4; 436. 5; the floor of a chamber 265. 12; 267. 7

sati threshold 264. 12

Satiu name of a city 257. 9

sati to burn 308. 6

sat, **satu**, **satet** to shoot forth something, to shoot at, to be shot 63. 7; 68. 14; 150. 9; 288. 2; 353. 13; 463. 16; 494. 4

satetu, **satetiu**, **sateti** to illumine, to shine, light, rays 2. 11; 7. 11; 8. 4; 10. 1, 14; 11. 10; 12. 6; 37. 4; 40. 1, 10; 134. 14; 142. 12; 291. 15; 476. 6 *(bis)*; 511. 6, 10

satet to sow seed 227. 10; sprinkled 486. 7

satetit seed, progeny 174. 5

satet adversaries 480. 3

Satet name of a goddess 247. 9

satet an Asiatic woman 445. 14

Satet-ṭemui (?) a proper name **370.** 5; (var.)

saṭu terrors **108.** 6

Sȧ name of a city **325.** 3

Sȧa the god Sa **457.** 1, 3

Sȧa name of a city **505.** 14

sȧat to encroach, to attack **251.** 3

sȧati slaughterers **191.** 12; **192.** 12

sȧu to drink **414.** 7; **417.** 14; **420.** 12; **510.** 5

sȧbit animals for sacrifice **154.** 14

sȧbkui, ***sȧbt*** to weep **25.** 2; **339.** 1

sȧp to judge, to decide, to pass sentence, to compute, to decree, to inspect, to examine, to award **13.** 3; **22.** 2; **79.** 3; **84.** 4; **92.** 5; **106.** 15; **128.** 17; **158.** 14; **186.** 13; **235.** 14; **275.** 5; **313.** 12; **485.** 7; **491.** 12; **492.** 1; , judged, computed **41.** 15; **244.** 14; **245.** 1; judges **113.** 12; **232.** 12; to acquit **444.** 1

sȧp judgment **342.** 2, 9, 16; **343.** 8, 15; **344.** 7, 13; **345.** 6, 13; **346.** 4; **354.** 14; **355.** 5; **356.** 2, 7, 13; **357.** 5, 13; **476.** 11, 12; 66. 7; 67. 2; 355. 11; 75. 8

sȧpu, ***sȧpt***, ***sȧpti*** account, reckoning, examination, judgment **53**. 3; **74**. 2, 9, 12; **97**. 4; **141**. 10; **186**. 15; **275**. 5; **309**. 15

sȧm to be gracious **485**. 2

sȧn length, extent **370**. 6

sȧn to do good to, to benefit, to nourish **209**. 16; **496**. 9; things which benefit **462**. 8

sȧn clay **303**. 11; **310**. 7, 15; **311**. 1, 7, 16; **333**. 11, 14

sȧn to pass **199**. 10

sȧn to pull, to draw **69**. 7; safe **99**. 9

sȧs (?) six **20**. 3; **137**. 1; **147**. 2; sixth **137**. 5; **328**. 13; **338**. 2; **361**. 5; **143**. 5; sixth day of the festival **496**. 16

Sȧsȧ name of a city **203**. 6, 7

sȧka to relieve **53**. 14

sȧqer to make strong or perfect **45**. 10; **210**. 6; **278**. 11; **288**. 8; **291**. 7, 11; **292**. 3; **294**. 7; **309**. 10; **317**. 12, 13; **320**. 14; **496**. 13

Sȧti name of a city **322**. 5; **325**. 3

sȧtia executioners (?) **193**. 5

sȧṭi headsman, executioner **62**. 4

sȧṭen to transfer **404**. 10

sāa to magnify **25**. 3; **42**. 11; **45**. 11; **496**. 14

sāu to provision **275**. 11

sāui journeyings **138**. 5

sāb **392**. 1

sāb jackal **126**. 17; plur. **126**. 17

sāba to make an entrance into **45**. 13; **497**. 7

sāb to purify, to wash, to cleanse **142**. 2; **463**. 10; **502**. 1; **508**. 10; plated, washed **316**. 11; **509**. 6, 7; **291**. 3; **216**. 12; **369**. 11

sām to devour, to consume **24**. 10; **260**. 15; **418**. 8; **516**. 4

sāmiu devourers **249**. 12; **260**. 9, 15; **269**. 10

sām flowers **101**. 14

sāma **483**. 8

sānχ to vivify, to keep alive 7. 16; 9. 3; 138. 10; 173. 14; 252. 4; 278. 12; 332. 4; 333. 1; 461. 8; 481. 8; 511. 14; 513. 4; 369. 13; 489. 4; 45. 3

sār to make to advance 4. 14; 156. 15; 175. 4; 245. 11; 260. 2; 279. 9; 332. 1, 4; 426. 7; 203. 1; 458. 4

sāriu those who make to advance 269. 6; 271. 3; 274. 4; 438. 4; 440. 7

Sāḥ the divine spiritual body 23. 13; 175. 16; 190. 13

sāḥ to become or to endow with a divine spiritual body 31. 5; 163. 10; 168. 3; 170. 1; 171. 7; 168. 7

sāḥ, **sāḥu** the spiritual body 278. 3; 284. 4; 303. 2; 362. 5; 405. 13; 425. 7; 451. 7; 475. 3; 509. 15; plur. 190. 6; 240. 5; 245. 14; 247. 12; 261. 10; 407. 8; 496. 8; 513. 11; of the god 241. 3; 358. 14; with 167. 5; with 449. 1

sāḥ honour 281. 8; 329. 11

Sāḥā to set up, to make to stand up 22. 3; 177. 10; 211. 15; 212. 1; 213. 2; 414. 8; 435. 12; 441. 5; 73. 2, 5, 7; 412. 6; 72. 1, 5; 79. 1; 81. 8; 83. 5

su he, him, it 4. 6; 5. 4; 11. 11; 24. 1; 25. 3; 26. 3; 42. 12; 53. 13; 56. 16; 68. 2; 81. 16; 92. 3; 97. 3; 98. 9; 106. 5, 6; 111. 5; 123. 8, 16; 141. 12 *(bis)*; 151. 8; 226. 16; 227. 14; 231. 16; 243. 14; 279. 3; 284. 2; 291. 9; 294. 10; 306. 11; 316. 13; 361. 4; 379. 15; 385. 8; 401. 15; 403. 12; 406. 9; 408. 14; 418. 3; 438. 5; 444. 1; 452. 1; 456. 2; 461. 13; 466. 4; 468. 15; 476. 4; 479. 9; 481. 6; 487. 4; 491. 11; 497. 16; 501. 12; 505. 6; = 492. 9, 10; them 10. 9, 11

su ťesef he himself 92. 4; 100. 7; 119. 14

sua to pass 163. 16; 216. 1; 203. 3

suaś, ***suauś*** to adore, to praise 6. 4; 7. 15; 10. 4; 40. 7; 138. 7; 274. 5; 419. 8, 15; 473. 14

suať to make vigorous, to make to flourish 95. 10; 158. 12; 174. 6; 230. 6; 315. 5; 363. 15; 482. 5; 483. 15; 485. 13; 501. 12; 513. 5

suȧs (?) decay 112. 4

sui crocodile 97. 10

sun to open 186. 10

sun destroyed 109. 12

sun, ***sunen*** pool, lake **130**. 6; **242**. 5

sunȧt unguent **337**. 3

Sunnu the city called by the Greeks Syene **321**. 8; **323**. 15

surȧ to drink **103**. 7; **124**. 17; **125**. 5; **132**. 9; **133**. 5; **175**. 14; **179**. 8; **224**. 2; **225**. 9; **238**. 16; **300**. 7, 9; **378**. 7, 15; **379**. 2, 5; **425**. 4; **436**. 11; **440**. 6; **465**. 12, 13; **466**. 13

suriu drinkers **146**. 9

surṭ **485**. 12 see *seruṭ*

suha to supplicate **348**. 9

suḥ a garment **449**. 1

suḥt egg **61**. 7; **85**. 14; **116**. 1; **126**. 5, 9; **127**. 11; **131**. 2; **157**. 14; **164**. 9; **185**. 14; **211**. 5; **374**. 5, 10, 13; **441**. 1; double egg **113**. 15; **447**. 6, 11

suχa evil recollection (?) **191**. 5, 8, 15; **192**. 4

suχeṭ to mummify (?) **497**. 5

suser to strengthen **210**. 12, 15

suseχ to make broad **135**. 10; **320**. 15; **334**. 1; **497**. 5; to make wide (*i. e.*, long) the steps **470**. 12; **487**. 1

Suḳaṭi name of a god **420**. 11

sut it, himself, they, them **177**. 15; **305**. 12; **313**. 1; **399**. 15

sut hair **136**. 3

Sut / ***Suti*** the god Sut or Set **31**. 2; **66**. 3; **92**. 13; **112**. 14; **122**. 13; **126**. 10; **146**. 12, 15; **171**. 15; **172**. 10; **181**. 10; **192**. 5; **201**. 1; **206**. 7; **219**. 10; **231**. 14, 16; **235**. 1; **293**. 10; **294**. 4; **305**. 11; **306**. 8; **315**. 11; **376**. 8; **395**. 6; **414**. 13; **496**. 4

Suti-mes a proper name **489**. 13

suten king **1**. 7; **4**. 3; **8**. 16; **9**. 12; **11**. 12; **13**. 7; **14**. 4; **19**. 9; **36**. 5; **40**. 11; **51**. 9; **70**. 12; **141**. 13; **257**. 16; **258**. 2; **268**. 8; **276**. 11; **471**. 8; **478**. 4; the reigning king **260**. 6; plur. **14**. 4; sovereignty **485**. 6; **487**. 2; **120**. 1

suten net King of the South and North **97**. 2; **141**. 8; **145**. 14; **214**. 1; **271**. 8, 15; **272**. 8; **273**. 6; plur. **398**. 10; and **268**. 12; **300**. 8

suten net Ausȧr a title of Osiris **39**. 7

suten ḥeḥ king of eternity, a title of Osiris **452**. 5

suten Ṭuat king of the underworld, a title of Osiris **482**. 8

suten sa royal son, *i. e.*, prince **97**. 3; **141**. 9; **309**. 12

suten ḥemt royal wife, *i. e.*, queen **415**. 8

suten ān royal scribe **11**. 3; **23**. 16; **24**. 4; **25**. 12; **37**. 6

suten śes linen of kings **213**. 8

suten ṭā ḥetep "give a royal oblation" **223**. 6; **514**. 11

Suten-ḥenen Heracleopolis **20**. 11; **39**. 2; **51**. 9; **54**. 10; **65**. 4, 6, 11; **67**. 10; **111**. 16; **245**. 14; **252**. 3; **253**. 12; **276**. 14; **307**. 9; **490**. 3

sutennu stretched out **420**. 7

suṭeχ to embalm **45**. 13; **483**. 13

suṭa to make to set out **226**. 16; **227**. 4; **228**. 13; **230**. 7; **295**. 13; **479**. 9

suṭa to make strong, to preserve **12**. 8; **15**. 13; **96**. 5; **106**. 7; **122**. 1; **136**. 13; **156**. 3, 4, 10; **157**. 1, 5, 11, 15; **212**. 14; **277**. 2; **295**. 2; **338**. 7; **410**. 8; **416**. 7, 8, 14; **486**. 12; **122**. 14

si it, its, them **12**. 13; **62**. 8; **114**. 4; **163**. 6; **184**. 5; **225**. 4; **235**. 9, 15; **327**. 13, 17; **328**. 3, 7, 11, 15; **329**. 3; **373**. 9; **379**. 1; **391**. 10, 12; **393**. 9; **421**. 12, 13, 14, 15; **457**. 16; **504**. 11, 12, 16; **505**. 1, 6, 12, 13

sia (?) (for [?]) to cut **357**. 15

Seb the god of the earth **13**. 9; **15**. 5; **33**. 5; **61**. 2; **66**. 4; **77**. 15; **80**. 9; **94**. 3; **100**. 12; **103**. 8; **107**. 7; **108**. 5; **110**. 13; **125**. 8; **126**. 7; **146**. 15, 16; **150**. 7; **151**. 7; **154**. 1; **166**. 15; **180**. 9, 12, 13; **201**. 2; **264**.

13; 265. 11; 276. 11; 292. 8; 294. 4; 298. 1; 315. 11; 318. 8; 325. 16; 347. 16; 388. 9; 393. 10, 12; 405. 3; 425. 12; 436. 2; 437. 8; 438. 8; 443. 9; 478. 13; 479. 8; 485. 7; 487. 2; 89. 11; 509. 7; 509. 13

seb — to pass by 10. 13; 13. 8; 19. 3; 103. 10; 113. 12; 128. 5, 6, 7, 17; 131. 12, 13, 15; 218. 5; 301. 7; 307. 14; 129. 14; 241. 18; 460. 10

seb — star, star-god 471. 5; 472. 4; plur. 44. 6; 204. 15; 224. 11; 291. 3; 292. 16; 420. 13; 439. 14; 461. 14; 497. 11; 447. 15

sba

sba

sbaut

seb

sbat — door, gate 55. 5, 6, 11; 110. 13; 114. 10; 187. 1; 221. 4, 12; 264. 2, 4, 7, 10, 12, 14; 265. 1, 4, 7, 10; 268. 11; 273. 7; 312. 8; 333. 4; 368. 5, 14; 409. 5; 432. 14; 456. 4; 456. 7; 478. 14

sbau — doors, gates, 14. 12; 33. 4; 90. 4; 103. 8; 105. 16; 160. 12; 187. 8; 203. 13; 272. 3, 9; 273. 5, 7; 275. 9; 278. 16; 279. 1; 307. 12; 319. 16; 320. 2, 3; 410. 4; 475. 14; 492. 3; 514. 6; 274. 13; divine double door 272. 11

sbaut — to rebel (?) 515. 16

sebaḳi helpless one **455**. 15

Sebȧ a goddess **7**. 6

Sebȧu, **sebȧ** fiend **2**. 6, 15; **12**. 10; **47**. 15; **78**. 12; **137**. 6; **143**. 6; **38**. 14; **105**. 9; plur. **19**. 1; **20**. 1; **71**. 8, 13; **81**. 7; **160**. 12; **197**. 3, 10; **198**. 4, 9, 16; **209**. 3; **325**. 11; **341**. 16; **343**. 6; **344**. 5; **345**. 5; **354**. 12; **356**. 5; **357**. 4; **437**. 14; **453**. 3, 11; **457**. 13; **36**. 8; **88**. 4

seben to retreat, to depart **105**. 4, 14

sebeḥ for to make festival **6**. 1

sebeḥ, **sebḥu**, **sebḥet** to praise, to supplicate **341**. 5; **354**. 4; **471**. 12; praised **428**. 14; **320**. 5*

sebeχ to become master of **301**. 14

sebeχbeχet to scatter **68**. 9

sebχet pylon **194**. 8; **248**. 8, 10; **334**. 9; **335**. 4, 15; **336**. 11; **337**. 7; **338**. 2, 14; **339**. 9, **340**. 5; **341**. 2, 13; **342**. 1, 5, 12; **343**. 3, 11; **344**. 2, 9, 16; **345**. 8, 15; **346**. 5, 14; **349**. 14; **350**. 6, 12; **351**. 2, 10, 16; **353**. 1, 9; **354**. 1, 9, 16; **355**. 7, 13; **356**. 3, 8; **424**. 16; **428**. 13; **474**. 5; **422**. 12

sebχet pylons **46.** 1; **246.** 16; **270.** 1, 7; **309.** 5; **320.** 1; **333.** 3; **334.** 7; **336.** 1; **349.** 11; **362.** 9; **475.** 16; **514.** 8; **431.** 4, 5

Sebek a form of the Sun-god **58.** 12; **158.** 2; **188.** 10, 11, 12; **218.** 15; **220.** 14; **233.** 10, 12; **234.** 2; **265.** 2; **390.** 16; of the **443.** 12; **443.** 13

sebeq thigh **391.** 3; **394.** 12

Sebeq-en-Nemu a proper name **391.** 3

Sebeq-en-Tem a proper name **396.** 8

Sebeḳ, ***Sebḳa***, ***Sebaḳu*** name of a god **296.** 8; **297.** 2; **298.** 1

sebt satisfied (?) **135.** 7

sebt walls **350.** 1

sep time, season, occasion, opportunity **3.** 1, 16; **5.** 7; **122.** 3; **148.** 3; **260.** 3; **405.** 14, 15; **415.** 13; **443.** 5; **482.** 1; plur. **39.** 8; **124.** 8; **183.** 9; **224.** 14; **493.** 2; fate **459.** 9; **126.** 11; evil hap, ill luck **260.** 6; case, trial, matter, affair **21.** 16; a right case **16.** 2; **286.** 16; **467.** 8;

unlucky time 5. 10; at no time, never **146.** 11; **285.** 13; **289.** 16; the occasion of the night **467.** 4; another time **134.** 11; **142.** 10; first time, primeval time **9.** 1; **315.** 10; **338.** 6; **487.** 14

sep sen twice **4.** 2 *(bis)*, 7; **8.** 1; **95.** 2; **96.** 1; **106.** 1, 2; **107.** 1; **112.** 3; **123.** 6, 14; **383.** 2; **419.** 9, 13, 14, 15; **428.** 1; **443.** 2; **458.** 9, 10; **482.** 8; **492.** 9; **501.** 5; **502.** 4; **505.** 9; **517.** 4; duplicity, a double motive **17.** 7; **39.** 10; **70.** 4; four times **79.** 15; **80.** 2; **109.** 3; **112.** 2, 6; **180.** 7; **252.** 1; millions of times **152.** 13; **182.** 8; **187.** 15; **210.** 3; **308.** 10; **402.** 16

sep to pass sentence on some one **309.** 8

sep crown (?) **323.** 4

sep, ***sept*** lip, edge **494.** 7; **505.** 15; edge of the water **233.** 14

septi, ***seputi*** the two lips **102.** 5; **112.** 11; **117.** 5; **373.** 1; **446.** 10

Sepa name of a god **58.** 4; **153.** 13; **154.** 2

sper to come forth **48.** 5; **158.** 11 *(bis)*; **201.** 15; **224.** 12; **225.** 5; **227.** 11, 14; **240.** 3; **249.** 3; **259.** 16; **270.** 14; **333.** 4; **349.** 13; **350.** 5, 12; **351.** 2, 9, 16; **352.** 10; **353.** 1, 8; **354.** 1, 8, 15; **355.** 6, 13; **356.** 9; **357.** 1, 6, 9, 14; **362.** 8; **341.** 5; **49.** 16

sepeḫ to advance **183.** 1

sepḥu 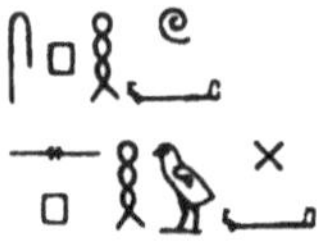 to fetter **383.** 4, 5, 6; **416.** 16; **419.** 7; **454.** 1

Sepes 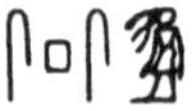 a proper name **469.** 2; and see **311.** 12 *(bis)*, 14

sept  nome **230.** 8; plur.  **227.** 5; **486.** 3; 
 **22.** 5

Sept  the star Sothis **62.** 11; **99.** 8; **280.** 5; **456.** 4; **502.** 15; 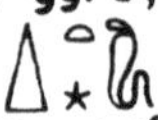 *Septet* **213.** 13; **228.** 15; **377.** 4; **381.** 13

sept  a kind of wood **338.** 12

sept  to be provided or equipped with **9.** 10; **11.** 4; **152.** 9; **171.** 14; **219.** 14; **225.** 6; **263.** 2; **271.** 3; **298.** 7; **340.** 8; ,  *septu*, *septet* provided **62.** 13; **353.** 4; 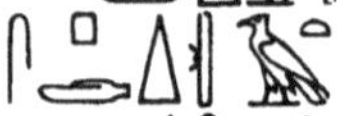 **182.** 14;  **227.** 12; **229.** 14;  **463.** 7

Sept-χeri-neḥait-ȧmi-beq 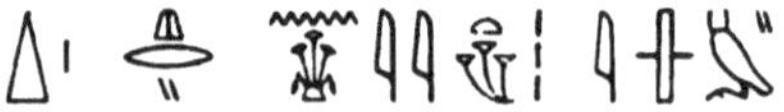
 a proper name **263.** 2

sept  leg **391.** 8

Sept-mast-en-Rerti 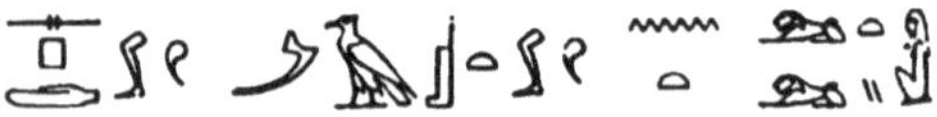
a proper name **391.** 9

sef  yesterday **8.** 2; **27.** 9; **52.** 2, 3; **57.** 5; **113.** 11; **114.** 12; **115.** 14; **134.** 10; **142.** 9; **181.** 7; **190.** 12; **212.** 9; **236.** 11; **468.** 14; **469.** 1; 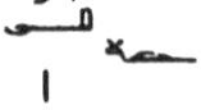 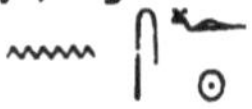 **2.** 14;  **183.** 11

sef  be ye gracious (with ) **183.** 8

fi babe 416. 9

feχ to untie, to withdraw, to unloose, to undress 147. 5; 150. 8; 156. 7, 12; 157. 1, 6, 12, 16; 158. 3; 175. 3; 179. 8; 224. 5; 380. 14; 448. 14; 405. 2; 405. 3

ft to slay 75. 6

ft knife 392. 13

ft unguent 340. 1; pitch 311. 9

m a priest 20. 8; 238. 7

m image, figure 40. 16; 412. 9; plur. 407. 8

m figure, design, drawing, form, similitude 145. 14; 211. 6; 268. 3; 332. 14; 333. 14

m to lead, to guide, guide 5. 9; 37. 13; 85. 8; 92. 13; 103. 9; 111. 1; 169. 12; 197. 5; 203. 11; 230. 5; 240. 7, 8; 244. 12; 247. 8; 271. 7; 272. 8; 278. 1; 280. 7; 282. 9; 284. 4; 326. 10; 329. 13, 15; 336. 2; 347. 8, 10, 13; 385. 7; 386. 15; 388. 1; 448. 9; 474. 3; 482. 1; 483. 10; 504. 12; 506. 11; 512. 5; to guide 243. 6; divine guide 505. 13; plur. guides, leaders 45. 12; 135. 2; 178. 16; 226. 15; 275. 8; 273. 16;

274. 9; and see 279. 9; 317. 15; 472. 11; 473. 4; 474. 4; 475. 13; 365. 13, 15

semu to lead, leader 125. 2; 152. 9; 319. 1; 373. 16

sem guidance 224. 14; 438. 12; 440. 1

semt advance, journey 379. 15; 464. 13

sem a name of Rā 65. 12; 94. 9; to direct affairs 220. 12

Semu-ta, ***Semu-taui*** a proper name 205. 1; 364. 10; 392. 9

Semu-ḥeḥ a proper name 54. 15

semt ȧb gratification (?) 213. 6

sma to join, to unite 137. 4; 143. 4

sma to slay 93. 14; 340. 9

sma 442. 8

smaiu renewal 389. 1

smaȧr to oppress 250. 1; escape 336. 14

smam to slay 250. 10 *(bis)*; 253. 5; 254. 6; 353. 5; 400. 16; 401. 2; 453. 2, 15; 480. 2

smamiu slaughterers, slaughtered things 122. 14; 399. 16; 400. 15

smamu victims **453**. 12

Smam name of a god **132**. 14; **462**. 3

Smam-ur the soul of Seb **66**. 4

smam a bull **183**. 6

Smam name of a lake **230**. 4

Smamti a proper name **352**. 8

smamu foliage or branches of a tree **151**. 11; **244**. 5, 9, 15

smamu clouds **202**. 14

smat(?) **ent ḥeb** half-monthly festival **177**. 1, 4; **234**. 6, 10; **236**. 3. 5; **238**. 13; **330**. 2; **366**. 2; **371**. 10; **391**. 16

smaā to pay what is due **486**. 3

smaāiu slayers **18**. 14

smaā-χeru to justify, to make triumphant **18**. 11; **19**. 3; **48**. 3; **71**. 3, 4, 5, 14, 15; **72**. 7, 8, 15, 16; **73**. 7, 8, 14, 15; **74**. 5, 6, 14; **75**. 2, 8, 9; **76**. 1, 2, 5, 10, 11; **77**. 13; **78**. 6, 10, 13; **81**. 3; **82**. 2, 4; **83**. 3; **84**. 1, 2; **140**. 10; **141**. 3; **145**. 9; **272**. 1, 10; **273**. 4; **274**. 14, 16; **275**. 10, 15; **347**. 14; **348**. 1; **481**. 3, 15; **488**. 15; **504**. 12

smȧ to report, to announce, to bear a message, report, message **25**. 2; **63**. 8; **102**. 7; **108**. 1; **186**. 9, 16; **261**. 6; **266**. 4, 6, 14; **267**. 5; **271**. 3; **274**. 4; **516**. 8;

266. 10; 267. 2; 267. 9; 32. 7

smȧ herald 327. 14, 17; 328. 4, 8, 12, 16; 329. 4; 330. 2; 358. 5; 359. 4, 13; 360. 6, 14; 361. 8, 16; plur. 475. 15; report 24. 13

smȧ leather 439. 16; plur. 221. 8; 368. 10

smu (or ***uasmu***) refined copper 14. 6; 41. 13

semu herbs, pastures, grass land 251. 7; 268. 3; 333. 12; 379. 7

semiu devourers 24. 3

semi to entreat 261. 13

smen to stablish 12. 4; 79. 5; 107. 7; 111. 8, 9; 121. 16; 122. 10; 128. 19; 160. 16; 169. 6; 172. 6; 195. 2; 204. 10; 211. 15; 212. 2; 225. 13; 239. 6; 282. 9; 283. 3; 310. 16; 311. 8; 367. 7, 8, 9, 10; 452. 12; 453. 6; 454. 16; 472. 13; 473. 2; 479. 5; 486. 2; 505. 10; 81. 11; 235. 13; 310. 6; 487. 4; 73. 2; 173. 3; 213. 13; 463. 7

smen a kind of goose 63. 14; 179. 10; 202. 13; 376. 12; 377. 3; 438. 7; 493. 13; plur. 506. 9

smenχ to perfect 275. 11; 359. 16; 481. 11; 272. 12

smert eyelids **446.** 8

smer to inflict pain **250.** 9

smeḥ to fill full **348.** 14

smeḥ, *smeḥ* to flood out, to submerge **29.** 1; **247.** 10; **349.** 1; **453.** 8; **384.** 13; **384.** 9

semχeṭ to stumble (?) **436.** 12

smes to produce **9.** 11; made to be born **338.** 7

sems, *semsu* firstborn, eldest **25.** 7; **104.** 7; **153.** 6; **154.** 1, 3; **184.** 16; **206.** 10; **330.** 12; **393.** 6; plur. **135.** 9; **224.** 15

smet to pry into something **254.** 11

Smetu the warder of the first Ārit **327.** 12

smet woven with, or shot with (of cloth) **440.** 4

Smet āqa name of a rudder **130.** 5

Smeti-āqa name of the *mātchabet* of a boat **242.** 3

Smetti a proper name **358.** 2

smetru to put right or straight, to adjust **137.** 3; **262.** 1

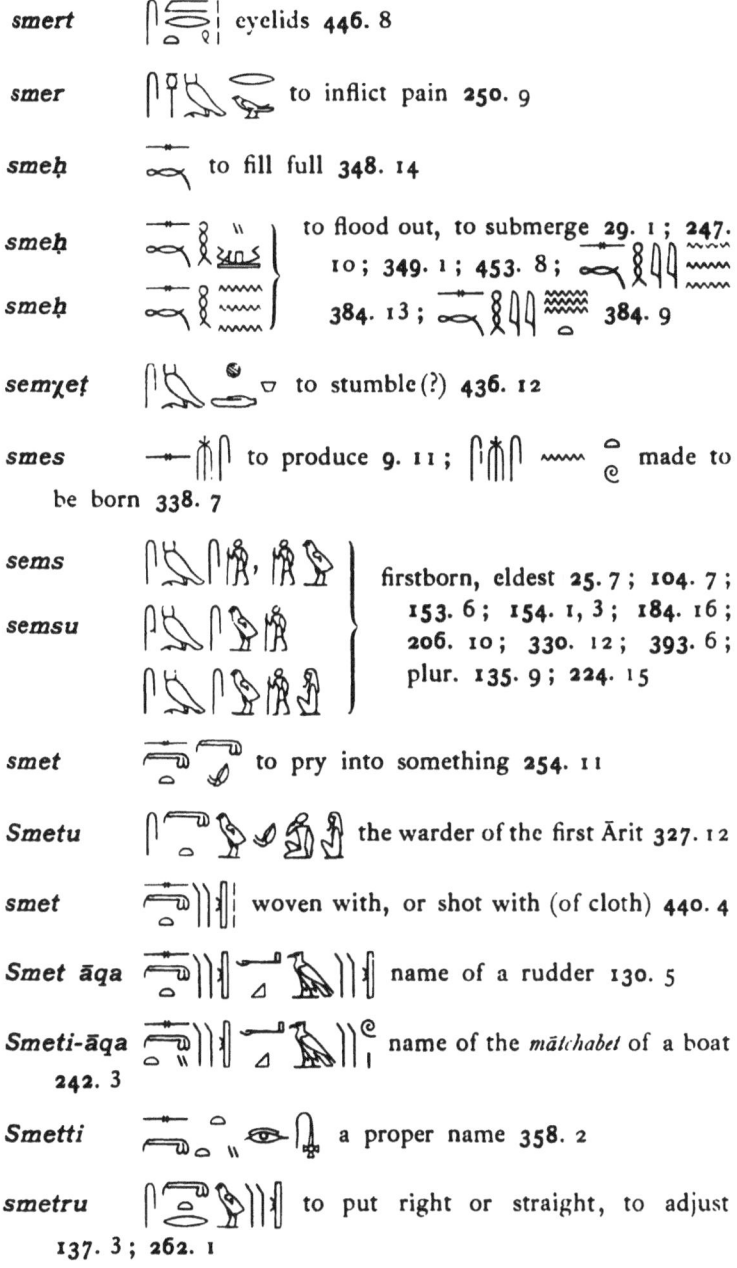

seni to slit, to cut **191**. 8, 13, 16; **192**. 16; **193**. 6

senb to be well, to get well, health **231**. 16; **232**. 4; **460**. 5

senbȧ to be healthy **426**. 12; health **513**. 2

senb wall **334**. 12; plur. **129**. 3

senbet libation vessel **203**. 9; **450**. 11

senpu slaughterings **137**. 10

snef blood **24**. 3; **56**. 1; **137**. 9; **143**. 9; **206**. 12; **207**. 11; **249**. 12; **254**. 5; **293**. 3; **333**. 8; **344**. 12; **356**. 14; **403**. 4; **75**. 1, 7

Sen-nefer a proper name **169**. 8

senfeχfeχ to be unloosed **149**. 1, 13

senem abundance, to be full **5**. 13; **464**. 3

senem adoration **50**. 4

snemȧi to make to advance **4**. 5

Senemti a proper name **504**. 16

senemem hair **79**. 9

sennu to sever **106**. 13

seneniu those who cut off (?) 158. 7

senen image, statue 159. 2

senenit 423. 3

senenȧu to fail 115. 6

sennu to gather 135. 16

sennu cakes 16. 11; 70. 16; 159. 7; 223. 9; 244, 16; 510. 7

sennuṭ carrier 138. 12

seneh to be in servitude 225. 11

senehep to be strong 108. 4

Senehaqareha name of a city 411. 10

Senehaparḳana name of a city 411. 13

seneḥem to deliver 173. 11

senχa to disembark (?) 101. 13

senχeχ to grow old 168. 1

senes, **sensi** to praise 12. 14; 46. 12

sensu to cry out, to invoke 135. 9

Sensenb name of the mother of Nu **178.**

seneś, ***senśu*** to unbolt, to unbar, to be opened **89.** 11; **103.** 8; **132.** 11; **150.** 7, 10; **278.** 15; **279.** 1; **298.** 5; **380.** 9; **474.** 2; **210.** 10; **377.** 1; **438.** 7

senśu chambers (?) **163.** 5

seneśni storm, thunder **301.** 4

Senk a proper name **426.** 13

senket light **24.** 9; **352.** 3; **484.** 16

senkti light **513.** 4

senket name of a city **234.** 14

senk áb strong-willed **457.** 5

senq, ***senqet*** to suckle **25.** 7; **462.** 4

sent labourers (?) **203.** 14

sent to found **67.** 12

sentet foundation **145.** 12; **388.** 14; **407.** 8

sent the game of draughts **51.** 2

sent to pass over or away **236.** 15; **237.** 7

sent decay **400.** 12

Sent-Rā a proper name **237.** 7

sentu enemies **281.** 13

sentrȧ incense **347.** 13; (and see) with fresh incense (?) **417.** 7

sentrȧt re to perfume the mouth with incense **465.** 7

senteḥ to have power **225.** 12

Sent .... the brother gods Horus and Set **103.** 10

sent̮, **sent̮u**, **sent̮** to fear, to be afraid of, fear **14.** 2; **66.** 2; **68.** 13; **114.** 15; **165.** 13 *(bis)*; **167.** 6; **168.** 14; **301.** 4; **353.** 6; **374.** 3, 5; **376.** 3; **378.** 9; **379.** 2; **389.** 6; **392.** 7; **404.** 9; **460.** 3; **477.** 8, 12; **505.** 1, 16; fear **24.** 6; **487.** 8; *sent̮ ȧb* timid **449.** 10

senθetet **422.** 11

seneťem to be glad, to rejoice, to gratify, to relieve pain **135.** 10; **139.** 4; **239.** 7; **280.** 13; **336.** 2; **360.** 1; **439.** 11; **483.** 13; **350.** 15; most pleasant smell **186.** 5; ease **358.** 16

seneťem to sit **359.** 5; **433.** 7; **434.** 10

senťert restraint **356.** 5

ser prince, chief **397.** 8; **471.** 8; plur. **280.** 7; everlasting prince **489.** 14

Ser-āa-ḥems-ḥer-ḳes-àbt-en-pet a proper name 397. 8

ser
ser to order, to arrange 44. 12; 167. 12; 228. 3; 281. 14, 16; 299. 5; 304. 2; 331. 8; 345. 11; 350. 2; 448. 1; 304. 6; 449. 12; 334. 12

ser
sert to set in order, disposer 356. 11; 357. 7; 389. 11; 481. 16

Ser-χeru one of the forty-two assessors 256. 5

Serȧt-beqet name of a cow 462. 4

seru grain, barley 367. 16

seru birds 454. 1

serui (?) flame 415. 15

seruχeṭ to embalm 399. 1, 2

seruṭ to grow, to flourish, to make to flourish, to make to germinate 29. 1; 89. 13; 167. 16; 200. 10; 202. 16; 233. 11; 238. 11; 308. 9; 384. 8, 13; 385. 1; 418. 8; 441. 7; 213. 15; 429. 12

seref flame, fire 88. 1; 398. 12

serem to make to weep 250. 9

serer designer, draughtsman, artist **28**. 4, 10; **110**. 10; **138**. 4; **222**. 10; **223**. 4, 11; **309**. 11; **312**. 13; **385**. 16; **387**. 5; **450**. 2; **461**. 9; **463**. 11; **139**. 11

serer to make to revolve **302**. 15

serḥu (?) to overthrow **62**. 2

sereχ to make to know, to inform **496**. 9; **507**. 6, 7

sereχ throne **459**. 15; **460**. 9

Sereχi one of the forty-two assessors **257**. 7

seres to be vigilant, to watch **282**. 4; **439**. 11; **503**. 8, 11, 12; **504**. 2, 3, 13; **507**. 3, 9, 15; **383**. 4; **420**. 16; **421**. 1; **439**. 14

Seres-ḥrȧ a proper name **359**. 12

Serqet the goddess Serqet or Selqet **99**. 13; **112**. 11; **117**. 6; **326**. 6; **460**. 7

Sert a city in the seventh Ȧat **281**. 11

Sert "Goad", name of a part of a ship **130**. 4

serṭ see

sehep lawgiver **8**. 7

seher to make quiet **483**. 6, 7

seherer subduer (of the world) **481**. 13

sehert carnelian **94**. 8

seḥ hall **51**. 2; **189**. 5; **465**. 15; **104**. 8; a name of Osiris **325**. 12; **497**. 11

seḥap to hide **352**. 14

seḥaptet name of a boat (?) **216**. 2

seḥuā to confuse, to disarrange **458**. 1

seḥurȧ to curse **68**. 14

seḥui **233**. 10

seḥui to collect **228**. 11

seḥeb to keep a feast, to make festival **43**. 10; **488**. 2

seḥem to turn back **211**. 1

seḥen **5**. 2

seḥer, **seḥeru**, **seḥeri** to drive away, to make to depart **37**. 14; **379**. 2; **432**. 8; **54**. 7; **215**. 7; **190**. 5

seḥeset (?) beset (?) **198**. 5

seḥes to turn back (?) **462.** 7

seḥeq to cut off, to hack in pieces **36.** 9

seḥeq to appoint as prince **65.** 9; made governor of **52.** 6

seḥeqer to make hungry, to keep hungry **250.** 9

seḥetep to propitiate with offerings, to make to rest, to pacify **40.** 3; **44.** 8; **156.** 14; **163.** 11; **169.** 8; **201.** 1; **216.** 7, 9; **224.** 15, 16; **228.** 1; **261.** 1; **421.** 12, 14; **438.** 13; **446.** 11; **450.** 10; **467.** 13; **483.** 6; **485.** 1; **489.** 10; to put oneself to rest (of the Sun) **434.** 16; to quiet the heart **184.** 11; to propitiate with offerings the *ka* **290.** 13; pacifiers **269.** 8

seḥetep pacification **201.** 13

seḥetepet the offerings which bring peace **35.** 3

Seḥetep-taui a proper name **244.** 8

seḥetem to destroy **2.** 16; **52.** 5; **467.** 5

Seḥetem-āu-ā-em-ābet name of the banks of the river **208.** 3

Seḥtet a proper name **321.** 4

seḥef, *seḥefet* to illumine **6.** 15; **7.** 12; **8.** 4; **37.** 16; **40.** 10; **43.** 6; **164.** 2; **181.** 9; **271.** 5; **274.** 6; **280.** 16; **310.** 2, 3; **342.** 15; **355.** 10; **383.** 8; **413.** 7; **442.** 14; **484.** 15; **491.** 15; **509.** 16; **235.** 9

seḥef ur great luminary, *i. e.*, the Sun **43**. 8; **125**. 3

seχ see 49. 4

seχ to stir or break up **183**. 2

seχ to cut **448**. 16

seχa, ***seχau*** to remember, to make mention of **88**. 10; **180**. 8; **227**. 3; **228**. 5; **404**. 8; **450**. 3; memory **88**. 7; **192**. 15; **176**. 13; remembrance for good **477**. 9

seχau remembrance of evil **193**. 11

seχa , to be deaf **256**. 3, 12

seχai a proper name **326**. 2

seχabui eaters (?) **272**. 3

seχap to swallow **219**. 9

seχar to give milk **439**. 4

seχaru to shape, to be moulded **268**. 4

seχakeru to ornament **195**. 10

Seχat-Ḥeru a form of Isis or Hathor **439**. 5

seχāi to make to rise **12**. 15

Seχiu name of a double serpent **144**. 12 (var.)

seχu to glorify, to praise **37**. 2; **43**. 15; **167**. 11; **277**. 11; **450**. 2; **454**. 11; **478**. 5; **110**. 12; endowed with power **449**. 5

seχu, ***seχut*** praise, songs of praise, glorifyings **18**. 5; **50**. 19; **244**. 6; **277**. 1; **303**. 10; **348**. 7, 13; **444**. 8, 10; praised **445**. 6

seχun, ***seχunennu*** to revile, to curse **254**. 13; **515**. 12; **255**. 4

seχuṭ to fortify **373**. 12

seχep to make to advance **107**. 1 *(bis)*, 2

seχeper to make to become **9**. 4; **140**. 4; **167**. 10; **174**. 5; **239**. 8; **316**. 5; **487**. 3; let not things be brought up against me **95**. 5

seχeperu, ***seχeperiu*** those who cause something to happen **91**. 1; **262**. 6

seχef seven **58**. 3; **59**. 2, 7; **124**. 4; **143**. 7; **158**. 5; **181**. 8; **212**. 13; **218**. 16; **219**. 9; **222**. 2; **309**. 3; **312**. 1; **346**. 14; **362**. 8; **363**. 8, 15; **492**. 15; **494**. 5; seventh **329**. 1; **338**. 14; **352**. 10; **361**. 14

seχem, ***seχmet*** to forget, forgetfulness **227**. 3; **228**. 5

Seχem the shrine of the city Letopolis **90**. 18; **181**. 11; **186**. 14; **279**. 5; **299**. 11; **478**. 8; **483**. 9

Seχem — the city of Letopolis 19. 16; 20. 2; 62. 10; 72. 6, 10, 11; 79. 4, 5; 81. 9, 10; 83. 6 *(bis)*; 138. 1; 188. 15; 203. 13; 253. 8; 388. 16; 439. 12; 515. 15; — the gods of the shrine 373. 13

seχem — to have power, to gain the mastery over, to prevail over, power, might, victor, conqueror 34. 2, 8; 62. 15; 63. 3; 89. 16; 90. 1, 2; 91. 6, 7; 100. 1; 103. 6; 120. 17; 127. 16; 128. 3; 129. 12; 130. 14; 131. 10; 132. 6, 13; 146. 5; 150. 12, 16; 151. 2, 14, 15; 160. 1; 170. 6; 171. 16; 179. 15; 180. 1; 182. 12; 196. 15, 198. 2; 224. 1; 226. 16; 227. 1; 275. 14; 291. 12; 306. 9; 307. 10; 308. 6, 16; 309. 4; 314. 5; 333. 1; 336. 13; 344. 13; 362. 11; 372. 4; 374. 16; 378. 14; 379. 10; 380. 9; 399. 4; 401. 3; 411. 15; 423. 1; 426. 15; 428. 2, 6; 431. 8; 432. 14; 435. 6; 437. 10 *(bis)*, 11; 445. 10; 462. 14; 463. 1, 6; 464. 15; 469. 8, 16; 470. 4; 472. 7; 477. 13; 496. 14; 497. 14; 502. 7; 512. 10; 479. 5; 373. 6; 375. 8; victor 204. 8; 462. 12; brave of heart 427. 5; unconquerable 182. 7

seχemu

Seχem — Power, Form 9. 9; 43. 12; 46. 1; 170. 14; 205. 2; 235. 15; 247. 13; 287. 5; 314. 15; 364. 9; 462. 1; 469. 3; plur. 172. 3, 5; 305. 11; 358. 10; 480. 6; 477. 11; 312. 16; 43. 13; 240. 15; 196. 16; 198.

3; 381. 15; 378. 5; the double Power 272. 14; 447. 14

seχmet possessor, prevailer over 351. 5; 375. 3; 376. 2

Seχem-ur a proper name 456. 10

Seχem-em-àb-f a proper name 390. 5; 393. 13

Seχem-nefer- . . . . a proper name 318. 15

Seχemet-ren-s-em-ābut-s name of a cow 318. 14; 364. 4

seχen to direct 297. 9

seχen to embrace 127. 9; 131. 1; 358. 16; 398. 11; 139. 13; with 359. 9; 398. 5

seχni to alight 139. 9; 144. 8; 376. 13

Seχen-ur a proper name 341. 7; 354. 7

seχenen to make to rot 400. 16

seχenś to make to stink 96. 6

seχent, ***seχenti*** to make to advance 92. 8; 111. 8, 9; 442. 12; 444. 16

seχent pillars 450. 13

seχer to offend 15. 14; 16. 9

seχeru plans, devices, counsels, arrangements **24.** 7; **70.** 13; **172.** 12; **486.** 8; celestial existence **135.** 11; **93.** 12

seχer to overthrow **7.** 6; **35.** 15; **49.** 8; **78.** 1; **80.** 2, 3, 5; **83.** 4; **89.** 10; **105.** 13; **106.** 5; **108.** 16; **137.** 6; **139.** 3; **143.** 6; **177.** 9; **187.** 9; **292.** 7, 8; **304.** 11; **305** 1, 4, 8; **306.** 13; **307.** 6; **316.** 4; **347.** 5; **387.** 1; **388.** 2; **415.** 11; **421.** 3; **452.** 11, 14; **453.** 7; **486.** 14; fallen **451.** 13

seχert overthrow **81.** 7; **332.** 12; **445.** 9

Seχer-āṭ the god of the sixth Åat **371.** 16; **372.** 4

Seχer-remu a proper name **381.** 8

seχeχ to straighten **360.** 2

seχes to penetrate **163.** 2

seχseχ to fasten **136.** 9

seχesef to make to go back, to repulse **94.** 17; **106.** 11

seχet to net, to snare, snare **81.** 4; **251.** 7; **365.** 9; **394.** 1, 3; **436.** 10; **438.** 14; **465.** 16

seχtu snarers **147.** 2

seχtit, ***seχti*** snarers, hunters, fowlers 231. 2; 393. 16; 396. 1

seχettu rushes 397. 1

Seχet the goddess Sekhet 86. 15; 89. 15; 113. 1; 118. 5; 128. 3; 148. 9; 348. 9; 349. 6; 456. 4; 470. 4; 512. 11

Seχet-Bast-Rā three forms of the Sun-god 415. 3

seχet field, meadow 46. 4; 153. 14; 177. 6; 178. 8; plain 185. 10; 226. 10; plur. 29. 1; 201. 5; 223. 14; 225. 7; 309. 15; 384. 8, 13; 453. 7

Seχti divine fields, or gods of the divine fields 319. 13

Seχet-āat Great Field 470. 3

Seχet-Àanru the Elysian Fields 23. 9; 334. 7; 417. 16; 434. 9

Seχet-Àaru the Elysian Fields 14. 14; 44. 3; 55. 9; 132. 16; 161. 6, 14; 187. 9; 208. 7; 209. 10, 12; 210. 2; 218. 3; 221. 14; 223. 15; 349. 12; 367. 13, 14; 368. 6, 16; 381. 3; 434. 1; 454. 10; 474. 16; 495. 14

Seχet-em-ārāt 346. 2

Seχet-neḥeḥ Field of Eternity **169.** 12

Seχti-neter Field of the gods **462.** 10, 12

Seχet-Rā Field of Rā **474.** 15

Seχet-ḥetep
Seχet-ḥetepet the Elysian Fields **16.** 12; **70.** 9, 16; **92.** 9; **222.** 13; **223.** 7, 14, 16; **224.** 5; **230.** 13; **303.** 5; **422.** 6; **423.** 13; **434.** 4; **437.** 9; **227.** 6; **434.** 12; **466.** 1; **508.** 9

Seχti-ḥetep the god of the Elysian Fields (?) **165.** 3; **227.** 15; **331.** 1; **376.** 15; **494.** 12

Seχet-saneḥemu Field of the Grasshoppers **262.** 12; **508.** 10

Seχet-Sȧsȧ Field of Sȧsȧ **203.** 6, 7

seχeṭ to overturn **114.** 6; **125.** 6; **204.** 14; **213.** 1; **327.** 11; **358.** 3; **494.** 8; **123.** 5

Seχeṭ-ḥrȧ-āś-ȧru porter of the first Ārit **327.** 11; **358.** 3

seχṭu to hunger **492.** 7

sesu (?) seasons (?) **251.** 12

sesunṭ to destroy **40.** 15

seseb-θȧ to slay **504.** 4

sesen
sesenet to snuff the air **126.** 8; **127.** 7, 13, 16; **130.** 14; **131.** 3; **374.** 9, 16; **438.** 16

seska body, skin **155.** 10

seset legs **113.** 2

seset to light up **383.** 13

seś to pass, to journey, to travel **24.** 8; **27.** 15; **29.** 6; **50.** 2; **67.** 4; **143.** 15; **163.** 5; **164.** 4; **171.** 16; **186.** 16; **212.** 13; **213.** 1; **215.** 12; **248.** 14; **262.** 15; **263.** 3 *(bis)*; **264.** 11; **265.** 11; **270.** 1, 7; **273.** 8; **281.** 12; **288.** 3; **298.** 16; **301.** 1; **302.** 9 ( ); **303.** 1; **330.** 4; **332.** 8; **359.** 9; **360.** 11; **407.** 6; **428.** 13; **460.** 16; **468.** 6; **491.** 3; **482.** 11; impassable **353.** 5

seśt passage **371.** 7; **375.** 7; **376.** 7

seś to open, to unbolt **19.** 13; **131.** 8; **462.** 13

seś knowledge **476.** 13 *(bis)*

seś skilled one (?) **9.** 13

seś = (?) **46.** 16

seś nest **126.** 12; plur. **448.** 8

seś birthplace **185.** 13

seśui-āat-urt the great and mighty double nest **54.** 10

Seśet a proper name **324.** 11

seśai man of understanding (?) **141.** 12; skilful **446.** 13

seśu-θȧ empty of, free from **21.** 15

seśep palm **218.** 16; **220.** 2

seśep, ***seśept*** to shine, be bright, light **85.** 4; **105.** 9; **136.** 14; **138.** 8; **170.** 7; **176.** 7, 9; **177.** 7, 14; **184.** 9; **240.** 12; **301.** 13; **358.** 7; **359.** 1; **360.** 3; **398.** 3; **448.** 1; white **494.** 16

seśep (?) to shine upon, to illumine **176.** 10; **177.** 8, 9; **428.** 15

seśep to receive **1.** 8; **3.** 3, 9; **20.** 10; **23.** 1; **70.** 16; **79.** 11; **83.** 8; **103.** 2; **107.** 9, 10; **149.** 3; **162.** 17; **163.** 2; **165.** 5; **175.** 13; **179.** 2; **222.** 15; **227.** 1. **228.** 8; **237.** 5; **239.** 3; **240.** 6; **277.** 16; **279.** 5; **282.** 5; **283.** 10; **284.** 4; **286.** 10, 15; **329.** 12; **348.** 14; **392.** 4; **405.** 13; **430.** 1; **438.** 1; **449.** 1; **451.** 7; **455.** 17; **456.** 9; **472.** 9; **473.** 5, 10; **479.** 8; **509.** 11; **510.** 6; **514.** 10; **516.** 14, 15; to take in the hands, to grasp **47.** 14

seśepiu receivers **428.** 4, 15; with **423.** 1

seśep ȧb the heart's desire **153.** 12

seśen to spread oneself out **287.** 3

seśen to defend (?) **140.** 8

seśen, ***seśennu*** lily **178.** 3, 6, 11, 12; **456.** 8; **468.** 9; **456.** 14; **104.** 1

seśeru garments **456.** 12 (var.)

seśert cakes **218.** 3

seśet fire, flame **2.** 6; **13.** 3; **64.** 9; **80.** 12; **133.** 6;

252. 14; 263. 8, 13, 16; 267. 6; 294. 8; 311. 10; 312. 6; 318. 3; 320. 8; 333. 13; 372. 10; 374. 7; 377. 8; 382; 2; 412. 2; plur. 340. 8; 320. 6

Seśeta name of a goddess 129. 2; 388. 13; 439. 3

seśeta hidden one or thing, mystery 376. 6; 470. 15; hidden things, mysteries 24. 6; 141. 14; 213. 4; 233. 4; 344. 6; 346. 11; 403. 12; 285. 5; 407. 14; 19. 14; hidden of fire 75. 11, 15; hidden of name 29. 14; it is indeed a very great mystery 408. 1; 498. 2; 426. 4; 497. 3; 308. 13

seśeṭ to break up, to dig out, to tear open 31. 10; 105. 11; 107. 4; 263. 15; 496. 8; division 185. 7

seśeṭ to recite 20. 7; 104. 12; 230. 11; recited 77. 3; 141. 15; 145. 16

seśet to deliver 30. 5; 176. 16; 228. 11; 243. 1; 296. 5; 297. 10; 359. 9; 361. 12; 398. 7; 399. 11; 504. 5, 6; 296. 13; deliverers 465. 11

seśeṭ to tie, to bind up, to strengthen 169. 2, 5; 171. 9; 172. 3; 195. 2, 9; 279. 8; 457. 12; 375. 9

seśeṭ 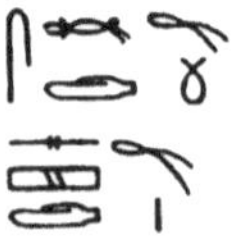 bandage, bandlet, girdle, head-binding or tiara **34.** 5; **120.** 15, 17; **170.** 6; **213.** 8; **296.** 3, 12; **297.** 8; **335.** 12

seśeṭet  a chamber **156.** 9; **387.** 15

seśeṭet

seśeṭit  a pool or excavated place **262.** 10, 11; **496.** 4; plur.  **494.** 7

seśeṭu  leather straps **206.** 6

Seśeṭ-χeru  one of the forty-two assessors **256.** 1

Seku  starry gods **376.** 16

sek  to decay, to perish **120.** 13; **152.** 12; **184.** 1; **185.** 11; **190.** 14; **300.** 4; **308.** 8; **377.** 12, 13; **402.** 2; **410.** 16; **503.** 17;  to perish (of the name) **155.** 16;  incorruptible **399.** 9

sek  to break through **282.** 14; to constrain **180.** 9; to diminish **243.** 1; **463.** 1 *(bis)*;  to slay **63.** 14

sek  to fight **225.** 10;  *sek* battle (?) **321.** 16

sek  to draw onwards, to advance **4.** 6; **12.** 12; **13.** 16; **36.** 10; **44.** 13; **389.** 12, 14

seksek 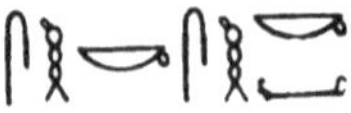 to destroy **342.** 7; **355.** 3

sek re 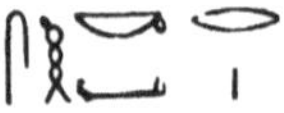 to direct **478.** 13

seka to plough 224. 1; 225. 9; 227. 4, 9; 229. 15; 243. 11; 434. 4; 454. 9; 495. 13; 496. 1

Seker the bark of the god Seker 14. 2; 20. 9; 38. 13; 66. 2

Seker, ***Sekri*** the god Seker 162. 9; 210. 11; 321. 10, 15; 391. 2; 394. 13; 449. 6; 324. 7

Sekri the festival of Seker 497. 2

Seker, ***Sekri*** the city of Seker 324. 1, 14

Sek-ḥrà a proper name 301. 6

Seksek name of a fiend 101. 14

sektiu to fetter 106. 3

Sektet the boat of the setting sun 3. 3, 9; 4. 6; 5. 3; 9. 8, 15; 12. 12; 35. 13; 36. 10; 40. 6; 102. 13; 125. 8; 164. 12; 201. 3; 207. 11; 214. 15; 244. 4; 279. 1; 284. 13; 319. 7; 324. 9; 335. 9; 362. 4; 382. 8; 386. 8; 387. 11; 395. 13; 489. 15

seq , to collect, to gather together, to assemble 98. 9; 278. 4; 382. 13; 440. 16; 478. 10; heaped up 437. 15

seqa , to exalt 7. 4; 42. 10; 165. 12; 172. 14; 276. 15; 277. 8; 282. 16; 386. 5; 387. 10; 445. 1, 6; 484. 8; 487. 1; 489. 16;

9. 14;  37. 4; ,  exalted ones **20.** 5; **471.** 16

seqeb  image (?) **325.** 15

seqebeb 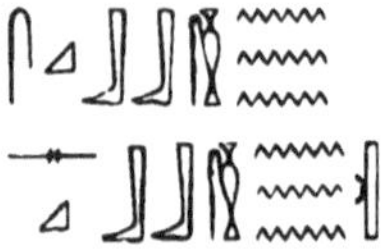 to pour out cold water, to refresh oneself **180.** 12; **200.** 8; **201.** 15

Seqebet  a proper name **326.** 8

seqer  to injure, to lead captive **231.** 13; defaced **406.** 6, 7

seqrȧ  injury **232.** 2

seqeṭ 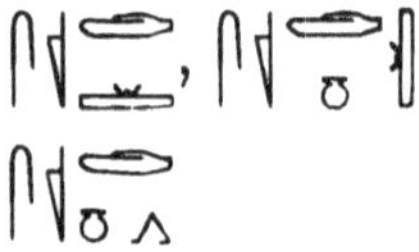

seqṭet 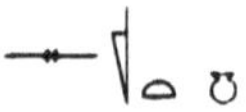

seqṭu 

to sail round about, to voyage, to journey **10.** 1; **46.** 11; **136.** 8, 12; **142.** 2; **295.** 5; **316.** 3; **367.** 8

seqṭeṭ 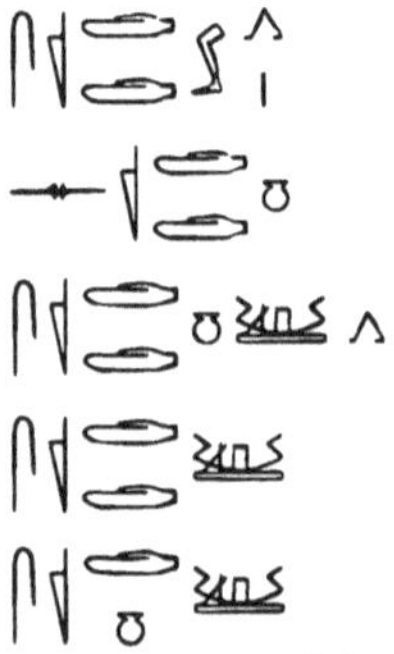 to go or sail round about, the boat in which the sun performs his daily course **10.** 1; **22.** 7; **41.** 12; **44.** 3; **48.** 12; **61.** 9; **203.** 12; **204.** 9; **211.** 15; **212.** 2; **221.** 6; **287.** 6; **294.** 10; **299.** 2; **330.** 5; **349.** 2; **368.** 9; **465.** 14. 15; 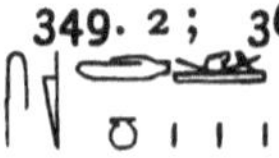 to sail **369.** 8; **370.** 8;  to embark **291.** 7; boat **219.** 9; 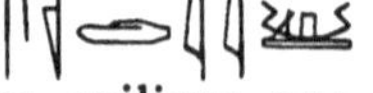 **296.** 15, 16; **298.** 14; 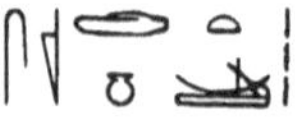 voyagings, sailings **214.** 8; **215.** 7

seqeṭṭu  boatmen **204.** 9

seqeṭet encircled 502. 1

seqeṭ dispositions 166. 6

Seqeṭ-ḥrȧ warder of the second Ārit 327. 16; 359. 3

seḳeneni inert mass 400. 1

seḳer to put to silence 314. 2; 415. 7; silence 36. 13

seḳeru to be silent 88. 1; 247. 13

seḳert silence 380. 6; 467. 14

set she, it, its 16. 7; 41. 7; 59. 16; 86. 12; 95. 4; 334. 3; 356. 7; 365. 11; 368. 4; 374. 11; 376. 4; 384. 6, 11; 400. 7; 448. 6; 454. 11; 457. 11; 485. 16; 504. 10

set they, them, their 98. 11; 120. 7 *(bis)*; 174. 10; 183. 10; 209. 15; 214. 16; 222. 5; 231. 5; 234. 12; 266. 1; 292. 16; 416. 8, 14; 446. 3, 5; 447. 12; 485. 16; 495. 8, 9

set (or ***seṭet***) to break 180. 9

set mountain 42. 14; 52. 12; 321. 3; 346. 13; 383. 13 *(bis)*; 487. 14; 512. 8; plur. 43. 10; 41. 15; 323. 8; 485. 12

set ent ḥeḥ mountain of eternity, *i. e.*, the grave 91. 10

set ṭesert holy mountain, *i. e.*, the grave 23. 15

setut to typify, to be a symbol of **130.** 6; **242.** 4

sti smell, odour **247.** 2; **314.** 15; **377.** 13; **483.** 13; **513.** 10; **8.** 5; **476.** 9 *(bis)*

sti unguent **335.** 11

seteb captives **438.** 4

setep to cut **80.** 7

setep to choose **503.** 6

setepu, ***setepet*** choice pieces of meat for offerings **229.** 1; **251.** 12, 15, 16; **478.** 6

setep sa to protect **383.** 16; **480.** 12; plur. **46.** 6; **304.** 11, 14; **305.** 4, 7; **306.** 4, 5, 12

setem, ***setemu*** to hear, to obey **15.** 15, 17; **20.** 14; **22.** 11; **24.** 10; **50.** 4; **91.** 7, 9; **93.** 7; **96.** 8; **111.** 11; **140.** 9; **165.** 1; **177.** 13; **217.** 6; **235.** 1; **261.** 9, 15; **278.** 4; **281.** 2, 10; **342.** 1; **345.** 3; **355.** 4; **383.** 2; **391.** 15; **409.** 3; **426.** 9; **427.** 11; **450.** 4; **511.** 1; **516.** 1; **377.** 3; a hearing, what is heard, listener **10.** 5; **282.** 1; **290.** 10; **356.** 1; **445.** 11

setemiu hearers, listeners **135.** 1; **142.** 14; **166.** 1; **290.** 6; *setemu* **439.** 11

setem ḥeri, ***setemet ḥeri*** the upper hinge of the door **248.** 12, 13 *setem χeri* the lower hinge of the door **248**. 12

Setem-ȧnsi a proper name **237**. 7

setentit distinctions **258**. 16

setenem to traverse **383**. 14

seter tablet (?) **440**. 5

set-ḥemt woman **237**. 9

seteken to make to enter **20**. 13

setekeniu those who make to enter **20**. 12; **190**. 6

setekennu to invade **458**. 2

setet trembling **334**. 11

seṭ grief (?) **504**. 10 *(bis)*

seṭ to break, to split open **106**. 14; **263**. 16; **281**. 15; **372**. 14; **394**. 10; **406**. 15; **497**. 4; **185**. 13

Seṭ-qesu "Bone-breaker", one of the forty-two assessors **253**. 12

seṭ to clothe **99**. 15; **335**. 12; **336**. 8; **337**. 3; **338**. 11; **339**. 6; **340**. 1, 15; those who clothe **92**. 2

seṭ a garment **340**. 2

seṭ to dress **181**. 6

seṭa, *seṭau* — trembling, terror 105. 8; 289. 9; 350. 1; 455. 8

seṭuiu — to defame 250. 8

seṭu — regions (?) 138. 11

seṭeb — garment 438. 1; hangings (of a shrine) 156. 9

seṭeb — obstacle, opposition 28. 15; 107. 2; 299. 12; 306. 7, 15; 307. 14; plur. 201. 11; 243. 4; 269. 14; 271. 11; 274. 11; 281. 3; 365. 8; 384. 14; 35. 2; 384. 7

seṭeb — 504. 16

seṭebḥu — zealous (?) 141. 11

seṭem — edicts for slaughter 504. 9

Seṭeḳ — a proper name 426. 1

seṭeḳa — to cover over 305. 11

seṭeḳaut — sleep 219. 8

seṭeṭ — to travel 153. 10

seθ — scent 186. 6

seθi — drink 175. 14

seθen — distinctions 258. 12

seθenem — to make to walk 311. 5

seθes to lift up, to raise **22.** 7; **244.** 7; **461.** 8; of the and **463.** 6; **386.** 6; **436.** 1; **441.** 1, 7, 14, 15; **442.** 2, 7, 16; **360.** 5

seθes exaltation **317.** 1

seθes, ***seθesu*** praisings, exaltings **18.** 4; **50.** 19; **387.** 10; **444.** 5

seθesu exalted ones **134.** 15; **142.** 13; **368.** 14; supports **51.** 10; **221.** 11

seθes Ṡu what Shu supports, *i. e.*, the sky **485.** 11

seθesu Ṡu the props of Shu, the four cardinal points **55.** 12; **61.** 10

seθesu to knit together **9.** 3

seθesu libations **225.** 13

seťa to make to set out **280.** 16; **441.** 2

seťami (?) to protect **166.** 12

seťit a mineral (?) substance or grain **506.** 4

seťeb to be opposed by some one or something **228.** 11

seṭefa, ***seṭefaiu*** — to be provided with *tchefa* food, those who are so provided **288**. 11; **363**. 3, 10, 11; **366**. 8, 15; **453**. 13

seṭer — to lie down in sleep or death **6**. 5; **73**. 10; **76**. 4; **79**. 13; **111**. 6; **169**. 11; **188**. 5, 6; **189**. 10 *(bis)*; **243**. 3; **372**. 16; **412**. 1; **465**. 3; **503**. 11; dead one **183**. 12; **194**. 16; **421**. 1; those who lie down **189**. 11; slain **37**. 16; **506**. 8

seṭer — bier **25**. 11

seṭeser — to sanctify **11**. 13

seṭeṭfu — to wound or snare **288**. 3

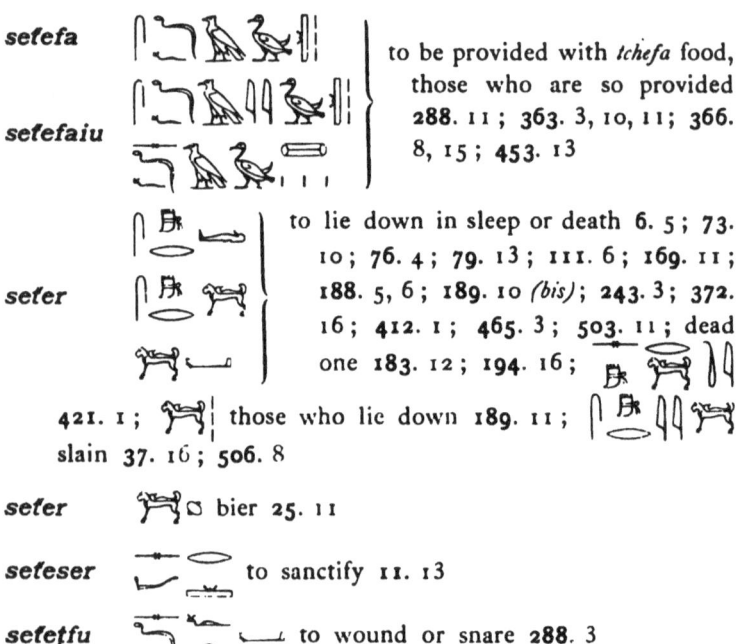

Sh.

śe	pool, lake, laver **202.** 10; **292.** 12; **301.** 6; **303.** 11; **333.** 11; **376.** 13; **434.** 8; plur. **111.** 11; **132.** 15; **201.** 6; **224.** 12; **225.** 5; **226.** 4; **227.** 5, 11, 14; [hieroglyphs] **203.** 9
śe asbiu	pool of fire **134.** 3
śe Aḳeb	pool of Aḳeb **493.** 14
śe àqer	pool of perfection **450.** 9
śe ur	great pool **239.** 9
śe Maāti	pool of Maāti **55.** 4, 6
śe em māfket	emerald pools **107.** 14
śe Nu	pool of Nu **105.** 5
śe en amu	pool of fire **203.** 5, 6
śe en Àusàr	pool of Osiris **242.** 10; **496.** 8
śe en Maāti	pool of Maāti **433.** 15
śe en Māāat	pool of Māāat **54.** 15

śe nesert (?) pool of two-fold fire **86.** 4; **87.** 13; **226.** 8, 12; **459.** 3, 13; **186.** 8; **382.** 2; **158.** 9; **456.** 10

śe neter pool of the god **450.** 13

Śe en Ḥeru pool of Horus **33.** 14; **36.** 16

śe ḥeru celestial lakes **230.** 11

śe ḥeḥ pool of millions of years **287.** 9

śe en ḥesmen pool of natron **54.** 14

śe-ḥetep pool of Ḥetep **224.** 10

śe ent ḥefet pool of light **340.** 15

śe en χeben pool of the wicked **279.** 16

śe en χaru pool of the *kharu* geese **368.** 8

śe en seḥetep pool of pacification **201.** 13

śe en seśet pool of fire **64.** 5

śet Ţesţes (?) pool of Ţesţes **395.** 2

śeu Ťesert lakes of Tchesert **229.** 7

śa food **182.** 5

śa plants **504.** 9

śa to go on to **279.** 6

śaȧ pig 232. 1, 4, 5; 268. 5; plur. 232. 8

śaȧs to advance 99. 3

śaā one hundred 137. 1; 143. 3; 218. 14; two hundred 370. 4; three hundred 218. 14; 300. 12; 370. 4

śaā to begin, beginning, origin, source 51. 7, 9; 352. 6; 416. 6; for ever 412. 7

Śau name of a city 322. 10; 324. 14

Śabu name of a god 360. 14

śabu water plants 448. 8

śabti funeral statuette 28. 9, 11; 384. 6, 11

Śapuneterȧrika name of an Utchat 413. 4

śam damned 280. 1

śamt the first of the three seasons of the year 448. 6

Śareśareśapuneterȧrika a proper name 412. 13

Śareśareχet name of an Utchat 413. 4

Śareśaθȧkaθȧ a proper name 419. 14

śas to pass on, to journey 31. 11; 134. 6; 138. 6; 171. 10, 11; 286. 11; 292. 15; 302. 14; 458. 8; 474. 14; 389. 3

Śakanasa a proper name 413. 6

Śaka .... a name of Àmen **413.** 5–7

śāi, śāt sand **29.** 2; **89.** 6; **92.** 7; **311.** 4; **325.** 2; **383.** 11; **384.** 9; **437.** 15; **484.** 8; a kind of grain or fruit **317.** 6

śāmu decorated **446.** 1

śāt, **śātet** book, writing **23.** 5; **151.** 13; **152.** 10; **155.** 14; **210.** 6; **268.** 6; **288.** 8; **309.** 10; **314.** 13; **317.** 11, 13; **320.** 14; **333.** 16; **366.** 11; **410.** 9, 11, 15; **414.** 10; **477.** 13; **480.** 10; **496.** 13, 16; **497.** 12; **498.** 1; ★ Book of praise **270.** 13; Book of holy words **441.** 10; Book of Thoth **151.** 13; **199.** 8

śāit en sensen Book of Breathings **508.** 3; **510.** 10; **511.** 8; **513.** 6, 13, 14; **514.** 14; **516.** 15

śāt, **śāṭ** to wound, to cut, wound, gash, slaughter **56.** 3; **57.** 15; **58.** 11; **64.** 11; **65.** 3; **66.** 9; **94.** 2; **105.** 6; **108.** 14; **110.** 9; **111.** 16; **116.** 17; **119.** 2; **153.** 16; **158.** 9; **182.** 15; **197.** 11; **198.** 5; **199.** 1; **207.** 10; **269.** 13; **270.** 5; **292.** 10; **293.** 3; **310.** 5; **345.** 4; **357.** 3; **376.** 5; **388.** 10; **414.** 13; **421.** 5; **457.** 14; **502.** 14; **356.** 12; cut off **54.** 6; **128.** 15; knives **260.** 1; **392.** 12; **438.** 3; **455.** 9

Śāṭ the god of slaughter **200.** 8

śu / **śu** light, day 15. 5; 39. 6; 135. 12; 214. 1; 480. 13; 484. 15; 498. 1; light 87. 11, 15; 88. 3; 88. 4

Śu the god Shu 51. 10; 55. 12; 60. 9; 61. 1, 10; 67. 10; 71. 12; 75. 14; 86. 13; 100. 12; 120. 14; 126. 17; 137. 8; 138. 6; 139. 7; 144. 6; 149. 2, 14; 169. 7; 170. 3; 191. 12; 193. 5; 202. 6; 221. 12; 224. 11; 225. 14; 227. 13; 229. 2; 237. 15; 286. 11; 294. 4; 315. 11; 318. 8; 368. 14; 386. 5; 387. 10; 398. 8, 9; 406. 9; 443. 8; 464. 10; 465. 1; 485. 11; 509. 8; 511. 14; 516. 4

śu to be in want of, needy 5. 13; 115. 10; 243. 4; 336. 14; 351. 7; without 113. 4; 159. 13; 262. 10; sinless 43. 1; *śui-θà* empty 288. 15

śu plants, papyrus 211. 7; 504. 7

śut feather, flight 127. 2

śuti the two plumes on the head of a god 4. 3; 6. 1; 53. 9, 12; 413. 16; 414. 2; 417. 4, 5; 420. 3; 454. 15; 461. 12; 54. 1

śut feathers (of a hawk) 397. 1

śuti merchant 3. 14; 4. 12; 5. 14; 6. 14; 8. 9

śutet lands (?) 231. 2

śebu cakes 16. 3; 228. 16; 250. 12

śebeb throat **206**. 3; **447**. 10

Śebeb en Mesθi name of a part of a boat **206**. 3

śeben cakes **440**. 1

śebennu mixed **211**. 8

śep palm of 4 fingers **116**. 5

śep blind **436**. 2

śepent vessel **333**. 10

śeps, **śepsi**, **śeps** holy, sacred, venerable, worshipful **2**. 12; **22**. 8; **42**. 14; **97**. 1; **128**. 7; **176**. 2; **203**. 8; **323**. 4; **386**. 11; **452**. 5; **487**. 16; **489**. 14; **511**. 5; **49**. 12; **41**.

śept åb wrath, loathing **34**. 10, 13; **35**. 4; **485**. 4

śefu insolence **258**. 10, 15

śeft ram **420**. 7; *śeft ḥrå* terrible **341**. 4

śeft, **śefit**, **śef-śeft** terror, strength, power **30**. 14; **45**. 12; **68**. 8, 13; **112**. 16; **165**. 13; **167**. 7; **171**. 5; **172**. 13; **184**. 13; **194**. 1; **287**. 1; **293**. 3; **354**. 6; **373**. 14; **378**. 9; **404**. 9; **416**. 5; **454**. 14; **476**. 8; **477**. 5; **487**. 9; **490**. 1, 3; **496**. 15

Śefit the ram-god **118**. 14

śem
śemt
śemt
śemi — to walk, to journey **21.** 13; **32.** 12; **41.** 10; **42.** 1, 2; **53.** 12; **55.** 3, 8; **89.** 9; **100.** 12; **123.** 5; **125.** 4; **152.** 11; **162.** 13, 17; **169.** 11; **183.** 1; **226.** 3; **239.** 12, 13; **279.** 14; **283.** 15; **28.** 14; **320** 14; **334.** 1; **356.** 7; **361.** 10; **370.** 12, 13; **406.** 8; **436.** 11, 12; **447.** 7; **462.** 9; **468.** 14; **475.** 2; **492.** 7; **493.** 10; **506.** 12; **511.** 2; **513.** 2; **517.** 2; **366.** 14

śem re to set the mouth in motion against any one **16.** 5; **254.** 15; **255.** 1

śemiu
śemt — to travel, journeys, goings about, steps **116.** 2; **221.** 11; **332.** 7; **368.** 13; **456.** 5; **470.** 12; **492.** 4; **497.** 6

śemem
śememt — flame, fire **295.** 13; **345.** 12; **357.** 7

śememet poison **373.** 1

śen circuit **388.** 15

Śenȧt-pet-uθeset-neter name of a cow-goddess **318.** 10; **364.** 5

śenā body, breast **112.** 13; **117.** 11

śenā whirlwind, storm **489.** 1; plur. **283.** 14

śenā to turn back, to be repulsed **160.** 12; **179.** 4; **187.** 13; **251.** 12; **268.** 11; **279.** 13; **307.** 12; **309.** 6, 7; **312.** 8; **333.** 2; **70.** 6; **281.** 4; **477.** 14; **430.** 3

śenār  to turn back, to be repulsed **14**. 11; **41**. 2; **362**. 9

śenrā 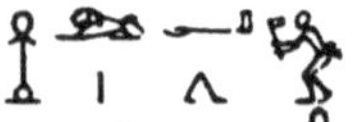 to turn back, to be repulsed **509**. 15; **510**. 8; **516**. 10;  repulsed **21**. 10; **22**. 8, 12; **23**. 7; **410**. 4; **414**. 6; **417**. 13

śenu  to be powerful **97**. 15 *(bis)*; 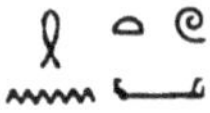 **97**. 14

śenu  to load **479**. 2

śeni  wickedness **429**. 5

śeni  hair, locks **56**. 13, 16; **68**. 5; **69**. 6, 8; **112**. 8; **117**. 1; **130**. 3; **145**. 3; **229**. 14; **242**. 1; **401**. 16; **445**. 16; **446**. 1

śenit 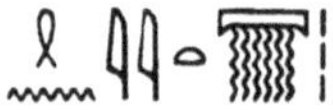 storm **481**. 4

śeniu  chamber **63**. 3; **64**. 10

śenit 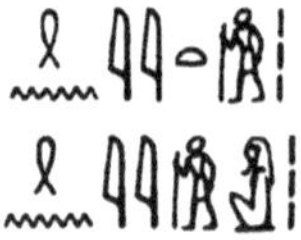 princes, chiefs **15**. 14; **96**. 7; **173**. 4; **268**. 8; **282**. 9; **286**. 9; **329**. 14

śenit  circle **301**. 1; **302**. 14

śenbet 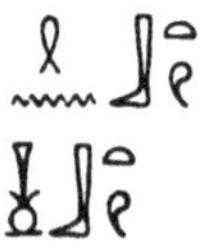 body, breast **6**. 1; **14**. 8; **35**. 13; **37**. 5; **112**. 15; **118**. 13; **191**. 2; **211**. 9; **213**. 16; **417**. 11; **440**. 5; **510**. 6;  **463**. 10; **484**. 15

Śenmu  name of a city **406**. 9

śenen  orbit, circuit **43**. 7

śennu  orbit, circuit **174**. 12

śennu  hair **349**. 4

śennu powder of some sort (?) **248.** 5

śennu snares **394.** 2

śennu acacia trees **346.** 13

Śennu name of a city **322.** 8; **324.** 13

śens cakes **130.** 7; **208.** 13; **209.** 12; **215.** 2; **242.** 6; **268.** 9; **270.** 2, 8; **333.** 9; **367.** 5, 16; **382.** 5; **449.** 7; shewbread **449.** 7

śent flesh **305.** 13

śentu to curse (god) **258.** 8, 14; **260.** 5; to curse (the king) **257.** 16; **258.** 1; blasphemer **257.** 2

śenti granary **37.** 6

śenti heron **182.** 11

śenti a garment **347.** 13

śentet evil deeds **266.** 12; **267.** 4

śenṭet a tree with thick foliage **247.** 8, 9

śen-θȧ read 6. 7

Śenθit name of a goddess **326.** 5

Śerem a proper name **426.** 7

śerȧi little **42.** 4

śereriu lesser gods **243**. 6; **301**. 11

śereràu helpless ones **225**. 3

śerśeru breaths **511**. 4

śert little **10**. 11

śertet what is of no value **236**. 3

śert nostrils **126**. 5; **128**. 8; **129**. 1, 9; **178**. 7; **436**. 6; **451**. 11; **456**. 10, 14; **468**. 9; **484**. 14; **446**. 6

śert grain **454**. 9

śert cake **464**. 16; **494**. 14

Śeret-Àmsu (?) the mother of Àuf-ānkh **34**. 6; **77**. 10; **80**. 12; **413**. 3; **419**. 4; **501**. 5; **349**. 8

śes, **śesi** to follow **12**. 16; **62**. 9; **190**. 12; **229**. 2; **279**. 3, 4; **286**. 5, 6; **303**. 4; **313**. 8; **330**. 15; **363**. 12; **371**. 11; **388**. 11; **422**. 5; **439**. 1; **485**. 14; **487**. 12; **512**. 6; **513**. 6; **514**. 3; **516**. 10

śesu, **śesut**, **śesi** those who follow or who are in the train of some one **121**. 6; **135**. 3; **289**. 4; **290**. 8; **378**. 2; **389**. 3; **409**. 12; **422**. 7, 15; **424**. 3; **439**. 5; **486**. 7; **490**. 7; **80**. 14; **279**. 3; **312**. 9; **315**. 3; **433**. 11; **468**. 2; **468**. 9; **63**. 12; **103**.

13; **229.** 4, 5; **422.** 3; **491.** 2; **3.** 8; **16.** 12; **17.** 3; **70.** 10; **433.** 6; **215.** 13; **484.** 11; **245.** 4; **362.** 11; **365.** 15

śes (?) beings **410.** 3

śes / ***śesȧ*** name of a garment **213.** 8; **336.** 8; **337.** 4

śes **228.** 1

śesu to be hurt or injured **406.** 12; injury (?) **406.** 4

śes-ui (?) the two eyes (?) **144.** 15; var.

śes maāt cord of law, *i. e.*, unfailing regularity **77.** 5; **80.** 16; **82.** 18; **152.** 13; **162.** 2; **194.** 9; **210.** 3; **211.** 13; **268.** 13; **308.** 10; **334.** 4; **402.** 16; **403.** 13; **410.** 5

Śes-χentet a proper name **456.** 4

śessau intelligence, mental faculties **491.** 13

śes ṭepi linen of the first quality **449.** 1

śeta turtle **181.** 6

śeta, ***śetai***, ***śetat*** to be hidden, to hide, hidden one or thing, secret mystery **38**. 5; **45**. 8; **370**. 2;. **371**. 15; **374**. 3; **474**. 12; **481**. 8; hidden goddess **429**. 11; hidden one **359**. 14; **425**. 14

śetait hidden place **135**. 2; **254**. 11; **325**. 10; **423**. 4; **428**. 10

śetait hidden city **256**. 6

śetau, ***śetait*** hidden things, mysteries, secret things or persons or places **20**. 6; **33**. 4; **34**. 12; **46**. 1; **137**. 12; **143**. 11; **145**. 15; **169**. 15; **174**. 9; **187**. 8; **199**. 13; **270**. 1, 7; **271**. 9; **274**. 10; **280**. 6; **285**. 5; **290**. 10; **309**. 6; **310**. 1, 2; **349**. 12; **359**. 7; **482**. 3; **497**. 3; **428**. 5; hidden of **195**. 15; of **61**. 12; **69**. 1; of **134**. 12; **142**. 10; of **146**. 7, 16; **320**. 3; **331**. 14; of **418**. 12; **475**. 3

Śetau-ā a proper name **427**. 5, 8

Śetet-pet a proper name **468**. 1

Śeta-ḥrȧ a proper name **299**. 10

śeṭ tied up in **335**. 1

śeṭentet bound, tied **89**. 12

śeθit hidden place (?) **37**. 12

K.

k thee, thou, thy 1. 6; 2. 6; 4. 1, 5; and see *passim.*

k *k* with sign of dual thy two hands 85. 6; and see 92. 11; 370. 13; 373. 1; 386. 9; 387. 12; 436. 3, 12; 437. 10; 438. 1; 446. 6, 8; 447. 8, 11, 13; 448. 5, 6, 9, 10; 449. 5, 13

ka, ***kai*** to call, to proclaim, to cry out 29. 2; 184. 5; 194. 3; 197. 6, 7; 270. 1; 272. 11; 315. 4; 384. 10, 15

kaiu shouts, acclamations 329. 13

ka verily, prithee 147. 15; 148. 1, 2; 197. 3; 198. 13; 212. 14; 213. 6; 234. 15; 399. 11

ka bull 125. 2; 153. 14; 169. 10; 173. 5; 217. 7; 228. 14, 15; 230. 6, 7; 325. 13; 360. 7; 363. 8, 16; 375. 12; 397. 16; 405. 13; 413. 1; 493. 11; divine bull 254. 6; plur. 232. 7

Ka Ȧmentet Bull of Ȧmentet, a name of Osiris 18. 8; 133. 6; 482. 5; 483. 1

Ka-ur a proper name 464. 5; red bull 333. 7

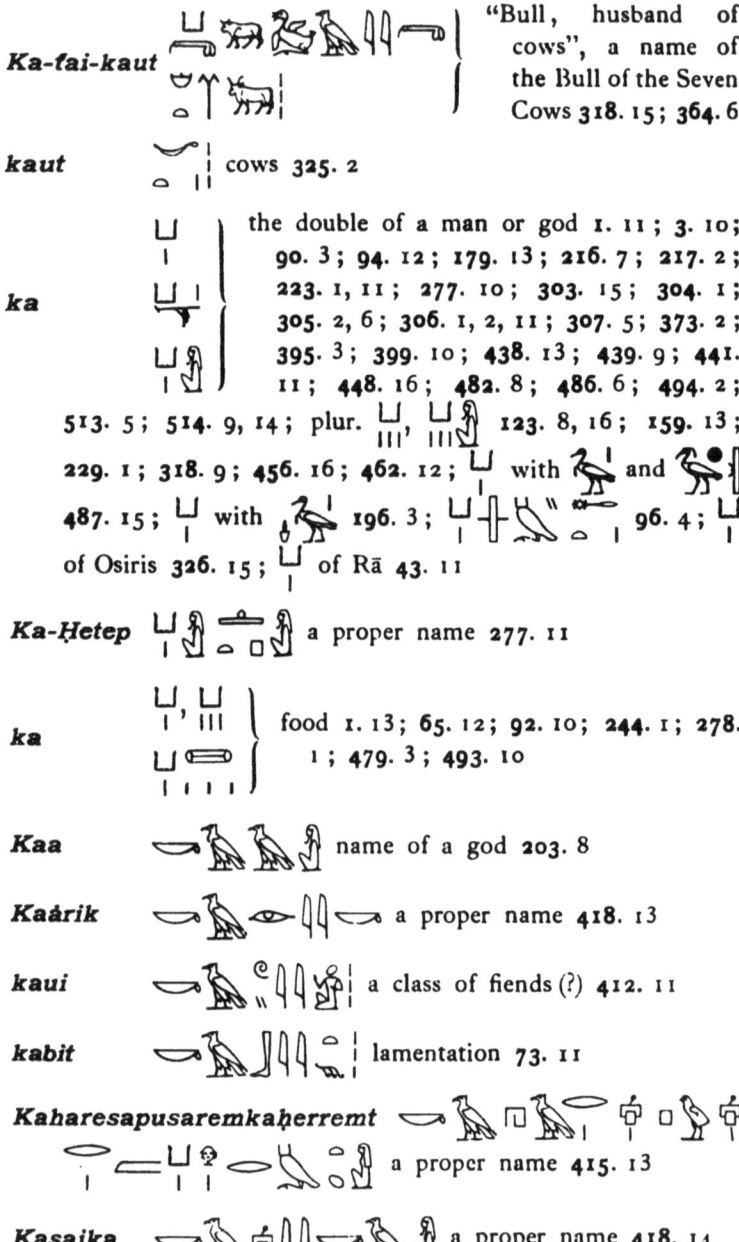

Ka-fai-kaut "Bull, husband of cows", a name of the Bull of the Seven Cows **318**. 15; **364**. 6

kaut cows **325**. 2

ka the double of a man or god **1**. 11; **3**. 10; **90**. 3; **94**. 12; **179**. 13; **216**. 7; **217**. 2; **223**. 1, 11; **277**. 10; **303**. 15; **304**. 1; **305**. 2, 6; **306**. 1, 2, 11; **307**. 5; **373**. 2; **395**. 3; **399**. 10; **438**. 13; **439**. 9; **441**. 11; **448**. 16; **482**. 8; **486**. 6; **494**. 2; **513**. 5; **514**. 9, 14; plur. **123**. 8, 16; **159**. 13; **229**. 1; **318**. 9; **456**. 16; **462**. 12; with and **487**. 15; with **196**. 3; **96**. 4; of Osiris **326**. 15; of Rā **43**. 11

Ka-Ḥetep a proper name **277**. 11

ka food **1**. 13; **65**. 12; **92**. 10; **244**. 1; **278**. 1; **479**. 3; **493**. 10

Kaa name of a god **203**. 8

Kaȧrik a proper name **418**. 13

kaui a class of fiends (?) **412**. 11

kabit lamentation **73**. 11

Kaharesapusaremkaḥerremt a proper name **415**. 13

Kasaika a proper name **418**. 14

karȧ shrine, 9. 8; 13. 2; 44. 8; 82. 8; 95. 1; 107. 12; 169. 1; 1 . 4; 259. 1; 279. 7; 289. 1; 422. 10; 425. 3; 442. 3, 6; 481. 15; plur. 55. 10; 103. 10; 107. 16; 183. 2

kari
karȧut shrine 135. 4 *(bis)*; 315. 1

kat work, labours 28. 3, 9, 14; 205. 11; 384. 6, 12; 447. 14

kuȧ I 4. 15; 22. 2, 4, 5; 52. 2; 58. 1; 63. 5, 6; 135. 15 *(bis)*; 147. 5, 6; 247. 2; 336. 5, 16; 337. 12; 338. 9; 339. 10; 340. 12; 343. 12; 344. 3, 4; 345. 1; 346. 7; 347. 13; 349. 15; 350. 7; 351. 3; 419. 1; 472. 11; 483. 16; 484. 11; 488. 9; 493. 10; 504. 3, 14; 505. 2; 506. 4; 507. 4, 6

ki verily 412. 7

ki another, the other 5. 12; 256. 13; .... the one .... the other 54. 14, 16; 55. 1; 97. 13; 346. 15, 16; 347. 1, 2; 413. 4, 5; 417. 3; another person 60. 3; 495. 13; another chapter 27. 3; 31. 9; 83. 1; 278. 11; 294. 15; 295. 16; 415. 3; another person 497. 9; another time 134. 11; 142. 10

ki ṭeṭ another reading, a variant 22. 2, 9; 52. 1, 7, 16; 53. 4, 6, 15, 16; 54. 15, 16; 55. 7, 13; 56. 2; 57. 2, 7; 58. 13; 59. 6, 7; 61. 1; 62. 5, 6, 9, 10; 63. 1, 2; 64. 12, 13, 14; 68. 2; 69. 3, 5; 79. 8; 98. 8; 101. 6; 129. 1; 131. 9; 152. 15; 155. 5; 197. 2; 217. 8; 242. 7;

294. 16; **315**. 4; **323**. 9; **324**. 13; **339**. 12, 16; **340**. 3; **346**. 14, 15; **502**. 9; **512**. 13

kep a hidden place **383**. 9

kep to hide **310**. 3; compounded (?) **375**. 10

Kep-ḥrȧ a proper name **383**. 8

kefa strong **237**. 10, 11; seized **414**. 11

kefa to carry away, to remove, to strip off from, to put off, to clothe (?) **68**. 10; **133**. 11; **154**. 10; **165**. 16; **247**. 16; **251**. 6; **334**. 16; **338**. 4; **481**. 4; **489**. 1; take off (your wigs) **367**. 5; **372**. 2; **348**. 1

Kemkem name of a god **163**. 6

kenȧ to speak evil **254**. 3

Kenemet name of a city **257**. 13

kenemet night, darkness **257**. 1

Kenemti one of the forty-two assessors **257**. 1

kenḥu night **446**. 1; **448**. 1

Kenset Nubia **412**. 15

Ker a proper name = **106**. 15

kerit habitation, abode **136**. 11

Keḥkeḥet a proper name **163.** 8

kes to pay homage to **11.** 8; **487.** 8

kesu homage **46.** 9; **164.** 15; **188.** 14

Kesemu-enenet a class of divine beings **172.** 4

keku darkness, night **24.** 8; **30.** 16; **66.** 1; **85.** 5; **119.** 10; **165.** 16; **169.** 12; **176.** 7, 10; **177.** 8, 9, 10, 14, 15; **185.** 3; **236.** 12; **245.** 6; **271.** 5; **274.** 7; **392.** 7; **428.** 10; **429.** 1; **439.** 1; **481.** 4; **489.** 1; darkness **279.** 15; being dark **458.** 9

ket another **34.** 4; **316.** 13; **407.** 10, 11

ketuit abode, habitation **423.** 6

ketut weapons, knives **62.** 15; **63.** 5

keteχu other or various things **459.** 9; **506.** 6, 8, 12

ketet little, bad **42.** 3

 Q.

qa  ground (?) 158. 2

qa  to be high, exalted, height 13. 10; 100. 1; 163. 9; 169. 2, 4; 173. 1; 176. 1; 184. 14; 193. 16; 217. 3; 221. 15; 282. 12; 312. 2; 334. 11; 337. 9; 338. 5; 339. 13; 350. 1; 367. 15; 369. 1; 373. 7; 473. 14; 477. 3; 483. 16; 486. 16;  with  352. 5;  exalted one 185. 9;  exalted 471. 14;  doubly high 368. 15;   exceedingly high 370. 2; 381. 6;   height of heaven 182. 17;   lord or high of voice 258. 6, 13; 354. 5;  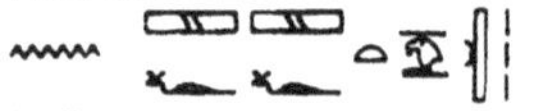 most terrible 378. 9;   exalted of station 262. 3;  god with high plumes 408. 6

Qa-ha-ḥetep  a proper name 373. 5, 8

Qa-ḥrâ  a proper name 484. 1

qaa  to putrefy 139. 6; 144. 6

qaat bolts, fastenings 136. 9

qaȧ } form, divine form 465. 3; 510. 512. 16

Qaȧu }

qai fire 342. 8

qab bend, bight, fold 27. 6; 125. 10; 1 12; 186. 7; 301. 6; 356. 5; 24. 7

qabt knees 448. 8

Qabt-ent-Śu-erṭā-nef-em-Sa-Ȧusȧr a proper name 265. 5

qamȧi incense (?) 420. 5

qart part of the underworld 471. 16

qart bolts, fastenings 150. 7; 474. 3

Qaḥu a proper name 375. 3; 381. 12

qaḥit fire 355. 3

qasu to bind, to fetter, tied up in so[me]thing 2. 7; 12. 11; 36. 8; 1 5; 153. 3; 228. 14; 279. 10

qases-tu tied 225. 14

qasu fetters 105. 12; 453. 4; 460. 7

qaqa hill 51. 11

qā to be provided 349. 1

qāḥu arm and shoulder 19. 15; 68. 8; 131. 13; 215. 5, 6; 238. 5; 308. 5; 420. 7, 8; 483. 12; 507. 8; the two shoulders 447. 12; plur. 111. 11; 131. 15; 155. 11; 72. 5

qāḥ to stretch out 186. 14

qu 407. 6

qeb fold, bend (see) 64. 5, 14; 65. 1; 109. 12; 423. 13; 435. 4

qebḥ, ***qebḥu*** cool, cold, refreshment, to cool or refresh oneself, cold water, to pour out cold water, water flood 14. 13; 132. 11; 137. 10; 143. 9; 220. 2; 422. 6; 430. 5; 435. 6; 437. 1; 439. 2; 486. 6; 510. 3; place of refreshing 430. 5; the cool stream of Elephantine 454. 4

Qebḥu the land of cool water 174. 12; 377. 1

Qebḥ-sennu-f one of the four children of Horus 57. 14; 58. 9; 59. 3; 232. 9; 235. 4; 306. 4; 319. 6; 326. 10; 385. 8, 9; 407. 5; 505. 5

Qebti Coptos 442. 3

qefen baked cake 208. 13

Qefennu name of a city 321. 9; 323. 16

qeftennu ape, Ape 116. 4, 7; 397. 3

qem to make an end of, to finish 10. 11; 42. 5, 6; 148. 4; 469. 9; 470. 2

qem
qemt } black 231. 11; 232. 1; 445. 16; 462. 4; 494. 11; 502. 12; strong (?) 236. 1

Qem-ur } name of a city and lake 136. 1; 145. 2; 188. 14; 247. 12

qem } to find, to discover 3. 7; 60. 2; 68. 4; 92. 16; 97. 3; 108. 3; 115. 4; 141. 9; 176. 14; 189. 8; 190. 2; 204. 15; 229. 8; 233. 11, 13; 248. 2; 285. 6; 309. 13; 348. 5; 406. 9, 14; a find 234. 2; 263. 11; 466. 9; , found 16. 3; 21. 14; 96. 16; 140. 13; 145. 12; 273. 11; 288. 15; 352. 5; 487. 13; things found 309. 12

Qem-ḥrȧu a class of divine beings 130. 2

qemqem to discover 233. 8

qemtu evil one, evil 29. 12

qema } to create, to fashion, to form 12. 4; 48. 8; 278. 3; 326. 16; 343. 7; 346. 3; 404. 9; 442. 9, 14; 455. 10; 484. 3; 487. 2; 515. 7

qemam to create, to fashion, to form, to produce, form, qualities, creator, created thing 1. 6; 7. 9; 9. 2 *(bis)*; 51. 12, 14; 68. 12; 87. 16; 90. 14; 115. 13; 165. 13; 167. 6, 9, 15; 174. 4; 184. 4, 13; 185. 3, 12; 224. 16; 246. 10; 264. 1; 279. 2; 308. 1; 343. 7; 344. 6; 346. 13; 356. 12; 357. 11; 361. 10; 397. 13; 457. 13, 14; 461. 10; 467. 11; 477. 5; 491. 13; to create by a word 233. 6; creatress 138. 3; those who make themselves to be 137. 12; 143. 11

Qemamu god of creation 469. 2

qemā to praise 210. 12; a singer 489. 9

qemā south 12. 13; southern 97. 1

qemā, *qemā ta*, *qemāt* south, south land 141. 7; 278. 14; 453. 5, 7; 488. 1; 512. 4; southern stones 164. 11; 353. 13; South and North 298. 8

Qemāt goddess of the South (?) 40. 12

qemḥ to see, sight 439. 7; 481. 16

qemḥet eye 155. 12

Qemḥusu a proper name 461. 12

qemḥut hair (?) 356. 4

qemt lasting, enduring **238.** 11

Qemt Egypt **173.** 13; **313.** 14; **325.** 12; **414.** 5; **486.** 1

qemtu overturned **338.** 5

qemṭu to say, to repeat **96.** 9

qen to do evil **71.** 14

qen to fortify, strength **298.** 11; **313.** 15

qenȧ to embrace **50.** 8

qenȧt a kind of incense **374.** 1; **379.** 11

qeni a kind of linen **375.** 1

qenbet, *qenbit* a class of beings, human and divine **135.** 1; **142.** 14; **414.** 14

Qenna a pr na **3.** 14; **4.** 13; **5.** 14; **6.** 14; **8.** 9; **476.** 2

qennu strong **413.** 11

qenret a kind of grain or fruit **49.** 14

qenqen to strengthen (?) **67.** 9

qenqen to feed **229.** 10

Qentqet name of a lake in the Elysian Fields **229.** 10

qer wind **456.** 1

qerá, *qeráu* — storm, thunder 105. 15; 107. 4; 439. 1; a proper name 69. 3

qerás — sepulture, burial, funeral rites 34. 7; 417. 2

qerfiu — tied, fastened 89. 13; (?) tied, bound 436. 3

qeres, *qereset* — to bury, tomb, burial, funeral 18. 6; 23. 6; dead body 52. 8; 59. 6; and see 92. 16; 130. 6; 168. 12; 263. 9, 14; 399. 6; buried 187. 10; a happy burial 488. 6; coffin, bier 65. 11; 72. 14; 75. 16; 101. 16; 159. 6; 161. 10; 437. 5; plur. 436. 7

qert — cave, cavern 285. 7

qerti — double cavern 317. 14; 326. 11

qerti — caverns of the source of the Nile at Elephantine 380. 3

Qerti — one of the forty-two assessors 254. 3

qerti — the caverns of the underworld 270. 13; 271. 1; 515. 8; 516. 11

qerert a division of the underworld 253. 2, 14; 272. 9; 274. 2; 425. 1; 428. 14; 430. 8; 433. 13; plur. 275. 10; *qerert* 428. 14; 430. 8; 433. 13

qert fastening 264. 14

qeḥeḥtum (?) castrated animals for sacrifice 453. 16; 510. 3

qesu bones 100. 14; 106. 14; 253. 12; 289. 6; 361. 4; 367. 7, 8; 372. 14; 385. 10; 399. 16; 400. 1; 407. 1; 411. 4; 416. 7; 417. 13; 440. 15; 478. 11; 510. 5

qesu preserves (of birds) 251. 8

Qesi Cusae, the capital of the fourteenth nome of Upper Egypt 235. 11

qesen bad 29. 6; 204. 5, 14; baleful 371. 15; 412. 11

qeq see *ām* to eat 31. 13, etc.

Qetetbu a proper name 225. 13

qeṭ to build 67. 12; 129. 2; 224. 5; 243. 10; 388. 8, 14; 389. 4; 491. 7

qeṭāu to build 514. 8

qeṭ draughtsman's work (?) 222. 11; 223. 12; 444. 11; 445. 3

qeṭu sailors, mariners 4. 11; 7. 8; 27. 7; 44. 14; 49. 8; 106. 16; 111. 3; 211. 2; 212. 11, 15; 262. 13; 282. 11; 283. 11; 316. 3; 332. 4; 373. 12; 431. 2

Qeṭu a fiend **415. 11**

qeṭu work of the artist or draughtsman **271, 15; 275. 8; 276. 4**

qeṭ orbit **236. 12**

qeṭ character, disposition **249. 13; 467. 1;** **110. 11**

qeṭ with *mȧ*, like **242. 8; 313. 11; 314. 17 352. 5**

qeṭet with, throughout (?) **409. 16**

qeṭet slumber **455. 15**

K̦

ḳa to go forward 214. 7

ḳa dung 99. 7

ḳa to stink 104. 13; 111. 5

ḳau calamities 458. 15

ḳau caverns (?) 506. 11

ḳaui (?) name of a place or lake 255. 11; var.

ḳai lake 89. 6

ḳab to depart from 90. 13

ḳabti eyelashes 446. 7

ḳafu ape 296. 7, 16; plur. 297. 14

ḳast 325. 9

ḳat claw 417. 6

ḳatu thoughts, meditations 92. 6

ḳuat to surround **397**. 5

Ḳeb name of a god **205**. 1

ḳeb great deep **359**. 14

ḳeba to cast an evil glance at (?) **372**. 14

ḳeba chamber **400**. 15

ḳen, *ḳenen* weak, feeble **29**. 9, 11

ḳemu cattle **154**. 14

Ḳen-ur a proper name **35**. 2; var. ,

ḳennut decrees **92**. 12

Ḳenḳen-ur name of a god **126**. 6; **127**. 11

ḳent slit **103**. 11

ḳer **178**. 15

ḳer moreover **243**. 6

ḳer to be silent **114**. 5; **225**. 15; **244**. 10; **265**. 14; **373**. 11; **166**. 3; **293**. 1

ḳer , lie, falsehood **15**. 14; **17**. 6; **70**. 3; plur. **39**. 4, 10; **67**. 4; **96**. 9; **253**. 13; **260**. 8; **269**. 11; **467**. 13; craft, fraud **488**. 8; **490**. 5; **90**. 11

ḳer to possess, to have, to hold **140.** 10; **327.** 1; **457.** 3; **459.** 16; **460.** 4; **481.** 1; **486.** 3; **488.** 14; possessor **39.** 7; **513.** 1

ḳer possessions **97.** 15

Ḳert name of a city **507.** 12

ḳerḥ, *ḳerḥu*, *ḳerḥu*, *ḳerḥet* night, darkness **42.** 5; **53.** 8; **59.** 11; **60.** 12; **61.** 4, 15; **62.** 1; **71.** 7; **72.** 1, 10, 13; **73.** 10; **74.** 8; **75.** 11; **76.** 4; **78.** 3; **79.** 2; **81.** 8; **82.** 2; **83.** 4, 5, 6, 7, 8, 9, 10; **84.** 3, 4, 5, 6, 7, 8, 9; **85.** 9; **88.** 11; **128.** 4; **158.** 6; **192.** 8; **228.** 11; **236.** 4; **262.** 14; **286.** 7; **304.** 2; **315.** 8; **330.** 4; **338.** 7; **343.** 6; **356.** 4; **366.** 1; **391.** 15; **439.** 14; **441.** 12; **456.** 12; **466.** 6; **467.** 14; **492.** 4; **497.** 2; **506.** 1; **508.** 11; plur. **159.** 1 *(bis)*

Ḳerśer, Ḳerāśer a proper name **508.** 4, 8, 12; **509.** 4, 13; **510.** 15; **511.** 15; **512.** 3, 10, 15; **513.** 12; **514.** 2, 5, 15; **515.** 2, 4, 6, 8, 11, 13, 15; **516.** 1

ḳert but, moreover **55.** 2, 6, 11; **56.** 12; **58.** 15; **59.** 2, 14; **60.** 6; **61.** 2, 4, 15; **141.** 3; **143.** 5; **145.** 11; **280.** 8; **421.** 13; **457.** 15; **458.** 8, 11, 14; **459.** 1, 2, 3, 6, 12, 16; **137.** 5

ḳeḥ weak, helpless, humble, pained **215.** 3; **359.** 6; **106.** 1

ḳes place, side, footprint of, half **7.** 11; **15.** 15;

60. 12; **61**. 2; **86**. 15; **98**. 8; **103**. 14; **219**. 16; **287**. 10; **334**. 16; **368**. 4; **369**. 5; **402**. 9; **404**. 7; **455**. 15; **503**. 6, 14; **507**. 10; , , both sides **106**. 13; **246**. 16; **439**. 2; **440**. 6; **486**. 8; plur. **287**. 11; left side **88**. 13; **89**. 6; **284**. 14; **395**. 14; **397**. 8; right side **284**. 14; **395**. 13; for (**18**. 9) *q. v.*

ḳeś pool, lake **144**. 8

T.

thy 136. 16; 334. 10, 11; 336. 4; 337. 10; 385. 3

ta the 326. 7; 409. 9; 410. 8; 411. 7, 9; 412. 8, 15; 413. 5; 414. 4; 416. 14; his 411. 12

ta, *taa*, *tau* to burn, flame, fire, hot, angry 256. 2; 305. 12, 14; 306. 2; 313. 1; 345. 3; 430. 6

Ta-reṭ one of the forty-two assessors 256. 10, 15

ṭåt emanation, part of 416. 13; plur. 413. 3

ta the earth, world, land, country 1. 13; 61. 6; 63. 10; 67. 9, 10; 334. 2; 375. 6; 388. 8, 14; 389. 11; 436. 13; 440. 16; 461. 10; 474. 3; 488. 10; 489. 16; 517. 3; 324. 6; union with earth, *i. e.* burial 23. 14; beings of earth 114. 14

taui the two lands of Egypt, the world 6. 15; 65. 7, 10; 78. 1; 122. 15; 314. 3; 319. 1; 369. 14; 438. 14; 442. 15; 461. 2; 481. 1; 485. 3; 488. 14; 506. 13

taiu the world, all countries 2. 11; 9. 1, 12; 10. 6; 155. 7; 263. 6; 323. 7; 325. 1; 453. 9

taiu Ȧḳert the regions of the underworld 14. 6

ta āb the holy land, *i. e.*, the underworld 456. 9

ta ānχtet the land of life, *i. e.*, the grave 323. 10

Ta-ur name of a city 109. 1

ta en Manu land of the setting sun 2. 12

ta en Maāt land of law 413. 8

ta en maātχeru land of triumph 3. 10

Ta-merȧ land of the inundation, *i. e.*, Egypt 247. 1; 260. 5

Ta meḥt land of the north, *i. e.*, Delta 321. 12; 324. 5; 326. 14; 453. 6

Ta-mes-fetta "land which bringeth forth eternity" 315. 14

ta nefer 315. 8

tanenet name of place or region 25. 9

ta neḥeḥ land of everlasting 41. 5; 399. 7

taiu nu neteru lands of the gods 41. 14

Ta-remu  land of fish **234.** 3, 6

taui Reχti  the lands of the Rekhti **19.** 9; **73.** 10, 13; **79.** 12; **81.** 12; **83.** 9

taiu Reχti 

ta χaru  land of Kharu birds **221.** 5

ta-Sekri  land of Seker, *i. e.*, the tomb **322.** 9

Ta-śe 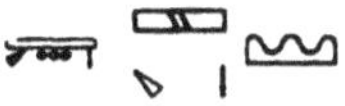 land of the lake, *i. e.*, Fayyûm **234.** 4; **254.** 4; **432.** 2

ta-śeta  the hidden land **85.** 14

Ta-kenset  Nubia **412.** 15; **416.** 3

ta-qebḥ  land of coolness **131.** 8

ta qemā  land of the south **324.** 4; **326.** 14

ta ṭuat  land of the underworld **434.** 2

Ta-ṭesert  the holy land **14.** 8; **22.** 15; **39.** 4; **44.** 3; **348.** 16; **365.** 14; **383.** 16; **428.** 11; **431.** 12; **452.** 2; **476.** 3; **479.** 14; **482.** 4; **484.** 8, 14; **488.** 7; **490.** 10; **512.** 14

ta en ṭetta  land of everlasting, *i. e.*, the grave **41.** 6

tau 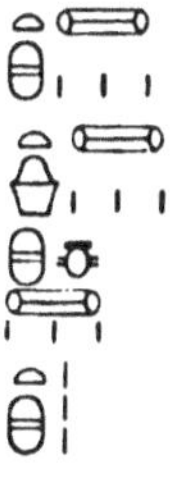 bread, cakes **14.** 12; **21.** 1, 2; **70.** 4, 9; **124.** 4, 5; **151.** 7; **154.** 13; **179.** 7; **214.** 14; **231.** 3; **244.** 3; **245.** 3; **307.** 13; **312.** 6; **363.** 9, 11, 16; **364.** 7; **365.** 1; **366.** 6; **424.** 2; **426.** 2; **436.** 5; **449.** 3; **454.** 7; **455.** 16; **463.** 16; **464.** 6; **465.** 2; **466.** 8;

477. 15; 493. 4; 494. 10; 495. 6; 510. 3; 514. 13; 516. 6; cakes of fine flour 317. 5; white bread 333. 9; celestial bread 437. 6; cakes of Annu 439. 13; cakes of 439. 13; 437. 7; 439. 12; 494. 11, 13; 495. 6; 492. 15; 495. 5

Tau-enenet name of a place 66. 16; 67. 7, 8, 11; 322. 4

tau-atutu (?) a kind of wood 337. 5

Tai, ***Taiti*** Osiris 322. 2; 325. 1

tait sail, awning 206. 5

Tait name of a goddess 180. 4; 449. 3

tar a fiend 418. 1

taḥenen to dip in water 229. 6

Ta-ḥer-sta-nef a proper name 13. 16

Tatunen, ***Taθunen*** name of a god 1. 13; 47. 1; 183. 4; 472. 9

tu thee, thou 1. 8, 9; 2. 4; 5. 6; 7. 8; 23. 16; 30. 15; 40. 11; 129. 14; 192. 8; 266. 4, 6; 439. 6; 448. 10; 478. 16; 479. 4; 487. 4, 9; and see *passim*.

tua to adore 406. 5

tuȧ I 63. 5, 12; 98. 9; 160. 5; 394. 4

tui that 26. 2; 63. 6; 64. 5; 77. 12; 86. 13; 100. 3; 105. 7; 124. 4; 130. 15; 131. 1; 154. 11; 261. 15; 297. 1; 301. 2; 315. 7; 367. 14; 437. 5, 14; 508. 9

tui 408. 11

tui 106. 8

tuf his 20. 10; and see *passim.*

tuni ye, you (?) 496. 3

turȧ / *tur*(?) to cleanse, to purify, to be pure, clean 67. 13; 141. 15; 145. 16; 182. 17; 201. 10; 262. 9; 267. 14; 309. 11; 312. 4; 337. 3; 436. 16; 465. 9, 10; to celebrate in a pure manner 480. 4; 508. 6; 399. 16

tuk thou 248. 15; 508. 10; and see *passim.*

tuḳ apparel 440. 4

tut type, form, image, statue, similitude 57. 8; 63. 16; 64. 1; 77. 2; 112. 1; 178. 12; 196. 6; 226. 5; 239. 9; 245. 13; 284. 12; 289. 8; 291. 4, 6; 294. 6; 298. 4; 299. 15; 309. 2; 312. 1; 314. 17; 333. 3; 338. 7; 339. 12; 395. 12; 413. 15; 414. 1; 420. 3, 6, 9; 438. 10; 444. 10; 468. 4; plur. 420. 10; arranged 513. 1; 470. 15; as, like 380. 12; 478. 8

tut ȧs behold 128. 11; 272. 13; 275. 13; 289. 8; 367. 6; 372. 3; 461. 15; 464. 5

tiu (?) adorers 422. 4

tini you 114. 14; 231. 4; 394. 9; 396. 2, 5, 6, 8, 10, 12, 14, 16; 397. 2, 4, 6

tit time (?) 180. 15

tebu to be shod with 262. 15

teb, *tebi*, *tebt* sandals 123. 10; 214. 14; 244. 3; 438. 1; 448. 8; 494. 4; 495. 3

Tebu, *Tebti* name of a city 185. 10; 258. 3

tebu 198. 7

tebteb to walk 138. 11

Tepa name of a cow 336. 15

tepȧ to snuff the air 37. 1; 38. 1

tepḥet cavern, den, dwelling 39. 6; 49. 14; 119. 9; 148. 16; 149. 2; 168. 6; 256. 8, 14; 258. 16; 259. 1; 357. 10; 433. 3; 489. 4; plur. 19. 13; 92. 13; 149. 13, 14; 171. 12; 172. 2; 210. 10

tef father 65. 9; 77. 11, 14; 98. [illegible]; 119. 15; 276. [illegible]; 277. [illegible]; 285. [illegible]; 291. 10; 317. 15; 347. [illegible]; 405. 12; 437. 4, 5; 461. 10; 485. [illegible]; 503. [illegible]

tefa that 186. [illegible]

Tefnut a goddess 15. [illegible]; 66 [illegible]; 71. [illegible]; 237 [illegible]; 279. 3; 294. 4; 302. 2; 3[illegible]8. [illegible]; 437 [illegible]; 44[illegible]

temam to be complete 25. 4; 245. 9

temamu stations 478. 3

temaāu (?) wind 44. 13

tem, **temt**, **temem** not, without 5. 10; 28. 3; 29. 11; 90. 8; 91. 13; 93. 3, 12; 94. 17; 95. 15; 101. 3, 10; 116. 17; 119. 8; 120. 5, 13; 124. 17; 132. 3; 133. 5; 145. 6; 147. 11; 148. 2; 183. 16; 192. 11, 12; 193. 15; 197. 11; 198. 15; 236. 14; 365. 5; 373. 10; 374. 9, 11; 378. 7, 12; 399. 2; 400. 7; 410. 16; 418. 7; 438. 1; 457. 9; 460. 13; 482. 16; 492. 7, 8; 501. 3, 14; 505. 16; 506. 1

temem to be whole, complete, entire 5. 11; , 6. 16; 485. 6

tem , to end 30. 9; 135. 16; wholly 113. 5; 150. 16; 242. 7; 399. 16; 400. 3; 419. 5; 420. 1; wholly and entirely 78. 2; 88. 14; all 419. 7

Tem, **Temu** the god Tem or Temu 4. 1; 5. 15; 8. 14; 15. 5; 27. 4; 29. 11; 32. 12; 45. 11; 51. 5, 16; 53. 16; 54. 4; 55. 8, 14; 56. 5; 67. 12, 16; 71. 11; 77. 11; 86. 11; 92. 12; 99. 12; 103. 1; 104. 7, 11; 107. 6; 110. 12; 128. 13; 145. 3; 154. 3; 160. 15; 167. 9; 173. 8; 174. 4; 180. 6, 8; 192. 7; 197.

8; 198. 14; 207. 14; 220. 13; 238. 14; 242. 15; 287. 7; 294. 4; 302. 4; 314. 15; 318. 6; 325. 13; 347. 6; 367. 9; 382. 13; 391. 11; 399. 8; 406. 11; 413. 6; 443. 8; 455. 12; 456. 2; 457. 16; 458. 7, 14; 459. 1, 4; 471. 6; 472. 6; 477. 5; 484. 13; 485. 8; 496. 14; 509. 8; 442. 1

Temu-Ḥeru-χuti Tem-Harmachis 4. 14; 11. 4; 35. 11; 49. 1; 315. 2

Tem-Χeperȧ Tem-Kheperȧ 87. 6

tememu parts of a net 393. 10

temu | mortals 2. 1; 6. 3; 8. 8; 33. 11; 176. 1; 350. 9; 369. 14; 438. 14; 482. 13

tememu |

Temem-reu . . . . a proper name 392. 15

Tem-sep one of the forty-two assessors 258. 1

temt sledge 38. 14; 210. 12

ten this 23. 5; 155. 11, 14; 225. 7; 346. 14; 410. 6; 414. 10; 461. 15; 503. 17; 504. 15

ten , ye, you 2. 3; 15. 17; 20. 13; 47. 15; 55. 16; 56. 1; 58. 1; 69. 12, 13, 15; 70. 7, 8; 82. 7; 90. 10, 11, 12; 107. 7, 9, 10; 108. 16; 119. 12; 128. 13; 151. 6; 303. 4; 315. 4; 316. 1; 335. 5; 336. 12; 338. 15; 339. 10; 342. 13; 344. 3; 345. 1; 346. 7; 360. 8; 364. 14; 377. 14, 15; 389. 6, 7, 9; 426. 2; 443. 16, 17; 444. 2; 462. 5; 465. 12, 15; 466. 8; 494. 4; 501. 10; 503. 17; 516. 2

Teni This 74. 3; 215. 2

Tenait god of light (?) 174. 11

ten, ***teni***, ***tennu***, ***tennut*** — what manner of? 124. 6; 129. 14; to distinguish, to discern, to declare 74. 2; 84. 3; 88. 11; 109. 3; 114. 12; 172. 1; 241. 19; 309. 2; 350. 9; 399. 5; 476. 13, 14; 492. 16; 494. 14, 16; 495. 9

ten, ***teni***, ***tennu*** — to be or become great, great, to magnify, to increase, to enlarge, manifold 9. 12; 115. 5; 161. 1; 167. 11; 168. 1; 203. 4; 338. 6; 352. 7; 459. 11; 460. 1

tentu (?) those who cry, to cry out 341. 4; 354. 4

tenem to turn back 439. 15

Tenemit a proper name 437. 2

trá then 129. 14; 138. 15; 143. 15; 241. 18; 495. 12; 503. 9; 506. 3; 507. 5

trá time, season 11. 16; 56. 13; 109. 8; 114. 6, 7; 115. 4; 116. 3; 234. 1; 251. 10; 288. 4; 437. 11; plur. 23. 1; 11. 6

trá-ui the two seasons, *i. e.*, morn and eve 1. 9; 9. 5; 21. 2; 36. 2, 6

teriti the northern and southern heavens 4. 5

teh, ***teha*** — to advance against, to attack 251. 12, 15, 16; 254. 4; 255. 12; 257. 7, 13; 342. 7; 411. 5; 414. 11

tehenen  to adore **5**. 11

Teḥuti  Thoth **2**. 5; **3**. 3; **15**. 16;  **16**. 7; **17**. 1; **18**. 8; **19**. 3; **30**. 4; **32**. 12; **40**. 14; **48**. 3; **56**. 12, 16; **57**. 3; **58**. 7; **62**. 10; **71**. 3, 14; **72**. 12; **73**. 7; **74**. 11; **75**. 8; **76**. 10; **81**. 3; **83**. 2; **84**. 1; **86**. 9; **108**. 12; **113**. 4; **124**. 5; **151**. 13; **154**. 12; **155**. 1; **156**. 14; **163**. 11; **177**. 3; **181**. 10; **199**. 8, 10, 12; **211**. 12; **213**. 16; **236**. 5; **238**. 13; **242**. 16; **266**. 9 *(bis)*, 16; **267**. 1; **274**. 14; **277**. 1; **280**. 8; **281**. 1; **282**. 6; **283**. 5; **286**. 6; **292**. 16; **295**. 11; **315**. 12; **319**. 8; **326**. 3; **330**. 3; **331**. 3; **338**. 9; **345**. 12; **357**. 8; **359**. 6; **371**. 11; **382**. 10; **387**. 14; **406**. 4, 15; **421**. 11, 13; **439**. 7; **441**. 10; **448**. 2; **451**. 3; **457**. 10, 16; **458**. 4; **465**. 3, 4, 11; **466**. 3; **467**. 15; **475**. 2; **479**. 12; **480**. 11, 13, 14; **481**. 11, 15, 16; **483**. 5, 9, 10, 14; **484**. 11; **488**. 11, 15; **492**. 16; **510**. 9; **511**. 9; **514**. 10

Teḥuti-Ḥāpi 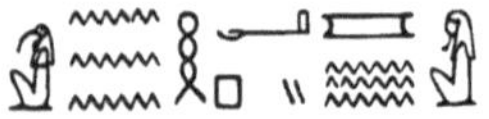 Thoth-Ḥapi **132**. 11

Teḥutit 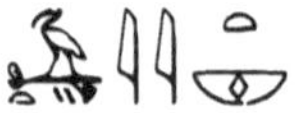 the Thoth festival **497**. 1

tiḥṭut  offerings **495**. 1

teχ  pointer of the scales **251**. 4; **264**. 5; 
 **264**. 5

teχni 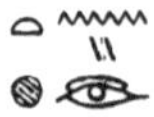 hidden **418**. 7

teχteχ  to shake out the hair **68**. 5; **69**. 6

teś 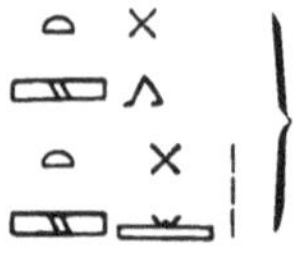 to depart, way, passage **27**. 16; **248**. 3; **348**. 5, 11; **486**. 13

Teśteś 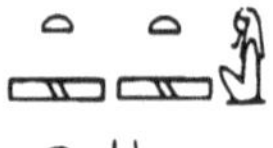 a name of Osiris **19**. 12

tekem  to approach **165**. 15

Tekem  name of a god **160**. 8

tekau 
teka 
tekat 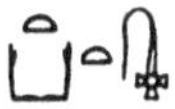
} to burn, blaze, fire, spark, flame **303**. 10, 13, 14, 15; **304**. 2; **307**. 9, 11; **308**. 3, 9; **309**. 1; **311**. 5; **312**. 13; **313**. 1; **383**. 13; **438**. 16

teken 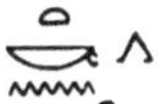 to enter, to go in **130**. 1; **141**. 16; **146**. 1; **211**. 9; **246**. 12; **312**. 5; **373**. 10; **374**. 12; **378**. 12; **438**. 5; 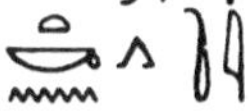 **109**. 14

tekennu  those who go in **135**. 13; **171**. 3

tektek  to pass by **233**. 14

teḳas  to march on **108**. 6

tetbu  to smear **311**. 9

Ṭ.

ṭa to pass away **120**. 8

ṭa emission **106**. 10

ṭaṭa to pollute oneself **250**. 14; **255**. 8, 15

ṭaȧu name of a garment **180**. 4

ṭaȧr restraint **94**. 2

Ṭaśenȧtiṭ mother of Ḳerāsher **508**. 4, 8; **509**. 1, 4, 14; **510**. 15; **511**. 16; **512**. 4, 10, 16; **513**. 12; **514**. 3, 6, 15; **515**. 2, 5, 7, 9, 11, 13, 16; **516**. 2

ṭā, **ṭāṭā**, **ṭāṭāu** to give, to grant, to allow, to set, to place, to ascribe **1**. 9; **21**. 2; **33**. 7; **41**. 11; **43**. 3; **61**. 10; **62**. 2; **65**. 12; **80**. 14; **69**. 1; **97**. 12; **108**. 1; **130**. 16; **131**. 10; **134**. 12; **142**. 10; **184**. 11; **191**. 8; **192**. 15, 16; **194**. 1; **213**. 10; **222**. 15; **223**. 1; **292**. 6; **307**. 8; **336**. 1; **364**. 6; **365**. 1; **374**. 5; **379**. 8; **392**. 8; **402**. 14; **424**. 14; **437**. 9; **452**. 7; **474**. 1; **475**. 5; **481**. 6, 7, **489**. 15; placing **147**. 4; giving, a gift **379**. 14; **380**. 1; given **3**. 7; **4**. 9; **14**. 12; **93**. 6; **337**. 10; **477**. 15; as an auxiliary verb see *passim*.

ṭāṭāiu givers 1. 13; 21. 1; 47. 13; 57. 15; 58. 10; 66. 9; 217. 16; 231. 15; 269. 8; 272. 5; 320. 4, 5, 6; 310. 10; 311. 3, 11; 363. 9, 16

ṭāt àb, *ṭāṭā ab* heart's desire 23. 3; 77. 2; 82. 17; 182. 4; 517. 1

ṭā to turn the face 43. 1; to put in fear 389. 6; 511. 7; 424. 5; 409. 6, 8, 11

ṭā ḥeť white loaf or cake 317. 5, 6

Ṭāṭāu the city of Ṭaṭṭu 101. 12; 129. 1; 165. 11; 167. 5; 172. 7; 210. 9; 379. 14

ṭu ā to put forth the hand 429. 8

ṭu, *ṭut* evil, evil thing, sin, fault, wickedness, to do evil, sinner 34. 15; 38. 14; 107. 3; 114. 9; 115. 7; 153. 3, 5; 182. 8; 197. 2, 11; 198. 16; 216. 13, 14; 300. 5; 359. 15; 365. 8; 401. 1; 404. 7; 437. 3; 506. 9; 516. 2; plur. 44. 1; 50. 6; 54. 5, 8; 58. 1, 15; 76. 15; 91. 1; 116. 4; 175. 3; 185. 14; 187. 3, 4; 196. 1, 2; 198. 5; 203. 3; 249. 12; 260. 13; 269. 12, 13; 270. 4, 6; 271. 10; 273. 11; 274. 9; 365. 9, 10; 426. 7; 432. 9; 443. 17; 444. 2; 453. 1; 468. 3; 477. 1, 2, 14; 478. 9; 483. 8; 484. 16; 252. 7

Ṭu the evil one 44. 11

Ṭuṭu, *Ṭu-ṭut-f* one of the forty-two assessors 255. 3, 14

Ṭu-s name of a rudder **242.** 2

ṭuȧu ale (?) **367.** 5; **382.** 5

ṭu mountain **7.** 15; **164.** 13; **218.** 12; **219.** 1, 2, 5; **285.** 7; **310.** 12; **466.** 16; plur. , **9.** 4; **36.** 14; **485.** 12; **497.** 4; **369.** 15; **370.** 2; **381.** 6

Ṭu-en-baχa mountain of the sunrise **496.** 7

Ṭu-en-Neter-χert mountain in the underworld **370.** 3; **430.** 13

Ṭu-tef **98.** 1

Ṭu-menχ-rerek a proper name **372.** 7

ṭua five **221.** 15; **317.** 6, 7; **464.** 6; **487.** 4; fifth **337.** 7; **351.** 10; **360.** 12

ṭuau, *ṭuait*, *ṭuat* dawn, daybreak, morning, to-day, to-morrow morning **4.** 3; **5.** 5; **10.** 15; **40.** 3; **41.** 11; **42.** 10; **52.** 3, 4; **57.** 8; **80.** 15; **134.** 11; **284.** 5; **440.** 3; **481.** 16; **486.** 15

ṭua, *ṭuaui*, *ṭua ṭuau*, *ṭua* to praise, to worship, to adore **1.** 3; **3.** 3, 13; **6.** 13; **11.** 3; **34.** 1; **35.** 9, 12; **36.** 12; **37.** 10; **39.** 14; **107.** 15; **140.** 1; **147.** 6; **177.** 10; **193.** 16; **210.** 13; **222.** 12; **242.** 11; **246.** 6; **270.** 13; **273.** 16; **274.** 8; **281.** 1; **294.** 9; **348.** 16; **358.** 8; **384.** 2; **409.** 3;

425. 9; **442.** 3; **447.** 15; **448.** 2; **452.** 4; **470.** 9; **476.** 1; **479.** 4; **486.** 15;  **295.** 11; 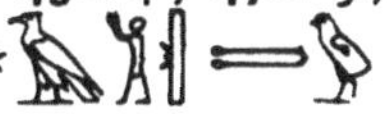 **240.** 13;  praises **7.** 13;  praisers **430.** 2;  with  **33.** 12; **242.** 9

Ṭua-mut-f
Ṭua-māut-f  one of the four children of Horus **57.** 13; **58.** 8; **59.** 3; **206.** 16; **232.** 9; **235.** 4; **319.** 5; **326.** 9; **385.** 5; **505.** 4

Ṭuat
Ṭuaut  the underworld **11.** 12; **14.** 12; **23.** 13; **31.** 14; **37.** 13; **45.** 9; **70.** 14; **85.** 16; **94.** 10; **109.** 2; **135.** 13; **138.** 2; **165.** 14; **166.** 8, 16; **167.** 7; **168.** 4; **170.** 5; **171.** 2, 15; **178.** 16; **190.** 5; **259.** 16; **271.** 2; **275.** 10; **285.** 5; **308.** 14; **310.** 1 *(bis)*; **315.** 2; **317.** 15; **333.** 3; **365.** 4, 13, 15; **414.** 7; **420.** 11; **424.** 6; **425.** 14; **427.** 2; **429.** 13; **430.** 10; **432.** 14; **433.** 1; **455.** 9; **471.** 10; **472.** 5; **473.** 10; **474.** 9, 13; **475.** 1; **477.** 6; **497.** 3; **502.** 10; **509.** 5; **510.** 9; **511.** 3; **513.** 15; **514.** 5, 7; **516.** 10; **517.** 1; 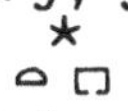 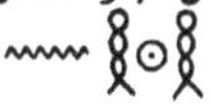 **419.** 5;  **416.** 7;   **447.** 16;  the god of Ṭuat **275.** 11; ,  beings of the Ṭuat **22.** 9; **134.** 13; **319.** 16; **320.** 1, 3; **470.** 10

ṭuatu (?)  decision, sentence **261.** 12

ṭun  to lift up or stretch out the legs **32.** 7; **89.** 13, 14; **195.** 3; **436.** 3

Ṭun-peḥti  porter of the second Ārit **327.** 15

ṭurt  **507.** 14

ṭit gifts **214.** 16

ṭeb horn **197.** 6; , the two horns **143.** 10; **198.** 12

ṭeb tomb (?) **383.** 12

ṭeb to be furnished or equipped with **169.** 2, 4; **225.** 7; **226.** 2; **227.** 1; **279.** 5; **284.** 3; **286.** 12; **301.** 13; **386.** 2; **451.** 8

ṭeb to wall up, to box in **310.** 9; **311.** 3, 11

ṭebt box, coffer, coffin, chest, tomb **50.** 5; **311.** 4; **407.** 3; **416.** 5; plur. **163.** 3; **511.** 7

ṭebu frame, part of the woodwork of a net **390.** 13; **391.** 8; **394.** 5

Ṭeb-ḥrȧ-keha-at the herald of the fifth Ărit **328.** 11; **360.** 15

ṭeben to revolve **63.** 8; **132.** 15; **220.** 9; **241.** 1, 2; **318.** 16; **330.** 2; **353.** 13; **364.** 10; **370.** 16; **371.** 10; **466.** 2

ṭebḥ, ***ṭebḥu*** to pray for, to make supplication **92.** 4; **101.** 15; **166.** 15; **199.** 6; **419.** 1; **468.** 15

ṭebḥu prayers, supplications **22.** 11; **337.** 10; **351.** 13

ṭebḥ grain measure **251.** 2; **253.** 7

ṭebḥu offerings **208**. 12; **289**. 15; **347**. 10; **463**. 9; **487**. 10

ṭebḥet

ṭebt block, slab **97**. 1; **140**. 14; **141**. 6; **310**. 6, 16; **311**. 7, 16; **485**. 9

ṭep unguent **502**. 3

ṭep birds **441**. 14

ṭep head, tip, top of any thing, chief **4**. 10; **8**. 6; **30**. 4; **38**. 11; **53**. 12, 13, 14, 15; **54**. 1; **62**. 5; **99**. 12; **106**. 13, 14; **116**. 17; **119**. 1, 2, 3; **283**. 8; **289**. 16; **315**. 10; **367**. 9; **373**. 3; **375**. 11; **383**. 3; **401**. 15; **408**. 5; **409**. 5; **421**. 1, 5, 6; **445**. 14; **446**. 12; **454**. 16; **462**. 16; **463**. 1; **487**. 5; **503**. 16; plur. , **80**. 7; **120**. 18; **153**. 7; **191**. 7; **192**. 16; **282**. 11; **292**. 11; **316**. 7; **357**. 3; **362**. 11; **438**. 3; **62**. 7

ṭep upon **2**. 14; **7**. 13; **51**. 4; **68**. 8; **140**. 11, 12; **142**. 16; **145**. 10; **147**. 7; **313**. 3; **371**. 1; one upon **219**. 5; **136**. 6

ṭep, ṭepi , first **24**. 5; **34**. 11; **122**. 1; **150**. 7; **315**. 10; **327**. 11; **334**. 9; **349**. 14; **358**. 3, 7; **367**. 3; original state **483**. 3

ṭep-ā straightway **105**. 16; **139**. 3; **201**. 15; **282**. 1

ṭep , the first, finest, or best of any thing **230**. 9; **449**. 1; **367**. 16; **13**. 8; **133**. 9; **250**. 4; ,

★ 4. 3; 6. 2; 486. 15; 175. 14; 9. 1; 487. 14; 505. 15; 402. 15; 380. 5, 7

ṭep-ā, *ṭept-ā* ancestor 393. 1; 466. 7; plur. 85. 7; 391. 13; 393. 1, 10; 475. 6; of Ra 245. 1; 393. 9; 468. 5; of Seb 393. 10; of the year 244. 15; of Khu 245. 2

ṭep re, *ṭep-retui* utterance, speech, decree, ordinance 109. 15; 119. 13; 158. 14; 176. 11; 312. 16; 449. 13; 485. 1; plur. 482. 3; 504. 9

Ṭep-ṭu, *Ṭepṭu-f* he who is on his hill, a name of Anubis 247. 14; 310. 12; 348. 3; 383. 15; 466. 16

ṭept uraeus crown 100. 6

Ṭep, *Ṭepu*, *Ṭept* one part of the city of Buto 73. 1, 4; 79. 6; 81. 10; 83. 7; 109. 13; 160. 14; 163. 12; 209. 5; 322. 6; 439. 7; 442. 5; 454. 9; 483. 10; 323. 12

ṭept taste 298. 5; to devour 411. 16; sting 106. 8

ṭepu oar, paddle 296. 12; 297. 8

ṭept boat 18. 10; 207. 9; 218. 5; 221. 8; 368. 10; 404. 7; 504. 15

ţem to cut, to gash **109**. 11, 13; **414**. 12; with to speak in a shrill voice **446**. 13

ţem knife, sword **12**. 11; **36**. 9; **346**. 9; **357**. 14; plur. **365**. 10;
ţemt double knife **44**. 12

Ţem-re-χut-pet (?) **299**. 5; **331**. 8

Ţem-ur (?) a name of Osiris **321**. 14

ţemamet a hairy covering **169**. 6

ţemam to put an end to **301**. 3

ţemam to unite **453**. 5

ţemȧ to unite, be united **189**. 3, 11; **404**. 7; **492**. 12
ţemȧi

ţemȧ city **247**. 1; plur. **214**. 16

ţemţ to collect, to assemble, to gather together **87**. 8, 13; **146**. 7; **164**. 4, 16; **166**. 11; **172**. 3; **180**. 6; **302**. 7; **361**. 1; **370**. 9; **385**. 10; **456**. 16; **478**. 11; **482**. 11; **504**. 4; all **78**. 5; united **464**. 11; **313**. 11; **137**. 11; **143**. 10; **65**. 10

Ţemţiu a class of divine beings **87**. 2

ţemť to collect **457**. 2

ṭen to cut **106**. 12

ṭen to place **456**. 11

Ṭenȧ name of a god **136**. 9

ṭenȧ to separate, be separated **211**. 3, 4; to breach a canal **251**. 10

ṭenȧt bank of a canal **251**. 10

ṭenȧt name of a festival **20**. 4

ṭenȧ name of a chamber (?) **10**. 3

ṭenȧ, ***ṭenȧt*** basket **317**. 7 *(bis)*; **451**. 12

ṭenȧu lot, part **85**. 7

ṭeni vessel **130**. 8

ṭenb to gnaw, to separate **102**. 5

Ṭenpu a proper name **101**. 6

ṭenem worms **411**. 4

ṭenḥui pair of wings **164**. 11; **413**. 14; **417**. 6; **461**. 11; **505**. 7

ṭens weights **390**. 13; **391**. 8; **396**. 15; with **394**. 5

ṭent abode **114**. 3

ṭenṭ slaughterer **62**. 3

ṭenṭen might, valour, mighty one **21.** 9; **181.** 14; **343.** 13; **355.** 16

ṭer to destroy, to put away **20.** 1; **27.** 17; **54.** 4; **58.** 1; **65.** 12; **76.** 15 *(bis)*; **80.** 7; **154.** 7; **160.** 11; **175.** 1; **187.** 2; **191.** 5; **201.** 6; **225.** 2; **242.** 16; **270.** 4; **280.** 12, 13; **286.** 9; **306.** 7, 15; **312.** 16; **314.** 1; **316.** 6, 7; **332.** 2; **354.** 6; **359.** 15; **401.** 15; **443.** 17; **444.** 2; **453.** 1; **463.** 12; **478.** 9; **480.** 15; **481.** 14; **484.** 16; **485.** 2; **488.** 12; **497.** 6; **190.** 8; **269.** 12; , **147.** 8; **209.** 3

ṭerp to offer up **437.** 3; **449.** 7; **450.** 7

ṭeref wisdom, skill, cunning, understanding **386.** 13; **446.** 3, 4; **447.** 12; **488.** 14; **481.** 1 (with)

ṭehanti brow **412.** 15

ṭehen to meet with the head, to do homage **12.** 1; **52.** 8; to do homage to the earth **484.** 8

Ṭehent name of a place **424.** 4

Ṭeḥuti Thoth **44.** 16

ṭeḥer hair, skin **504.** 11

ṭes, *ṭesi* vase **80.** 15; **209.** 13; **242.** 6; **268.** 9; **270.** 2, 8; **392.** 4

ṭes to cut **66.** 11; **106.** 13; smiter **346.** 9

ṭes flint knife **97.** 16; **200.** 10 *(bis)*; **219.** 4; **253.** 8; **263.** 12; **341.** 16; **376.** 8; plur. , **63.** 3; **105.** 9; **182.** 13; **280.** 6; **336.** 13; **351.** 5; **448.** 12; **469.** 12; slaughters **354.** 11

ṭeser sacred, holy **369.** 11

Ṭesert a proper name **432.** 12, 14

ṭeśer red, ruddy **151.** 9; **318.** 12; red **454.** 8; gore **293.** 4; red (of grain) **124.** 11; **244.** 4; of unguent **341.** 11; of hair **343.** 5; of feathered fowl **154.** 15; of wing **505.** 7; of eyes **462.** 6; of bone **341.** 11; red ones, ruddy ones, bloody ones **183.** 4; **201.** 2; **205.** 3; **319.** 4; **343.** 14; **355.** 16; **356.** 4; **364.** 13; **469.** 12; **483.** 7; red faces **115.** 3

Ṭeśer name of a city and person **324.** 10; **469.** 5

ṭeśer blood **344.** 12

Ṭeśer the red land, Arabia **486.** 1

Ṭeśert the red lands between the Nile and the Red Sea **313.** 14

ṭeśert red flame (?) **99.** 7

Ṭeśert the red crown **369.** 13

ṭeq
ṭeqer grain, germs (?) **211.** 7; **317.** 7; **181.** 7

ṭeḳa to see, sight of **41.** 3; **171.** 6; **191.** 12; **193.** 4; **231.** 10; **231.** 11

ṭeḳai seeing, to see **3.** 16; **5.** 8; **44.** 7

ṭeḳeḳ sight **3.** 4; **70.** 6

ṭeka to hide **140**. 5

ṭeka plants **317**. 6

ṭekas to run towards **22**. 12

ṭet / **ṭeṭ** hand **8**. 3; **43**. 7; **115**. 15; **234**. 5; **275**. 14; **316**. 1; **353**. 5; **412**. 6; **414**. 9; **502**. 14; **503**. 16; the two hands **113**. 7; **234**. 8; , **153**. 4; **272**. 15; **390**. 15

Ṭet . . . . name of the *mātehabet* **206**. 11

Ṭet-ent-Ȧuset a proper name **391**. 5; **393**. 4; **394**. 14

ṭetrit **504**. 11

ṭeṭṭet / **ṭeṭṭeṭu** to stablish, to be stablished **36**. 2; **213**. 7; **399**. 5; **483**. 3, 4; **512**. 13; **509**. 14; **480**. 10; **486**. 11

ṭeṭ the *ṭeṭ* amulet **211**. 15; **212**. 2; **310**. 4, 6; **383**. 9, 10; **402**. 6, 9, 11

ṭeṭ , the divine image which was set up in Ṭeṭṭeṭu **72**. 2, 5; **79**. 1; **19**. 6 *(bis)*

Ṭeṭṭeṭu (see *Ṭāṭāu*) a name of the cities of Mendes and Busiris **13**. 13; **14**. 10; **19**. 7 *(bis)*; **20**. 5, 8; **23**. 3; **24**. 12; **38**. 10; **60**. 2, 11; **72**. 1, 2, 3, 5; **74**. 16; **75**. 4, 8; **79**. 1, 8; **81**. 8; **83**. 5 *(bis)*; **104**. 16; **155**. 7; **170**. 11; **243**. 11; **245**. 14; **247**. 6, 13; **258**. 1; **276**. 14, 15; **32** ; **325**. 9; **349**. 7; **477**. 7; **490**. 2; **493**. 3; **512**. 8; **513**. 9, 16

TH.

θ thee, thou, thy 37. 14; 138. 4; 143. 2; 202. 11, 12; 205. 7; 207. 4, 6; 264. 8; 342. 2; 349. 15; 350. 3; 351. 4; 403. 4, 5

θ with verbs 486. 11; 10. 3; 38. 10; 486. 11; 37. 14; 487. 6; 9. 14; 486. 11

θ 10. 8

θȧ with verbs 138. 14; 85. 6; 299. 16; 436. 15; 36. 2; 458. 10; 467. 1; 189. 9; 190. 3; 312. 15; 406. 8; 8. 5; 483. 1; 483. 4; the beam of the scales being exactly level 467. 8; 11. 6; 36. 2; 49. 10; 406. 16; 300. 1; 47. 2; 447. 1, 4; 448. 7; 264. 3; 265. 11; 467. 2; 483. 4; 447. 7; 447. 4; 439. 3; 447. 16; 11. 4; 85. 6; 479. 5; 479. 5; 47. 2;

7. 10; 310. 12; 458. 10; 447. 1; 291. 3; 12. 8; 479. 5; 504. 4; 21. 15; 482. 11; 288. 15; 299. 16; 7. 1; 458. 10; 458. 9

θȧnasa name of a god 419. 13

θȧθȧ thighs 436. 1

θu thou 164. 1; 249. 9; 266. 14; 267. 5, 9; 363. 7

θut ȧs behold 474. 4; 475. 8

θui that 26. 12; 33. 5; 124. 7; 126. 5; 127. 10; 163. 10; 181. 11; 187. 2; 199. 12; 202. 9; 221. 14; 262. 13; 281. 12; 284. 7; 289. 16; 297. 15; 304. 5; 367. 4; 368. 16; 369. 7, 10; 371. 14; 372. 1; 373. 5; 374. 3; 375. 2; 376. 1, 9, 13; 377. 6, 10; 378. 4; 379. 13; 380. 4; 389. 4; 390. 10, 12; 391. 6; 392. 2; 396. 3; 397. 5; 493. 1

θeb sandals 382. 15

θepḥet storehouse, cave, cavern 457. 6; 481. 8

θemesu decrees 110. 2; 111. 9; 262. 5

θen this 129. 4; 134. 6; 152. 10; 218. 13; 220. 9; 232. 12; 249. 3; 259. 9; 260. 7; 264. 2; 265. 13; 267. 13; 286. 12; 309. 10; 334. 1; 350. 7; 351. 5; 366. 2; 370. 16; 439. 5; 496. 16; 497. 12

θen ye, you, your 34. 15; 63. 11; 90. 18; 95. 8, 9, 10; 102. 11, 12; 107. 6, 9, 10; 115. 1, 2; 126. 12; 136. 10; 166. 3; 171. 2, 6; 174. 8; 175. 7; 206. 8, 10, 13; 207. 2; 222. 13; 231. 5; 259. 9, 10; 260. 1, 3; 269. 14; 280. 5; 292. 8; 301. 15; 302. 5; 303. 5; 306. 5, 14; 307. 5; 313. 12; 329. 8, 9; 332. 12, 13; 363. 10, 11, 12; 364. 1; 365. 1; 367. 6, 7; 369. 11; 371. 6, 7; 372. 2, 3, 4; 375. 7 *(ter)*, 13; 377. 15; 378. 1; 380. 8, 11, 13; 390. 8, 9, 10, 11, 12; 465. 11; 472. 12; 480. 1; 491. 3; 494. 8; 496. 6; 157. 16

θen a kind of tree 466. 11

θen 505. 12

θena a proper name 28. 12; 110. 11; 222. 11; 223. 12; 386. 1; 387. 7; 444. 11; 452. 6

θennu worthy 187. 1

θenemi one of the forty-two assessors 254. 11

θent to distinguish 81. 14

θenθ to be great, great 96. 10

θent̕at throne chamber. 471. 7

θerem to make to weep 256. 7, 13

θert a kind of tree 128. 14

θeḥennu unguent 336. 8

θeḥennu name of a country 308. 4

θeḥent, ***θeḥenθ*** crystal (?) 66. 15; 67. 7, 8, 11; 135. 6; 177. 5; 226. 7, 11; 263. 8, 14; 310. 6; 447. 13

θeḥeḥ to supplicate **175.** 10

θesu to be firm **89.** 14

θes
θesu
θest
to lift up, to support, to rise up **46.** 16; **56.** 13, 16; **111.** 5, 11; **152.** 5; **176.** 12; **204.** 15; **230.** 11; **277.** 3, 6; **288.** 13; **301.** 12; **353.** 13; **376.** 10; **380.** 11; **402.** 7; **412.** 11; **445.** 8; **449.** 14; **455.** 14; **456.** 2; **241.** 1; **411.** 2; **421.** 2; **445.** 7; **450.** 4, 11; **476.** 11; **482.** 16; **445.** 8, 11; **463.** 10

θeset supports, props **308.** 5

θesu word, speech, law-makers **158.** 5; **192.** 3; **193.** 9; **216.** 13

θes
θesu
to bind, to tie up, to twine, to be tied, to coil up ropes **43.** 9; **77.** 11; **107.** 6; **112.** 5, 7; **115.** 15; **119.** 4; **121.** 15, 18; **122.** 9, 12; **136.** 5; **142.** 15; **204.** 5, 10, 13; **210.** 16; **215.** 6; **228.** 8; **229.** 3; **230.** 1, 10; **235.** 3; **367.** 7; **377.** 1; **385.** 3; **386.** 4; **387.** 9; **437.** 4; **478.** 10; **483.** 15; bound, tied, coiled up **173.** 2; **436.** 9

θes
θest
knot **115.** 14; **121.** 15, 16, 18

θes
θest
back, backbone, joint of the back **29.** 6; **204.** 5, 10; **220.** 5; **406.** 7

θest, ***θesu*** vertebrae, joints of the neck **12**. 11; **36**. 9; **44**. 12; **402**. 8; **447**. 3

θes rer conversely **57**. 6; **67**. 14; **101**. 12; **109**. 12; **135**. 5; **146**. 10; **192**. 9, 10; **211**. 3; **373**. 2; **406**. 6; **412**. 12; **476**. 14

θes-ur a proper name **274**. 10

θesθes a garment **338**. 12

θesem dog, greyhound (?) **64**. 4; **136**. 11; plur. **33**. 14; **87**. 10, 15; **88**. 3; **341**. 11

θekem a proper name **208**. 15

θet the buckle amulet **163**. 6; **211**. 15; **212**. 2; **403**. 3, 7

θet, ***θetet*** to take possession of, to seize, to carry off **14**. 5; **24**. 15; **25**. 5; **29**. 8; **56**. 11; **67**. 15; **90**. 8, 11; **93**. 6, 12, 14; **94**. 3; **97**. 7; **98**. 6; **103**. 9; **110**. 1, 4, 5; **122**. 15; **146**. 10; **168**. 4, 9; **170**. 4; **188**. 12; **224**. 4; **225**. 16; **228**. 2; **280**. 3; **305**. 11; **313**. 1; **314**. 3; **331**. 6; **375**. 3; **388**. 4; **405**. 12; **411**. 16; **450**. 1; **482**. 9; **515**. 9; **91**. 14; **92**. 7; **121**. 3; **197**. 1; **198**. 4; **283**. 13; **373**. 15; **375**. 8; **401**. 15; **414**. 13; **495**. 11

θetiu seizers, robbers **90**. 10; **158**. 8;

 ravisher of hearts **346.** 3; **357.** 12; 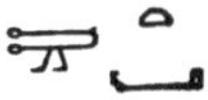  ravisher of women **427.** 14

Θet-em-āua  name of a plank or peg **207.** 1

ΘetΘet  destroyer **415.** 10

TCH.

t'a what is sent forth **99**. 11

t'a, ***t'au***, ***t'at*** safe, sound, in good case **5**. 11; **182**. 6; **407**. 2; **438**. 15

t'a to split, to cut through **132**. 15

t'a to grasp **449**. 4

t'a to set out, to go out **80**. 5; **170**. 14; **244**. 14

t'a , to go forth by water, to sail **3**. 9; **6**. 8; **9**. 16; **10**. 9; **12**. 7; **41**. 9; **107**. 12; **130**. 1; **135**. 11; **196**. 11; **210**. 8; **247**. 11; **290**. 12; **330**. 4; **347**. 13; **395**. 1; **412**. 16; **479**. 11; **490**. 14; **503**. 14; **507**. 10, 11; **242**. 4; carried by boat **196**. 16; **197**. 15; **198**. 3; **199**. 1; one who sails **44**. 5; **185**. 6; **219**. 16; **197**. 9; **198**. 15

T'a āat "Great Boat" **281**. 6

t'a to set out, to go forth **22**. 8; **441**. 12; **442**. 4, 15

ṭaau hair (?) **155**. 8

ṭau birds **394**. 10

ṭa to carry "wing-carrier" (Sekhet-Bast-Rā) **415**. 4

ṭat **338**. 10

ṭa male **60**. 14

ṭai phallus, male, husband **204**. 9; **219**. 1; **237**. 2; **255**. 6, 16; **318**. 15; **370**. 9

ṭa, ***ṭau***, ***ṭai*** to lay hold upon violently, to seize, to rob, to ravish **5**. 2; **65**. 16; **253**. 3, 10; **494**. 7; . a plundering **162**. 14

ṭaut twenty **357**. 10; XXth **345**. 16; twenty-one **357**. 14; XXIst **346**. 7

ṭaui the two birds, *i. e.*, Isis and Nephthys **417**. 1

ṭafu flames **353**. 4

Ṭafi the souls of Horus and Rā **60**. 1, 4, 6, 8; **157**. 10, 11

ṭai fiend **37**. 14

ṭau fiend **292**. 13; **298**. 11

ṭait fiend **292**. 13

ṭaiti slaughters **372**. 6

ṭamā papyrus **409**. 15

ṭamet coverings, garments **262**. 6

ṭat strong place(?) **256**. 8, 14

ṭat strong **236**. 15

ṭat measure **464**. 16

ṭatā knife **207**. 10

ṭatu foul or horrible things **144**. 3

ṭaṭa "Head", name of the upper post **206**. 3

ṭaṭa head, the crown of the head **136**. 6; **142**. 16; **197**. 4; **198**. 10; **450**. 14

ṭaṭat the chiefs, or principal divine beings of the gods **15**. 17; **18**. 11; **22**. 16; **48**. 4; **59**. 12; **63**. 1; **86**. 1; **87**. 8; **92**. 15; **96**. 3; **107**. 7; **110**. 3; **147**. 10; **174**. 3; **271**. 16; **273**. 5, 15; **275**. 1, 3; **276**. 5, 6; **277**. 9, 16; **282**. 3; **291**. 2; **294**. 1; **313**. 10; **323**. 11; **332**. 15; **346**. 13; **380**. 5, 7; **438**. 11; **445**. 12; **469**. 10; **470**. 2; **471**. 9; **501**. 7; **502**. 12; of Osiris **243**. 16; **57**. 14; **58**. 8; and see **84**. 7; **475**. 13; **476**. 1; the of **111**. 13; **246**. 15; **69**. 13; **70**. 8, 11; **71**. 11; **72**. 12; **74**. 8; **272**. 2;

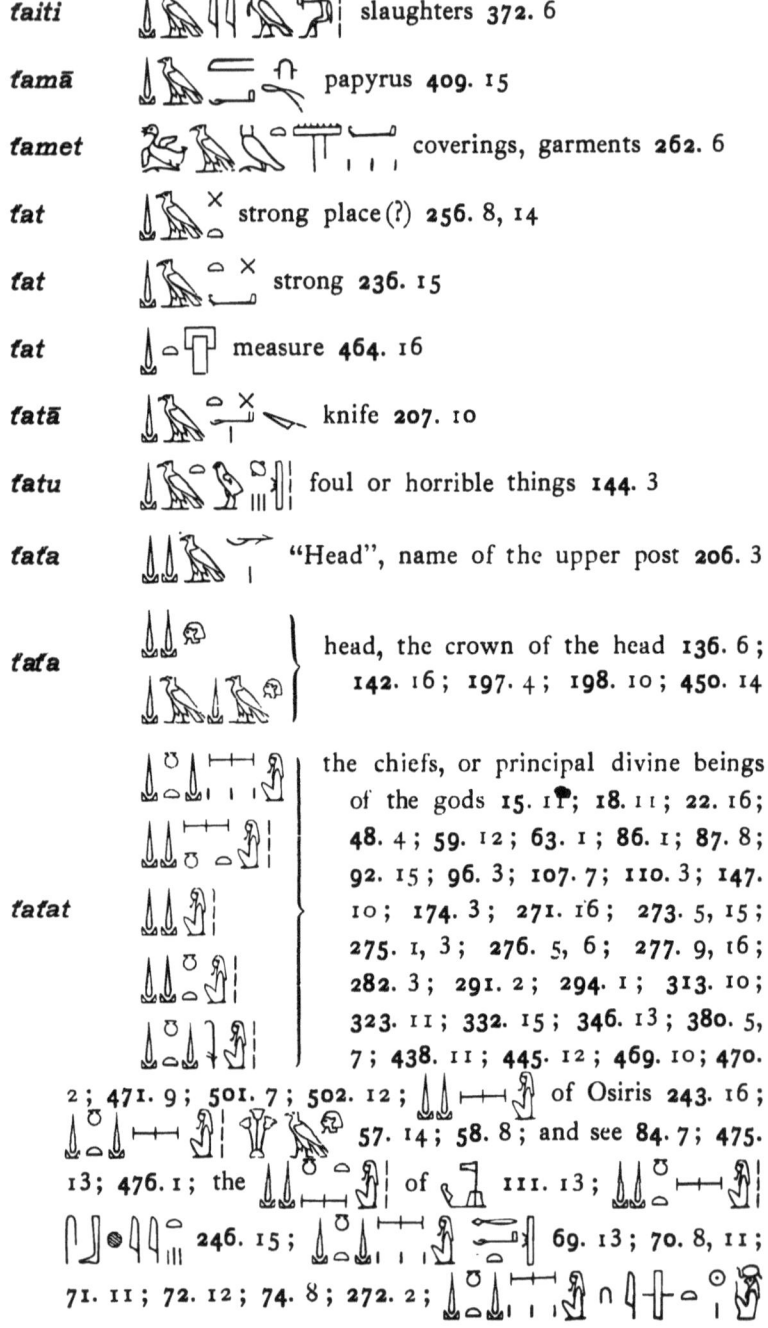

76. 13; 81. 5; **82.** 6; **84.** 9

ṭaṭat the divine chiefs of 71. 11; **78. 11**; 81. 6; **83.** 4; of 74. 1, 4; 78. 13; 81. 13; **84. 3**; of or 75. 11, 13; 79. 10; **82.** 1; **83.** 8; of 73. 1, 4; 79. 6; **81. 10**; **83.** 7; of 78. 15; of 72. 10, 11; **79.** 4; 81. 8; **83.** 6; of 73. 10, 13; **79. 12**; **81. 12**; **83.** 9; of 72. 1, 3; 79. 1; 81. 7; **83.** 5; of 76. 3, 7; 79. 14; 82. 1; 83. 10; of 74. 10; 79. 2; 81. 15; 84. 4; of 74. 16; 75. 3; 79. 8; of 84. 8

ṭaṭat funeral mountain 13. 12; 311. 5; **459.** 12; plur. 11. 12; **320.** 5; 446. 15

ṭaṭat city boundaries **291. 2**

ṭāāu staves 189. 15

ṭābet burning coals 358. 15

ṭām sceptre **473**; 2; plur. **501.** 11; 95. 9

ṭār to go about in search of, to pry into 266. 6; **289.** 14; **404.** 5; **516.** 3

ťārȧ fortress 467. 6

ťebā to count, to describe 10. 6

ťebā finger 312. 1; 392. 15; two fingers 116. 5; plur. 56. 12; 62. 14; 90. 12; 118. 20; 206. 9; 233. 14; 382. 9; 386. 11; 387. 14; 391. 1; 401. 3; 448. 11; 492. 12; 510. 11; 392. 16

Ťebā-en-Sekri a proper name 394. 13; a proper name 391. 2

Ťebā-en-Nemu a proper name 396. 9

Ťebāu-en-Ḥeru-semsu name of the paddles of the boat 206. 9

Ťebāui-en-ṭepu-ā-Rā a proper name 393. 1

ťefau food upon which the gods and the blessed dead live 1. 13; 22. 10; 55. 10; 126. 11; 160. 7; 208. 15; 217. 2, 15; 222. 15; 223. 9; 365. 2; 366. 6; 376. 15; 380. 11; 428. 4; 466. 11; 487. 16; 507. 2; 512. 3; 514. 14; 424. 14; 434. 14; 43. 12; give ye *tchefa* food 364. 7

Ťefet a place in the Elysian Fields 229. 2; 257. 5

ṭefeṭ pupil of the eye **212.** 13; **413.** 2, 15; **414.** 1; **412.** 13

ṭefṭef to shed **466.** 9

Ṭen a proper name **346.** 14

ṭenḥu beam **207.** 8

ṭenṭen crushed **106.** 13

Ṭenṭen a proper name **472.** 1

ṭer to break **34.** 15

ṭer since, whilst, when **16.** 5; **59.** 1; **170.** 3; **197.** 8, 9 *(bis)*, 10; **207.** 13; **208.** 5; **306.** 7, 9, 14; **307.** 2; **338.** 6

ṭer ā straightway **288.** 13

ṭer — to the limit of, all, the whole **61.** 7; **169.** 1; **414.** 12, 16; **450.** 5; **485.** 7; **497.** 11

ṭerenti since, because **458.** 2

ṭerentet since, because **189.** 14; **281.** 7, 14; **285.** 8; **286.** 8; **308.** 14; **334.** 3

ṭeráu constrain **341.** 6; fettered **418.** 2

ṭerá fort, stronghold, place of restraint **147.** 8; **219.** 13, 15; **280.** 11; **370.** 7; **406.** 11

ṭeráu a part of the body, heel (?) **347.** 11

ṭerru hoof **333.** 7

Ṭeruu name of a god **75.** 16

ṭeru a bird with a plaintive cry **446**. 13

ṭeru the remotest parts or ends of anything, borders, boundaries, limits, edges, confines, ends of the earth **127**. 1, 2 *(bis)*; **153**. 9; **185**. 4; **247**. 6; **412**. 9; **474**. 9; **168**. 6, 9; **168**. 14; **286**. 14; **163**. 1; **188**. 6; limitless **132**. 16; **408**. 8

ṭeri, **ṭerit** ancestress **301**. 15; **360**. 7

Ṭertetuu the two ancestresses, *i. e.*, Isis and Nephthys **53**. 14

ṭeres abode, chamber (?) **136**. 13

Ṭeḥes name of a serpent **373**. 2

ṭes self *ṭes-à* myself **154**. 6; **184**. 7; **215**. 3; **394**. 8; **398**. 1; *ṭes-f* himself **8**. 3; **9**. 11; **11**. 11; **40**. 9; **49**. 2; **51**. 12; **53**. 1; **55**. 3; **56**. 3, 12; **60**. 14; **65**. 13; **67**. 1; **87**. 6; **91**. 7; **92**. 4; **100**. 7; **109**. 8; **119**. 14; **167**. 9; **285**. 9; **291**. 9; **306**. 10; **309**. 14; **345**. 12; **357**. 8; **441**. 10; **464**. 2; **480**. 13; **505**. 4; with his own fingers **510**. 11; the god himself **97**. 2; *ṭes-s* herself **346**. 3; **449**. 4; with her own mouth **416**. 16; *ṭes-sen* themselves **93**. 9; **449**. 12; *ṭes-k* thyself **156**. 6, 11; **157**. 1, 6; **166**. 6; **291**. 10; **308**. 12; **366**. 10; **408**. 1; *ṭes-t* thyself **157**. 16; **353**. 15

ṭesfu bond, restraint **134**. 5; to snare **392**. 13; **394**. 10; cordage **390**. 5; **393**. 14; fowler **391**. 1

ṭeser to make clear or plain (the ways) **165**. 11; **288**. 12; cleared **375**. 11; to arrange in good order **290**. 7

ṭeser, *ṭesert* to sanctify, holy **48**. 9; **119**. 10; **163**. 11; **171**. 1; **300**. 5; **301**. 5, 7; **312**. 8; **371**. 14; **415**. 6; **433**. 1, 4; **481**. 9; **501**. 10

Ṭesert a name of the funeral mountain **179**. 2; **426**. 5; **490**. 11

ṭeseru, *ṭesert* holy, holy things, glories, splendours **46**. 4; **163**. 5; **169**. 15, 16; **171**. 4; **172**. 5; **271**. 6; with **29**. 14; **272**. 6; **428**. 14; **95**. 9

Ṭesert a proper name **55**. 11

Ṭesert a proper name **229**. 7, 13

Ṭeser-ṭep one of the forty-two assessors **259**. 1

ṭet body **24**. 6; **66**. 5; **146**. 13; **161**. 2; **181**. 9; **185**. 1; **190**. 14; **314**. 8; **379**. 11; **388**. 10; **416**. 10; **436**. 4; **472**. 1, 2; **492**. 2; **503**. 7; **511**. 12; **512**. 13; my own body **154**. 6

ṭetta eternity, everlastingness **9**. 13; **10**. 14; **12**. 3; **13**. 3, 8; **29**. 13; **37**. 10; **39**. 1; **53**. 7 *(bis)*; **70**. 6, 11; **77**. 13; **80**. 9; **90**. 11; **106**. 10; **111**. 10; **113**. 13; **133**. 2; **138**. 6; **145**. 5; **147**. 3; **185**. 2 *(bis)*; **190**. 14; **225**. 16; **268**. 16; **290**. 5; **309**. 5; **315**. 13; **321**. 15; **322**. 1; **324**. 8, 10; **362**. 12; **363**. 14; **364**. 15; **369**. 12; **375**. 14; **376**.

9; **378**. 1; **379**. 11; **380**. 14; **383**. 2; **385**. 5, 6; **386**. 6; **401**. 8; **412**. 7; **424**. 7; **427**. 2; **428**. 1; **431**. 11, 14; **432**. 9; **433**. 2; **442**. 2; **444**. 2; **452**. 5, 12; **468**. 8; **471**. 2; **478**. 12; **479**. 4, 15; **482**. 5, 12; **484**. 4, 10; **486**. 4; **509**. 13; **514**. 4; **515**. 1; **517**. 4; 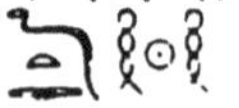 **78**. 4, 5; **477**. 2;  **504**. 1

ṯeṭ  to say **1**. 5; **3**. 14; **4**. 13; **5**. 14; **111**. 5; **115**. 11; **442**. 15; **446**. 13; **456**. 7; **488**. 3; **489**. 11; **494**. 8, 14; **495**. 7, 13, 16; **503**. 14; **507**. 10;  speech, things said **17**. 1; **140**. 9

ṯeṭu 
ṯeṭ-tu  } to declare, to pronounce, spoken, said **60**. 14; **77**. 1; **80**. 10; **261**. 8, 10; **310**. 5, 15; **408**. 16; **462**. 9

ṯeṭet 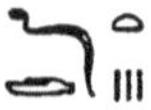  } words, orders **259**. 14, 16; **260**. 16; **406**. 7; **420**. 2; **514**. 1, 4;  **511**. 10;  **15**. 8

ṯeṭ  see under  **52**. 1, 7, 16, etc.

ṯeṭ neḥes  negro speech **416**. 2

ṯeṭfet  reptiles **399**. 13; **400**. 6, 11, 13

ṯeṭḥut  a place of restraint **411**. 2; **414**. 14

ṯeṭḥu   } to be imprisoned **418**. 2; **437**. 13

ṯef  an instrument or standard **457**. 3

Words of uncertain reading.

 to say **16.** 7; **19.** 10, 11; **59.** 16; **124.** 6; **169.** 3; **267.** 11; **457.** 16; **458.** 14; **459.** 1, 5; **492.** 13, 16;  **337.** 4;  **224.** 7;  **218.** 14; **353.** 12; **451.** 11; 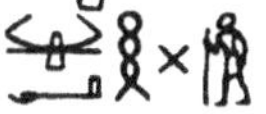 **10.** 2;  7. 1; **456.** 6;  **229.** 3;  *renput* (?) **455.** 12; 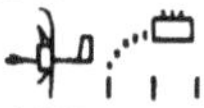 **437.** 8;  **286.** 13;  **411.** 9;  **209.** 14; **495.** 14

ERRATA.

P. 62, l. 16, for sinners read souls; p. 192, for prenomen read nomen; p. 245, l. 14, for *χebsu* read *χabsu*; p. 255, l. 10, for  read ; p. 262, l. 1, for  read .

www.ingramcontent.com/pod-product-compliance
Lightning Source LLC
Chambersburg PA
CBHW041437300426
44114CB00025B/2905
* 9 7 8 1 6 3 9 2 3 7 1 1 1 *